当代中国法学研究中的
阶级分析方法

杜建明◎著

中国社会科学出版社

图书在版编目(CIP)数据

当代中国法学研究中的阶级分析方法/杜建明著. —北京：中国
社会科学出版社，2015. 12
ISBN 978 - 7 - 5161 - 6536 - 2

Ⅰ.①当…　Ⅱ.①杜…　Ⅲ.①阶级分析法—应用—法学—研究
Ⅳ.①D9 - 03

中国版本图书馆 CIP 数据核字(2015)第 159983 号

出 版 人	赵剑英
责任编辑	郭晓鸿
特约编辑	王冬梅
责任校对	刘　娟
责任印制	戴　宽

出　　版	中国社会科学出版社
社　　址	北京鼓楼西大街甲 158 号
邮　　编	100720
网　　址	http://www.csspw.cn
发 行 部	010 - 84083685
门 市 部	010 - 84029450
经　　销	新华书店及其他书店

印　　刷	北京君升印刷有限公司
装　　订	廊坊市广阳区广增装订厂
版　　次	2015 年 12 月第 1 版
印　　次	2015 年 12 月第 1 次印刷

开　　本	710×1000　1/16
印　　张	15.5
插　　页	2
字　　数	256 千字
定　　价	58.00 元

凡购买中国社会科学出版社图书，如有质量问题请与本社营销中心联系调换
电话：010 - 84083683

目　　录

导　言

　　中国自古道："人以类聚，物以群分。""类"的概念不仅在哲学层面将人和动物界区分开来，更在现实层面将作为"类"整体的人的内部的种种差异和区别呈现出来，因此，"类"的多重意义受到了人们的关注和理论界的重视。在人文社会科学的各个领域，"类"的意义被具体化为民族、种族、性别等多个概念并围绕它形成了相应的民族主义、种族主义、女性主义等多种学术理论。"阶级"也是这众多的分"类"中的一种，诸多思想家的智力成果和智慧结晶推动了阶级理论的形成与发展，因此，从原始社会解体以来，阶级的分化就与人类自身的存在和发展相伴相随，而围绕"阶级"所形成的阶级理论也随着人类历史进程的演进而不断更新和充实。在这里，我们不得不提及马克思的名字，他所创立的历史唯物主义和辩证唯物主义对人类历史上的阶级现象进行系统的研究和阐释，尽管马克思本人做过澄清：对人类社会存在阶级和阶级斗争现象的发现，都不是他的功劳。在他之前，英国的经济学家从经济上对各个阶级做过分析，而法国复辟时期的历史学家也已经对历史上特别是大革命时期的阶级斗争做了大量的描述。但正如普列汉诺夫所言，英法学者对阶级现象所做的研究，仅仅是阶级理论的初级阶段。而包括阶级的起源、不同阶级赖以存在的物质生活条件、阶级消亡的历史条件等内容在内的一种完整的阶级理论，却是由马克思创立的。马克思更是将阶级理论化约为一种认识方法和分析工具，以此认识、分析和阐释纷繁复杂的历史现象和社会现象，并取得了许多真知灼见。

鉴于阶级分析方法对人类社会分层的历史与现实的深刻认识和精辟解释，因此，该方法的意义和价值被人文社会科学领域的诸多学科所重视和利用。坚持用马克思主义法律观引领法学研究的当代中国法学，不仅必须坚持科学的理论态度和理论立场，还必须坚持科学的方法论指导。阶级分析方法在当代中国法学场域的应用，不仅体现着马克思主义与时俱进的理论品质，而且对我们推进法制现代化、建设社会主义法治国家具有十分重要的理论价值和现实意义。我国学者普遍认为，阶级分析方法对法学研究具有如下意义：（1）对于法学的理论建设而言，阶级分析方法是避免走入唯心主义法学误区的必要指南。（2）对于法律现象的历史考察而言，阶级分析乃是探索法律制度和法律思想演变规律的基本线索。（3）对于古今中外法律制度的定性研究而言，阶级分析方法是有力的分析工具。（4）对于法制实践而言，阶级分析方法是确立和坚持我国法制根本宗旨的重要理论参照。[①] 而笔者以为，法学阶级分析方法的意义和价值主要体现在如下方面。

首先，对法律现象进行阶级分析是马克思主义法学的题中应有之义。阶级斗争理论是马克思主义的重要组成部分，这一理论阐述了历史发展过程中阶级产生、阶级划分、阶级斗争、阶级消亡的基本现象，这一基本现象经历了与法的产生、发展乃至消亡的同一历史过程。马克思主义法学以历史唯物主义和辩证唯物主义作为哲学基础，马克思主义经典作家正确地阐释了法的本质和根源：法作为一种社会现象，是随着原始社会制度解体而产生的，其根本原因是由于社会内部经济发展、私有制和阶级的出现、阶级矛盾不可调和的结果。法是统治阶级意志的集中体现。法所体现的是统治阶级的整体意志和根本利益。统治者中的所有个人"通过法律形式来实现自己的意志，同时使其不受他们之中任何一个个人的任性所左右……由他们的共同利益所决定的这种意志的表现，就是法律"[②]。法律的内容

---

① 参见张文显《法理学》，高等教育出版社 2007 年版，第 27—28 页。
② 《马克思恩格斯选集》第 3 卷，人民出版社 1995 年版，第 378 页。

是由统治阶级的物质生活条件决定的。"每种生产形式都生产出它特有的法的关系、统治形式等。"① 法律制度"只有了解了每一个与之相应的时代的物质生活条件，并且从这种物质生活条件中被引申出来的时候，才能理解"②。因此，只有自觉运用阶级分析方法才能在异常复杂的法律现象中把握法律产生和发展的基本规律，把握法的本质等法学研究中的基本问题。

其次，对法律现象进行阶级分析是树立科学法律观的必需。马克思、恩格斯并没有专门系统地对法律问题进行论述，但西方各种非马克思主义者关于法律、法治、权利的论著可谓汗牛充栋，他们绝大多数基于自由主义、个人主义对人的这种独特性存在的认识，把国家看作是承受了个人部分权利转让的社会契约，无论国家还是国家所立之法，都是为了保护个人的自由、平等和尊严，因此它构筑的法的理想图景是个人公共空间和私人空间都充塞着大量权利、时刻被权利簇拥和保护的未来生活场景，这一图景下是不受外部干涉独立进行选择和活动的抽象个人，是在正义体制下拥有尊重与关怀的平等权利的抽象个人，也是在人的行为服从规则治理的事业中浸染权利荣光的抽象个人，但是当这个抽象的人从天上返回人间，西方法律理论所宣扬的普适的权利在现实表现上便会由于具体个人的社会地位和财富多寡的差异而大相径庭。而马克思主义关注的却恰恰是生活在一定历史条件、在社会结构中位置明显的具有阶级属性的人，因此法律及权利对于处于不同阶级地位的人的现实意义和影响是不同的。例如，选举权和被选举权在宪政时代是公民资格的制度表现，但是当这种权利以财产的拥有数量为分配标准，以巨大的财富支撑为实现基础时，这种生活在民族国家之下的公民的普适性权利就蜕变为少数人的特权，基于这一政治法律活动而推举的领袖人物也只是特权群体的代言人而已。因此，自觉运用阶级分析方法分析法律现象，可以使我们的认识更加具体、丰富和深入，这是树立科学的法律观所不可缺少的。

① 《马克思恩格斯选集》第2卷，人民出版社1995年版，第6页。
② 同上书，第38页。

最后，为改革服务的中国法学离不开阶级分析方法。当前的中国正处于深刻的社会转型中，这一转型是从传统迈向现代民族国家的结构性调整，它意味着社会资源和诸多层次利益的重新整合，原有社会分配格局被重新组合，而每个生活在原有体制下的人们必然经历这一历史性剧变，同时也从利益高度融合和终极理想高度一致的社会成员变成利益多元、价值多样的独特个体，这其中包含着原有利益群体与新兴利益群体之间的利益交叉、重叠和冲突。如果处理不好这一问题，不仅会阻碍经济体制和政治体制改革的顺利进行，还可能会使社会因聚合体内部张力过大而濒于崩溃。而诸多利益在法律上表现为各种形式的法律权利，利益结构的重大调整即是法律权利和义务结构的重构。法律能够将利益的冲突引入法律秩序的轨道，对合法、正当的利益诉求上升为法律权利并以国家强制力予以保障，而对非法的、不当的利益则规定了法律责任，并设置了以刑罚为主的法律制裁体系强制履行第二性义务。因此，运用阶级分析方法分析转型时期的法律现象，可以根据转型时期不同利益群体、阶级、阶层的具体现实状况而由法律做出回应，协调不同阶级、阶层之间的利益矛盾，使利益的矛盾和冲突转化为权利的冲突和较量，并在法律程序的框架下予以衡量和解决。特别对处于弱势的阶级、阶层给予倾向性保护，将对社会弱势的阶级、阶层的关注不仅停留在政府的施恩和救济上，而应上升到权利的赋予和庇护上，特别是上升到这一阶级、阶层的生存权、发展权等人权高度，从而保持社会利益关系和利益格局的动态平衡与相对协调，保障社会健康、有序和稳步发展。

尽管法学学者对阶级分析方法对法学研究所具有的意义和价值达成了共识，但这种方法在具体的使用过程中却越来越偏离其本来面貌和真实意图，从而以教条化、政治化的面目僵化地适用于法学研究中，并由此形成了法学研究的"阶级斗争范式"。身处世纪之交的中国法学，理论界对它的"正统性"进行自觉维护，确认阶级分析方法是马克思主义法学方法论中一种基本的研究方法和认识工具；但另一方面存在诸多对这一方法"有效性"的质疑，当其面对具体法律问题的解疑"失灵"而"无解"时，对这一方法的涉及也只能偶见于法学历史发展的经验与教训的回顾和总结中。然而，"阶级是什么？""阶级分析方法又是什么？"我们是和应当是如何使用阶级分析方法的？阶级分析方法的命运如何？这一连串的问号始终影响着笔者对阶级分析方法的思考，也正因如此，笔者以"当代中国法学研究中的阶级分析方法"为题，展开对这一方法的深入解析。

第一章　阶级与阶级分析方法

在当代中国法学界，提及阶级分析方法，每个学人似乎都想说点什么并能够说点什么。在每个学人的脑海中，自进入马克思主义法学殿堂之日起，阶级分析方法这一以马克思主义阶级理论为基础的研究方法和分析路径就在马克思主义法学方法论体系中有着重要的一席之地，人们以高度的政治自觉和理论自觉运用这一方法分析法律现象，开展法学研究。自 20 世纪 50 年代以来，它备受推崇，然而今时今日，它又屡遭诟病。强烈的对比和反差，是否预示着阶级分析方法将渐渐退出法学的历史舞台，在其逐渐衰落的历史轨迹的背后又隐藏着怎样的缘由，是其自身无法克服的限度，还是外界的误读误用遮蔽了其本身应有的真实样貌，才造成阶级分析方法这一法学方法和叙述路径在当代中国法学理论园地中的尴尬境地。带着这种困惑，笔者不断追问到底什么才是阶级分析方法，它有着怎样的复杂性和特殊性，通过这种探究力求呈现阶级分析方法的真实的、整体的面貌，而这也构成了本文的论述主题。

第一节　阶级

阶级是阶级分析方法的核心要素，阶级分析方法的明晰首先必须回到阶级的概念。不管是马克思主义传统的社会研究还是非马克思主义传统的社会研究，阶级都是一个非常重要的概念。阶级概念广泛的使用，使其成为20世纪使用最多的词汇之一。然而，人们在阶级标准的界定问题上却众说纷纭，歧见迭出，争论不休，因此，一个准确的阶级概念的界定成为本文论题顺利展开的当务之急。

一 阶级的概念

"阶级"一词的拉丁文为 class，英文为 class，德语为 klasse，俄文为 Класс，该词是一个涉及面广泛、含义较为复杂的词语。"同一个术语或同一个概念，在大多数情况下，有不同情境中的人来使用时，所表示的完全是不同的东西。"① 而"阶级"概念使我们面临着相同的境况。在东西方历史上，人们很早开始使用这一概念，但表达的含义却往往大相径庭。

在东方，通常在四种意义上使用"阶级"：一是指台阶。唐代陆龟蒙的《野庙碑》："升阶级，坐堂筵，耳弦匏，口粱肉，载车马，拥徒隶者，皆是也。"《儒林外史》第十四回："望着几十层阶级，走了上去，横过来又是几十层阶级。"二是指尊卑上下的等级。汉代王符《潜夫论·班禄》："上下大小，贵贱亲疏，皆有等威，阶级衰杀。"《三国志·吴志·顾谭传》："臣闻有国有家者，必明嫡庶之端，异尊卑之礼，使高下有差，阶级逾邈。"康有为《大同书》甲部第五章："阶级之制，不尽涤荡而泛除之，是下级人之苦恼无穷，而人道终无由至极乐也。"三是指官的品位、等级。《旧唐书·高宗纪上》："佐命功臣子孙及大将军府僚佐已下今见存者，赐阶级有差，量才处分。"四是指阶段或段落。《朱子语类》第一○三卷："然为学自有许多阶级，不可不知也。"蔡元培的《说民族学》："比较的民族学是举各民族物质上行为上各种形态而比较他们的异同。异的，要考究他们所以不同的缘故……是否因进化阶级上所占的时期不同。"

在西方，人们早在古罗马时期开始使用这一概念。"罗马的人口普查

---

① [英] 史蒂文·卢克斯：《个人主义》，阎克文译，江苏人民出版社2001年版，第4页。

人员为了军队义务性服役的目的，以财产状况为基础区分人口时引入了 Class 这一术语。"① 罗梭也曾按财产的多少——有谷物收入 500 袋者、300 袋者、150 袋者和 150 袋以下者——把公民分为四个阶级，前三个阶级拥有担任官职的特权，而第四个阶级只有在人民大会上的发言权和投票权。除此之外，这个词语"还与中世纪的教会组织、16 世纪的植物分类等含义有联系。17 世纪初该词由拉丁文进入到英文中，才开始具有某种社会意义，逐渐与'标准的权威'、古代希腊和罗马教育等方面发生了意义上的联系"②。后来，"英语将此术语用于社会阶级（与学校中的班级和植物分类中的纲目有所区别），则同 18 世纪工业革命的兴起有关。此后社会学家一般是在与所谓的资本主义或工业社会的发生、发展和消亡的理论联系中使用阶级一词的"③。

现代社会理论对"阶级"多有关注，大致上是指按照一定标准区分的社会群体（Social Group）。而至于如何在人类生活共同体中进行划分，以何种标准将个体归入与其匹配的社会群体（阶级）之中，不同的学者往往基于不同的理论需求和研究目的，有着不同的划分标准和划分方法。马克思和马克斯·韦伯是西方社会的理论巨匠，他们二人对"阶级"的关注和论述所形成的阶级理论不仅是其各自理论的一个重要组成部分，也是西方社会科学研究社会分层问题的重要学术资源。以至于《布莱克维尔政治学百科全书》中在"阶级"词条中是这样指称的："可以设想各种阶级理论是沿着一条连续线排列的，这一连线的两极完全可以视为由马克思和韦伯的经典理论分别占据的。""马克思—韦伯连续统一体仍在此领域的争论中占据支配地位。"④ 马克思从政治经济学的角度对社会阶级做出了历史唯物主义的科学阐释，他在社会生产过程和生产组织中具体考察阶级的产生和阶级的划分，使阶级首先成为一个经济范畴。而马克斯·韦伯则在社会学的意义上对社会阶级做出了独到精辟的理论研究，使阶级成

① ［英］迈克尔·曼：《国际社会学百科全书》，袁亚愚译，四川人民出版社 1989 年版，第 79 页。
② 汪民安：《文化研究关键词》，江苏人民出版社 2007 年版，第 125 页。
③ ［英］迈克尔·曼：《国际社会学百科全书》，袁亚愚译，四川人民出版社 1989 年版，第 79 页。
④ 《布莱克维尔政治学百科全书》（中译本），中国政法大学出版社 2002 年版，第 134 页。

为考察和研究社会分层现象的一个重要维度之一。

马克思、恩格斯在历史唯物主义和剩余价值学说的基础上，创立了自己的阶级理论。马克思将其巨著《资本论》第 3 卷的最后一章（第五十二章）的篇名命名为"阶级"，但遗憾的是，第五十二章篇幅很短，只有两页，而且手稿中断没有写完。因此，尽管马克思大量地使用了阶级一词，并对其有着系统的思想，但是，一个明确的阶级概念在马克思的著作中是缺失的，而人们往往根据马克思主义的基本理论对阶级概念进行判准。而学者们反复印证的阶级概念则出自列宁，列宁指出："所谓阶级，就是这样一些大集团，这些集团在一定的社会生产体系中所处的地位不同，同生产资料的关系（这种关系大部分是在法律上明文规定了的）不同，因而取得归自己支配的那份社会财富的方式和多寡也不同。所谓阶级，就是这样一些集团，由于它们在一定社会经济结构中所处的地位不同，其中一个集团能够占有另一个集团的劳动。"① 根据列宁的定义，我们获知：人们在一定社会生产体系中的不同地位构成了阶级划分的基本标准，即经济因素构成阶级划分的核心因素和首要标准。也就是说，阶级作为一个人类群体或人类集团，一个特定的、具体的社会成员归属于此，乃是因为它在社会生产体系中的所处的地位不同，在社会劳动中所起的作用不同，在社会资源的分配中获得的财富也不同所形成的差别而造成的。需要指出的是，列宁的阶级概念仅仅指出了阶级概念的内涵和实质，而未将阶级概念的外延予以展开。

根据马克思主义理论，阶级作为一个描述性概念，是对人类自私有制产生以来所形成的结构性不平等关系的总结和概括。每个社会个体由于经济地位的差异被分配至社会结构体系的不同位置，不同的结构位置衍生出纷繁复杂、丰富多彩的活动和生活，个体行为和活动的相似性不仅将人们加以界分，同时对人们以群体性或集团性的方式参加社会活动并进而参与社会资源和物质利益的分配加以固化，这一群体或集团即是我们所说的"阶级"。以"阶级"为单位并以这一群体的方式所展开的社会活动的多

---

① 《列宁选集》第 4 卷，人民出版社 1995 年版，第 11 页。

维性、多元性不仅构造了内涵丰富的社会分层体系，更在一定程度上表征和验证了社会制度体系的合理性、正当性，因此，这一群体本身及其活动受到了诸多社会理论家的关注和重视。从古希腊的柏拉图到后现代的社会理论家，人们对阶级不同维度的考量形成了各自具有特定内涵和价值意蕴的阶级理论。但是，无论前者还是后者，其理论的形成和发展在某种程度上都是对马克思主义阶级理论的延伸和扩展，无论在深度还是广度上，都无法实现对其实质上的超越。就其深度而言，马克思、恩格斯以前的学者对阶级的关注大多停留于现象表面，这种学术的短视始终无法正确定位阶级据以产生和发展的具体场域。

早在古希腊时期，柏拉图就根据社会分工的不同进行了阶级划分。在《理想国》中，自由民被分为三个等级，第一等级是极少数的国家统治者，他们是集政治家和哲学家于一身的哲学王；第二等级是辅助这些统治者负责保卫国家的辅助者和武士；第三等级是为整个社会提供生产资料和消费资料，执行整个社会和国家经济职能的农民、工匠、商人和佣工。不同阶级之间的差异体现在社会分工中的不同职业，更基于不同阶级成员所具有的人性差异——人的灵魂由理性、意志、情欲三部分构成，哲学王代表理性，具有智慧美德；武士代表意志，具有勇敢美德；劳动阶级代表情欲，具有节制美德。因此，柏拉图的阶级划分并不是由其所拥有的财富及出身来决定的，而是取决于他们天赋上的差异。而亚里士多德在其名著《政治学》中同样将自由民划分为三个阶级，用他自己的话说，"在一切城邦中，所有公民可以分为三个部分（阶级）——极富、极贫和两者之间的中产阶级"①。这三个阶级分别对应城邦中的大奴隶主、下层自由民，特别是破产和失地农民、城市贫民和中小奴隶主。而上述阶级划分的标准是基于财产的富裕程度，但对这种差异的产生，亚氏同样在人性中寻找根源，他认为极贫阶级之所以是被统治者，乃是因为他们缺乏自由、理性、理智的天性，只能对别人的理性和理智做出回应，正因如此，亚氏也成为奴隶制最早的辩护人。中世纪的经院哲学家托马斯·阿奎那第一次对全体

----

① ［古希腊］亚里士多德：《政治学》，吴寿彭译，商务印书馆1965年版，第205页。

社会成员进行了阶级划分，具体包括由农民和小手工业者构成的下层阶级，由军人、法官、行政官、学者、僧侣等构成的中等阶级，由统治者构成的上层阶级，但不同的是，阿奎那并不是在个人的才能和天赋中寻找阶级差异的根源，却将视线投射到社会分工领域，他认为，需求的增长和满足需求的分工使个人从事不同的职业，并在不同的职业范围内满足其需求，由此形成了不同的差别。

古希腊和中世纪的学者的阶级划分原则对个人的禀赋和个人需求十分关注，因此他们对阶级的讨论也只能局限于阶级成员外在的某些特征，无法深入社会经济生活的广阔领域探讨阶级存在和阶级分化的深层原因，这种状况直到近代才发生了改变。

法国的重商主义代表人物魁奈被称为近代第一个经济学家，他在《经济表》中对阶级的论述已经将视线投射到社会经济领域。他提出了"纯产品学说"①，农业是生产"纯产品"的唯一生产部门，从事农业的阶级也就自然成为唯一的生产阶级，"生产阶级是耕种土地，逐年再生产国民财富的阶级，他们预付农业劳动上的开支，并为土地所有者提供每年的收入"。在此基础上，他还划分出其他两个阶级——土地所有者阶级和不生产阶级。"土地所有者阶级包括君主，土地所有者及什一税的征收者。这个阶级依靠收入（revenue），即纯产品（produit net）来生活，这些纯产品是生产阶级每年从再生产财富中，先扣除补偿年预付和维持经营上使用的财富基金所必要的部分之后，把它支付给土地所有者阶级的。"而"不生产阶级，是由从事农业以外的其他工作和别种劳动的人组成，他们的支出，是从生产阶级和从生产阶级取得收入的土地所有者阶级取得的"②。三个阶级在"纯产品"的分配中拥有不同的物质利益，但魁奈认为，这三大阶级的利益中，土地所有者的利益是最重要的，"如果用降低

---

① 魁奈认为，财富就是物质，就是使用价值，工业只能改变财富的形态，不能增加财富的数量，只有农业才能使财富增加。农业中生产的农产品除去种子（生产资料）和工资（生活资料）剩下的产品是纯产品。

② ［法］魁奈：《魁奈经济著作选集》，吴斐丹、张草纫选译，商务印书馆1981年版，第309—311页。

小麦价格的方法来使城市住民、制造业的劳动者和工匠得到好处，但是却使国家真正财富的源泉荒芜了。这样就会使整个目的都不可能达到"①。魁奈的论述描绘了封建社会商品经济的基本状况，但是作为重商主义的代表人物，他把分配的次序和财富的来源混为一谈：农产品，作为一种特殊的财富形式，是农民阶级的劳动和地主阶级的土地结合的结果，地租只是这种结果的分配形式，和地主的生产性或不生产性毫无关系。

　　英国古典经济学家亚当·斯密在探讨剩余价值问题时，对资本主义社会内部的阶级关系进行了深入的分析，从而在政治经济学史上第一次比较正确地阐述了资本主义社会的阶级结构。亚当·斯密认为，所有的财富都源于生产，所有价值的源泉都存在于生产劳动中，"劳动添加在物质原料中的价值，自身又分解为两个部分，一部分被用来支付工人的工资，另一部分成为利润"。在此基础上，他认为，一国土地和劳动的全部年产物或年产物的全部价值，自然就分解为土地地租、劳动工资和资本利润。而资本主义社会的基本阶级结构也就由分别以地租为生、工资为生和利润为生的地主阶级、工人阶级和资产阶级构成。他不仅初步懂得用人们与生产资料的所有制关系作为阶级划分的标准，同时指出利润和地租是劳动创造价值的一部分，也就在一定程度上揭示了资本主义社会阶级对立的经济根源。而另一位英国古典政治经济学的代表人物大卫·李嘉图借鉴和吸收了亚当·斯密劳动价值论中的合理成分，提出了以劳动价值论为基础，以分配论为中心的严谨的理论体系。他认为阐明财富在社会各阶级间的分配规律是经济学的主要任务，这种分配关系在资本主义社会具体呈现在工人、资本家和土地占有者这三大阶级之间利益分配方式和分配格局中。从他的劳动价值论出发，他认为劳动创造的价值＝工资＋利润，工人所得的是工资，资本家所得的是利润，在总量一定的情况下，工资与利润成反比例关系。"利润的高低恰好和工资的高低成反比。""无论什么时候，工资跌落，利润就会上涨；工资上涨，利润就会跌落。"② 同时，他认为，地租

---

① ［法］魁奈：《魁奈经济著作选集》，吴斐丹、张草纫选译，商务印书馆 1981 年版，第 25 页。
② ［英］大卫·李嘉图：《政治经济学及赋税原理》，周洁译，商务印书馆 1976 年版，第 21 页。

与利润也成反比例关系，地主的利益永远是和消费者以及制造业者的利益相对立。因此，李嘉图否定了斯密认为地主的利益和社会其他阶级的利益并不冲突的推论，通过深入的考察指出了工人、资本家和地主之间的经济对立，正因如此，马克思在《资本论》中对李嘉图的劳动价值论给予了很高的评价："同这个科学功绩紧密联系着的是，李嘉图揭示并说明了阶级之间的经济对立——正如内在联系所表明的那样——这样一来，在政治经济学中，历史斗争和历史发展过程的根源被抓住了，并且被揭示出来了。"①

古典政治经济学对阶级问题从经济角度的阐释极大地丰富了马克思主义政治经济学，甚至马克思主义哲学。但是他们的理论更多的是对资本主义社会经济现象的描述，本身虽具有一定的客观性，但是他们并未从剩余价值的角度去探讨不同阶级之间的剥削关系，从而无法去发掘阶级对立和阶级斗争存在的真正经济根源。

1875年前后，作为小资产阶级知识分子的杜林以社会主义改革家的面目著书立说，以其先验主义为基础表达了其庸俗的政治经济学观点，歪曲了政治暴力和经济的关系，夸大暴力的作用而否定经济的决定作用，从而以其"暴力论"攻击马克思的劳动价值学说和剩余价值理论。据此，恩格斯在《反杜林论》一书中系统地给予了批判，针对杜林提出暴力是"历史上基础性的东西"的观点，恩格斯指出，暴力仅仅是一种手段，而经济利益才是最终的目的。私有财产在历史上的出现，绝不是掠夺和暴力的结果；暴力虽然可以改变财产的占有状况，但是不能创造私有财产本身。私有财产出现所引致的阶级的产生和阶级之间的剥削关系更不是源于政治暴力，这是因为，"暴力仅仅保护剥削，但是并不引起剥削；资本和雇佣劳动关系才是他受剥削的基础，这种关系是通过纯经济的途径而不是通过暴力的途径的产生的"②。由此，经济而不是暴力不仅是阶级形成的根本原因，也是整个社会历史发展的决定性因素。然而，自魁奈伊始，人们虽然能够在经济领域中对阶级现象加以观察和描述，但是经济活动的生产、

---

① 《马克思恩格斯全集》第26卷，人民出版社1986年版，第183页。
② 《马克思恩格斯选集》第3卷，人民出版社1995年版，第495页。

分配、交换、消费的不同环节的设定、解析进一步决定了其理论的科学性和进步性。许多资产阶级学者往往根据人们财产的多寡、收入的多少来进行阶级划分，这种划分的实质即是认为阶级产生的根源是在分配过程，是分配方式和分配结构将人们划分为不同的阶级。对此，马克思指出，"'粗俗的'人的理智把阶级差别变成了'钱包大小的差别'，它可以尽情唆使同一阶级的两人相互反对。大家知道，中世纪的行会是在'行业差别'的原则上互相对立的。但是大家也知道，现代的阶级差别绝不建立在'行业'的基础上；相反，分工在同一阶级内部造成不同的工种"①。马克思明确地在生产领域中将生产资料的占有关系作为阶级划分的依据，将阶级与生产资料所有制联系在一起，不同阶级对生产资料的占有关系是不同的，生产资料的所有制构成了阶级形成的真正原因。对此，列宁更是给予了充分的肯定，他说："从收入来源寻找社会不同阶级的基本特征，这就是把分配关系放在首位，而分配关系实际上是生产关系的结果。这个错误马克思早已指出过，他把看不见这种错误的人称为庸俗的社会主义者。"② 也正因如此，马克思主义阶级理论才能避免走入唯心主义的泥沼，从而在历史唯物主义的基础上形成了对社会阶级现象的真知灼见。

就其广度而言，在马克思之后的众多学者，往往根据自己的理论旨趣并结合社会历史条件的特殊性对阶级的这一群体现实存在的某一维度、某一面向予以延伸和发展，但是却无法如马克思一样，通过对社会、经济、政治、文化等多个领域对"阶级"踪迹的找寻和整理而对这一群体的整体样貌进行全景式的扫描。20世纪以来西方阶级和社会结构的知识演进和理论发展，充分调动了政治学界、社会学界、哲学界的广泛参与和深入讨论。马克思主义理论中"阶级"明确概念的缺乏，为后来的多种阐释提供了可能，但令人遗憾的是，很多学者并没有将这种多样性的阐释看作是对马克思主义阶级理论的延伸和扩展，反而将其视为一种颠覆和解构。③ 但是，无论西方阶级和社会结构理论中如何对"阶级"加以定义，

① 《马克思恩格斯选集》第4卷，人民出版社1995年版，第343页。
② 《列宁全集》第7卷，人民出版社1986年版，第30页。
③ 参见卢春雷、丁耀《对"阶级"解构的历史向度分析》，《南京政治学院学报》2010年第1期。

都始终无法逾越马克思对阶级加以讨论时所设定的经济、社会、政治、伦理和心理这五个基本的主客观维度。根据马克思主义理论，首先，马克思、恩格斯是也首先是把阶级作为一个经济范畴，马克思指出："至于讲到我，无论是发现现代社会中有阶级存在或各阶级之间的斗争，都不是我的功劳。在我以前很久，资产阶级历史学家就已叙述过阶级斗争的历史发展，资产阶级的经济学家也已经对各个阶级做过经济上的分析。"[1] 马克思认为，"阶级对立是建立在经济基础上的，是建立在迄今存在的物质生产方式和由这种方式所决定的交换关系上的"[2]。其次，马克思将阶级作为一个社会范畴，在经济基础的决定作用之下，不同的阶级会呈现出以生活方式为表征的社会形象。马克思、恩格斯在《德意志意识形态》中就指出："人们用以生产自己必需的生活资料的方式，首先取决于他们得到的现成的和需要再生产的生活资料本身的特性。这种生产方式不仅应当从它是个人肉体存在的再生产这方面来加以考察，它在更大程度上是这些个人的一定的活动方式、表现他们生活的一定形式、他们一定的生活方式。"[3] 再次，阶级还是一个政治范畴，因为在马克思看来"一切阶级运动本身必然是而且从来就是政治运动"[4]，"阶级与阶级的斗争就是政治斗争"[5]。最后，阶级还是一个文化范畴，即阶级意识和阶级伦理。在马克思看来，阶级意识的有无决定着阶级从自在阶级走向自为阶级的关键性因素，而关于阶级伦理，马克思指出："道德始终是阶级的道德；它或者为统治阶级的统治和利益辩护，或者当被统治阶级变得足够强大时，代表被压迫者对这个统治的反抗和他们的未来利益。"[6] 总之，阶级是总体性的，阶级这一群体性或集团性存在或至少应当存在经济、社会、政治、文化这些领域之中。

　　对上述四个领域的不同侧重或是关联性考量确实有助于对当代阶级问

---

[1] 《马克思恩格斯选集》第 4 卷，人民出版社 1995 年版，第 547 页。

[2] 《马克思恩格斯全集》第 5 卷，人民出版社 1986 年版，第 533 页。

[3] 《马克思恩格斯选集》第 3 卷，人民出版社 1995 年版，第 24 页。

[4] 《马克思恩格斯选集》第 4 卷，人民出版社 1995 年版，第 596 页。

[5] 《马克思恩格斯选集》第 1 卷，人民出版社 1995 年版，第 193 页。

[6] 《马克思恩格斯选集》第 3 卷，人民出版社 1995 年版，第 134 页。

题的认识，更在一定程度上可以看作是对马克思主义阶级理论的深化和发展。例如，普兰查斯在确定社会阶级时，就综合地把经济、政治、意识形态这三个因素作为阶级划分的决定因素，"社会阶级是按照他们在整个社会实践中的地位，也就是它们在包括政治和意识形态关系在内的整个劳动分工中的地位来决定的"①。和马克思相比，普兰查斯虽然没有马克思如此全面地对阶级加以考察，但是他的多元决定论的阶级概念已经是一种很大的进步，这是因为，在普兰查斯看来，"什么是马克思主义理论的社会阶级呢？它们是由社会成员所组成的群体，这些人的地位主要（但并非绝对）由他们在生产过程也即经济领域……但是政治和意识形态（上层建筑）也有同样的重要作用。因为马克思、恩格斯、列宁和毛泽东无论什么时候在分析社会阶级时都远非把自己仅仅局限于经济标准，他们都明确谈到政治标准和意识形态标准"②。普兰查斯只是 20 世纪西方学术界从不同角度对"阶级"概念加以界定的典型代表，除此之外，众多思想家对阶级不同维度的侧重，如从阶级意识角度、从结构性角度、从组织性角度、从剥削关系角度等③对阶级的定义不仅表征了马克思主义阶级理论的丰富内涵，更在一定程度上是结合当代资本主义发展的现实状况对马克思主义阶级理论的一种补充和发展。

众所周知，"阶级"是马克思主义的核心范畴之一，阶级理论是马克思主义的重要组成部分，但是我们却无法在马克思、恩格斯的著作中找到明确的答案，由此形成了有关阶级定义的多个版本④。尽管版本众多，尽

① ［希］普兰查斯：《政治权力与社会阶级》，叶林等译，中国社会科学出版社 1982 年版，第 64 页。
② 余文烈：《分析学派的马克思主义》，重庆出版社 1993 年版，第 126 页。
③ 参见张容艳《后马克思主义阶级理论研究综述》，《高校社科动态》2009 年第 1 期。
④ 普兰查斯认为，"社会阶级是按照它们在整个社会实践中的地位，即它们在包括政治和意识形态关系在内的整个劳动分工中的地位来决定的"。参见《政治权力与社会阶级》，叶林等译，中国社会出版社 1982 年版，第 64 页。罗默认为，"阶级是指一个群体，这一群体的全体成员以相似的方式同劳动过程相联系"。参见约翰·E. 罗默《在自由中丧失——马克思主义经济哲学导论》，段忠桥等译，经济科学出版社 2003 年版，第 5 页；埃尔斯特认为，"阶级是这样一些人的集团，他们如果想最大限度地利用自己的禀赋，就不得不根据他们拥有的东西采取同样的行动"。参见乔恩·埃尔斯特《理解马克思》，何怀远等译，中国人民大学出版社 2008 年版，第 331 页；汤普森认为，阶级"是一种历史现象，它把一批各个相异、（转下页）

管这些版本对阶级构成的某一个或几个要素进行了详细的阐释和说明，但始终是在马克思主义阶级理论基本框架下结合当代社会现实的历史变迁所形成的思想延伸和智力探索，也始终是将马克思主义所捕捉和描绘的"阶级"的影像更加清晰、全面地予以浮现和展示所做出的学术努力与理论贡献。所谓阶级是指由其经济地位所决定的社会角色和社会定位以及由此形成的社会心理上的自我暗示和社会伦理上的综合观念并进而基于上述因素在政治要求上体现某种政治属性的人类群体。

二　阶级的多重面相

"阶级"是马克思主义理论的核心范畴之一，尽管马克思没有对阶级给予明确的定义，但正如雷蒙·阿隆指出的，马克思在多篇著作中对"阶级"的运用表现出某种模糊性，但这种"模棱两可的含义远远没有限制一个学说的成功，反而发挥了有利的作用。概念本身越不确定，阶级和阶级斗争的学说就越是容易传播"[①]。概念的模糊性和后世学者不同角度的诠释和解说使"阶级"有着一张普洛透斯式的脸，变化无常。事实上，马克思首先从经济解释入手对阶级加以解析，直至最终在政治领域对阶级进行考量，阶级这一人类群体的整体样貌便清晰地呈现出来。作为一个总体性概念的阶级，它所表征的是一个人由于其经济地位的不同而有着不同的社会定位、承担着不同的社会角色，并由此形成独特的社会心理上的自我暗示和社会伦理上的综合观念，进而基于上述因素在政治要求上体现某种政治属性。因此，阶级的客观存在就绝不仅仅是单一的，它是个体的人

（接上页）看来完全不相干的事结合在一起，它既包括在原始的经历中，又包括在思想觉悟里。……当一批人从共同的经历中得出结论（不管这种经历是从前辈那里得来还是亲身体验），感到并明确说出他们之间有共同利益，他们的利益与其他人不同（而且常常对立）时，阶级就产生了"。参见汤普森《英国工人阶级的形成》，钱乘旦等译，译林出版社 2001 年版，第 1—2 页；加拿大曼尼托巴大学的大卫·加姆菲尔德指出，阶级是某一地区的一个群体，通过在整个社会生产系统的地位进行区别，而这种地位的区分可以根据他们之间的关系（主要是拥有和控制），如对于生产条件的拥有和控制。但是这个阶级中的个人并没有完全或部分地意识到这种区分和作为同一个阶级的共同利益，也没有意识到和其他阶级之间存在斗争。参见丁晓钦《当代国外马克思主义阶级理论研究》，载于《马克思主义研究》2009 年第 12 期。

① 　[法] 雷蒙·阿隆：《阶级斗争》，周以光译，译林出版社 2003 年版，第 4 页。

的经济地位、社会地位、群体心理、政治权力等主客观方面的集合性反映，由此，阶级的这一人类群体的足迹就会遍及社会生活的诸多领域，从而成为一种经济存在、社会存在、文化存在和政治存在等，也因此具有了多重面相。只有对阶级的不同领域的活动以及由此形成的独特面相加以认识和解析，才有利于我们深刻地理解"阶级"概念的复杂性，也才能更好地理解人类自身这种"类"存在的独特性和特殊性。

（一）阶级的经济面相

阶级首先是一个经济范畴，它所表征的是在生产关系中具有相同或相似地位的群体，它的产生、发展和消亡都植根于经济领域，因此，政治经济学无疑是阐释和解析阶级问题的最好视角和场域，而马克思也当之无愧的是这种科学阐释的杰出代表。马克思主义关于阶级的观点学说，是在对资产阶级思想家的有关成果的继承、改造和创新的基础上形成的。1852年，作为马克思学生和战友的约瑟夫·魏德迈在《纽约民主主义者报》上发表了一篇批驳海因岑的文章，因为海因岑宣扬只有君主才是一切灾祸的根源，阶级斗争只是"共产主义者无聊的捏造"等反马克思主义的言论。同年的 3 月 5 日马克思致魏德迈的信中首先对魏德迈给予了高度的评价，随即马克思写道："至于讲到我，无论是发现现代社会中有阶级存在或各阶级之间的斗争，都不是我的功劳。在我以前很久，资产阶级历史学家就已叙述过阶级斗争的历史发展，资产阶级的经济学家也已经对各个阶级做过经济上的分析。我的新贡献就是证明了以下几点：（1）阶级的存在仅仅同生产发展的一定历史阶段相联系；（2）阶级斗争必然导致无产阶级专政；（3）这个专政不过是达到消灭一切阶级和进入无阶级社会的过渡。"① 在这里，马克思阐述了其阶级理论的基本观点，但每个观点都建立在辩证唯物主义和历史唯物主义的基础之上，因此，每一个观点内部都蕴含着丰富的思想内容。

具体而言，"阶级的存在仅仅同生产发展到一定历史阶段相联系"。马克思关于阶级的科学理论和学说正是在这一建立在历史唯物主义基础上

---

① 《马克思恩格斯全集》第 28 卷，人民出版社 1986 年版，第 504、509 页。

的根本观点上予以展开和延伸的。而延展的成熟之作，即 1848 年初发表的《共产党宣言》（以下简称《宣言》），《宣言》1888 年英文版序言中指出："每一个历史时代主要的经济生产方式和交换方式以及由此产生的社会结构，是该时代政治的和精神的历史所赖以确立的基础，并且只有从这一基础出发，这一历史才能得到说明；因此人类的全部历史（从土地公有的原始氏族社会解体以来）都是阶级斗争的历史。"[①] 因此，无论阶级的存在还是阶级的斗争都是建立在一定的生产方式之上，生产的不足使人与人之间不仅产生显著的差别，同时形成具有某些基本经济、社会特征的人类群体——阶级。人之所以会隶属于一定的阶级，是因为经济生活乃是维持和延续其存在的物质基础，经济生活中一定的生产方式会使人们处于某种共同的生存条件、利益关系和经济地位之中，即处于某种共同的生产关系，特别是生产资料的某种所有制关系之中。某一群体依据生产关系和生产结构中的独特优势对另一群体进行剥削和支配，其结果造就了一定社会的阶级结构和阶级关系——而绝大多数和比较明显的表现形式即阶级斗争关系。而马克思不仅在其历史唯物主义中对这一历史现象进行客观、准确的描述，同时，超越了以往的经济学家在其政治经济学中发现了剩余价值规律并创立了剩余价值学说对这一现象的产生根源进行了科学阐释。鉴于马克思并没有明确地表达阶级的概念，列宁根据马克思主义的基本原理，对阶级做出了明确的定义："所谓阶级，就是这样一些大集团，这些集团在一定的社会生产体系中所处的地位不同，同生产资料的关系（这种关系大部分是在法律上明文规定了的）不同，因而取得归自己支配的那份社会财富的方式和多寡也不同。所谓阶级，就是这样一些集团，由于它们在一定社会经济结构中所处的地位不同，其中一个集团能够占有另一个集团的劳动。"[②]

显而易见，阶级主要是一个经济范畴。正如马克思所强调的："社会阶级在任何时候都是生产关系和交换关系的产物，一句话，都是自己时代的经济关系的产物。"[③] 无论阶级的产生和存在，还是阶级的划分都必须

---

① 《马克思恩格斯选集》第 1 卷，人民出版社 1995 年版，第 257—258 页。
② 《列宁选集》第 4 卷，人民出版社 1995 年版，第 11 页。
③ 《马克思恩格斯选集》第 1 卷，人民出版社 1995 年版，第 365 页。

在经济关系和生产方式中考察，脱离了物质资料的生产方式和生产关系就会走向唯心主义的误区。恩格斯在《社会主义由空想到科学的发展》中说："一切社会变迁和政治变革的终极原因，不应当到人们的头脑中，到人们对永恒的真理和正义的日益增进的认识中去寻找，而应当到生产方式和交换方式的变更中去寻找。"① 而这种对阶级的经济维度或经济面相的基础作用的强调才是符合马克思历史唯物主义的基本原理，阶级是也首先是由同一社会中的经济地位及其基本性质大体相同的人们、阶层、群体所组成的社会群体。当然，除此之外，阶级还是一个意义更为广泛的社会范畴，它具有由其经济地位和经济利益决定的社会的、政治的、思想意识等的面貌和特征。

（二）阶级的社会面相

个体的经济地位决定了其在社会结构和社会体系中的位置，位置的不同直接表现为不同阶级成员之间在财富、收入、权力、生活方式、文化品位、教育程度等方面形成和表现出的差异，进而在人与人之间形成不平等的社会关系和社会结构。社会学家将这种不平等的社会现象称为社会分层。"分层"（Stratification）原本专门用来描绘地理学中由层层相连的所谓岩石经过数千年的累积而形成的地壳。这一词汇被引入社会学后，被用来描绘不平等的社会结构。所谓"社会分层"（Social stratification）是指社会成员、社会群体因物质性和象征性资源的占有不同而形成的层级分布现象。这里所说的层或分层就是社会成员分类形成的不同群体——阶级或阶层，群体之间的关联和差异构成的不平等的社会结构贯穿人类社会发展的始终。从人类早期的狩猎和采集社会，人们依据个人才能（狩猎和占卜技能）形成主要以首领、巫师和其他部落成员为主要阶级或阶层的社会结构，到工业社会以经济生产手段为依据主要以资产阶级和无产阶级构成的阶级体系，"没有一个社会是无阶级的，或是不分层的"②，这是社会学家们必须解释的命题。

---

① 《马克思恩格斯选集》第 1 卷，人民出版社 1995 年版，第 741 页。
② ［美］戴维·格伦斯基：《社会分层》，王俊等译，华夏出版社 2005 年版，第 38 页。

1. 阶级与社会分层

社会分层现象的存在使广大社会成员被分配至社会结构的不同位置，并据此承担和享受隶属于该结构位置所特有的资源和利益，从而形成不平等的分配结构和利益格局，因此，社会分层表征的是一种制度化的不均等体系，更是以经济利益关系为本源的社会不平等。对这一问题的探讨，社会学家通常选取以阶级为研究对象和考察主体的研究方法和研究视角。

阶级作为一种社会存在，虽然从根本上取决于其在生产结构中的地位，扎根于经济领域，但其更为显著地表现在社会生活中不同阶级成员所形成的一定的消费习惯、生活方式和行为举止等外在特征。作为一种社会存在的阶级，不仅意味着社会成员间普遍存在的社会分化和群体差异，同时意味着一种独特的生活方式和存在样态，即包括文化消费、日常生活品消费、休闲方式、行为举止等多方面的综合体。因此，阶级的社会面相表征了不同群体在社会空间中存在并形成独特的内涵丰富的生活体验，从而形成明显、可辨识的阶级划分和阶级界限。

马克思主义的阶级理论往往被认为关注阶级的经济维度，侧重在经济和社会生产领域中考察阶级，因而被指责为经济决定论的或本质主义的阶级概念。其实，马克思的阶级分析也关注阶级作为一种社会存在及其所特有的生活方式。在分析法国农民阶级时马克思如是说："小农人数众多，他们的生活条件相同，但是彼此间并没有发生多种多样的关系。他们的生活方式不是使他们相互交往，而是使他们相互隔离。""既然数百万家庭的经济条件使他们的生活方式、利益和教育程度与其他阶级的生活方式、利益和教育程度各不相同并互相敌对，所以他们就形成一个阶级。"[①] 而凡勃伦认为，生活方式是一定阶级地位和社会尊荣的体现，特定的生活方式成为特定阶级的特征。"有闲"的生活方式表征了一定的社会分化和社会群体差异，有闲阶级追求一种光荣的生活方式，他们贬黜劳动并颂扬武力掠夺，对劳动的远离彰显着自身的优越地位。同时，有闲阶级追求

① 《马克思恩格斯选集》第1卷，人民出版社1995年版，第693页。

"炫耀性的消费"，这种消费"不仅是他所消费的生活必需品远在维持生活和保持健康所需要的最低限度以上，而且他所消费的财物的品质也是经过挑选的，是特殊化的"。但是这种奢侈性、浪费性的消费方式本身不是目的，对其象征意义的追求才是为了显示和维持其社会地位所必需的。"使用这些更加精美的物品既然是富裕的证明，这种消费行为就成为光荣的行为；相反地，不能按照适当的数量和适当的品质来进行消费，意味着屈服和卑贱。"因为在他们看来，"明显浪费和明显有闲是有荣誉性的，因为这是金钱力量的证明；金钱力量是有荣誉性或光荣性的，因为归根到底，它是胜利或优势力量的证明"①。布迪厄也认为，拥有相同或相似"阶级状况"（Class Conditions）的个体，占据着相同或相似的社会空间位置，亦即"阶级位置"（Class Positions），而阶级位置的相似或相同可以通过个体的生活方式，尤其是消费行为表现出来。也就是说，生活方式可以看作是通过生活实践展现出来的阶级关系，在阶级结构与生活方式的空间结构之间具有某种结构上的同源性。为了能够说明二者之间的相互关系，布迪厄特别使用了"惯习"这一概念。所谓"惯习"是指一系列社会性地建构起来的"性情倾向"，是个体将客观而共同的社会规则、团体价值内化的产物，表现个体行动者下意识而持久的思维、知觉和行动。不同阶级的成员带着自己特有的性情倾向在各自阶级"惯习"的约束下进入不同的"场域"，在一定的场域中可以分辨出不同的阶级惯习，他们反过来产生不同的阶级品位——追求奢侈、自由的品位抑或追求必需品的品位。

2. 阶级与阶层

阶级和阶层是社会分层研究中最为常见的概念，一字之差却使这两个概念界定起来十分困难。在英文中阶层是 Strata，阶级是 Class，但是 Class 一词也可以表示 Strata，美国《社会学词典》中认为，阶层是指"从横的方面把社会划分为完全固定的和同等的许多层次，像阶级、门阀等级、地位身份等"。美国社会学家帕森斯认为，阶层就是"从社会角度的某些重要方面，把组成一定的社会体系的人类个体及他们之间在待遇上的相对优

———

① ［美］凡勃伦：《有闲阶级论》，蔡受百译，商务印书馆 2005 年版，第56—57 页。

劣分成等级"①。这些解释非但没有使阶级和阶层的区别得以明晰，反而混同起来。一般认为，阶级指的是具有类别特征的社会群体，而阶层指的是具有等级差距的社会群体。在当代社会分层研究中，阶级和阶层之间的区别变得含混不清。在国际社会学界学者们大多使用 Class 这个词汇，在有关社会分层的外文文献中很少发现 Stratum 这个词，之所以如此，往往是因为依据权力、财富、名望、职业、收入等某一指标所做的阶层划分除了能够在相应的划分标准上表现出共性以外，在其他方面——如生活方式、价值态度和行为取向等——较少达成一致。因此，"阶层"一词极少被社会分层研究者所采用。而国内学术界却与此相反，目前国内的社会分层研究中使用"阶层"一词的频率似乎高于"阶级"一词。国内学术界在阶级和阶层的关系上，存在着如下两种观点：其一，认为阶层是隶属于阶级的属概念，阶级是社会分层过程中的基本利益群体，而阶层则是阶级内部分化出来的社会亚群体，它是某一阶级内部根据某一标准再次细分的结果②；其二，认为阶层是个大概念，阶级是一种特殊的社会分层，因为阶层和阶级都是根据生活机会和社会资源在人群中的分配差异所划分的社会群体，但是阶级所依据的生产资料的划分标准只是社会资源和生活机会中一种，因此阶层的概念大于阶层③。

在阶级与阶层的关系问题上，笔者比较赞同第一种意见，即阶层是阶级内部分化出来的群体。从其本源来说，阶层源自阶级，但阶层又表现着社会关系和社会结构的丰富性和多样性。④ 朱光磊教授认为，阶层是在阶级的基础上划分出来的更小社会利益群体，在划分阶级时主要考虑生产关系中位置和经济地位，而划分阶层时，还要考虑其"身份地位"，还要结合收入方式、劳动方式、收入水平等社会因素。⑤ 由此可见，阶级与阶层

---

① 转引自［英］邓肯·米切尔《新社会学辞典》，蔡振扬等译，上海译文出版社1987年版，第325页。

② 朱光磊等：《当代中国各阶层分析》，天津人民出版社2007年版，第3页。

③ 郑杭生：《我国社会阶层结构新变化的几个问题》，《华中师范大学学报》（人文社会科学版）2002年第4期。

④ 陆学艺：《社会学》，知识出版社1991年版，第163页。

⑤ 朱光磊等：《当代中国各阶层分析》，天津人民出版社2007年版，第3页。

都具有相同的质的规定性，经济因素的决定作用对社会个体的群体归属与认同起着决定作用。然而，我们根据收入水平、生活方式、教育程度、职业种类等因素在阶级内部划分出不同的阶层，这说明不同阶层在上述指标上所呈现出的不同和差异所具有的意义和价值是有别于阶级概念的，也正因如此，我们不能盲目地使用这两个概念，对于它们之间的区别要加以明晰。首先，阶级与阶层分化的内在动力不同。阶级分化是经济分层所造成的，经济地位的不同直接决定了社会个体的阶级归属。而阶层是在经济分层的基础上的社会分层，具有相同经济地位的人们在具体的劳动和工作中所呈现出的劳动方式、收入水平、收入方式、生活方式、消费习惯等方面不可能是整齐划一的，它们所体现出的差异的意义在当代社会学研究中被逐渐凸显出来。其次，社会资源的构成及获取方式不同。阶级分化的根本原因在于生产关系中的不同地位，而生产关系的性质决定了阶级所获得或争夺的社会资源是土地和资本，而对土地和资本的争夺所依凭的往往是政治权力。而阶层所获得的社会资源是多种多样的，且在现代社会中，人们越来越重视"职业"在社会资源的取得中的重要作用。最后，阶级具有明确的阶级意识，使阶级走出"自在"状态并认识到本身所具有的阶级利益和历史使命，从而加强"阶级团结"，开展有组织的阶级行动。而阶层在客观上会呈现出一定的心理状态，如消费心理、阶层归属，但是缺乏共同的阶层意识，更不会驱使其下产生共同的政治行动。

（三）阶级的政治面相

阶级还是一种政治存在，这种存在方式意味着作为一定社会群体的阶级基于生产体系中特定的经济地位而产生的权力诉求和政治主张，这种诉求和主张是特定阶级在政治体系和政治结构中支配地位和主导作用的体现，也就是说，阶级的政治面相是阶级在政治领域中的政治权力的争夺与获取中的表现和特征，因此，作为政治存在的阶级始终与"权力"的概念相联系。社会学家布劳指出，权力产生于社会结构中社会主体彼此交往过程中不对称的资源占有。布劳认为，人们在相互交换中遵循着理性原则、互惠原则、公正原则、边际效用原则和不均衡原则，正是这种不均衡原则致使社会主体在交换关系中失去了稳定和均衡，一些人拥有比其他人价值更大的资源，因而占据了优势地位，可以从其他想从他那里得到他提供的较高价值资源的人那里得到报酬：金钱、社会赞同、尊敬或尊重、服从。这几乎是递进的，当人们在交换关系中得到服从时，他们就拥有了权力。[1] 有人认为，"权力是一种规范概念，指的是一个人处于这样的地位：他有权要求其他人在一种社会关系中服从他的指示，因为集体——这种关系在其中发展——的标准的价值体系确认了这种权力，并把它赋予应该享有这种权力的人"[2]。有人认为，"权力是人凭借某种后盾获得的在一定社会关系中支配对象的一种特殊力量"[3]。尽管对于"权力"的概念存在众多分歧，但笔者以为，权力首先意味着一种关系，在此关系中不同社会实体之间由于资源占有的不平衡形成支配与被支配的不平等。其次，由于惯常和定型化的支配关系的存在使某些社会实体具备某种能力和属性。诚然，权力场域中无论是不同社会实体间所形成的支配性关系，还是不同主体支配资格和能力的获得使该主体自身具备某种政治属性，都往往是由阶级主体的行为所引起和型构的，而阶级与权力之间所形成和展现的复杂关系也正是阶级政治面相的明证。

马克思从未有过有关权力的专门论述，但是马克思的历史唯物主义却无处不在探讨权力。马克思在《共产党宣言》中开宗明义地指出："至今一切社会的历史都是阶级斗争的历史。"这种历史表明，任何社会中不同阶级之间的彼此较量乃至斗争都是以利益为最终驱动力以政治权力的获得为终极目的从而导致政权的交替和更迭的。在马克思看来，人类的历史就是一种围绕物质资源的斗争，物质资源的稀少导致了私有制的产生，原始共产主义中的平等关系被打破，取而代之的是人与人之间统治阶级与被统治阶级之间在资源占有和经济地位等方面的天壤之别。不同阶级为了争得或维持在现有稀缺资源的分配模式中的优势地位，必须迫使对方服从并获得能够影响和支配对方的政治权力，而权力的获得又可以保证其在资源分

---

[1] 转引自段志超《国家权力的社会性和阶级性对政党政治的影响》，《马克思主义与现实》2009 年第 5 期。

[2] ［美］莫里斯·迪韦尔热：《政治社会学——政治学要素》，华夏出版社 1987 年版，第 109 页。

[3] 陆德山：《认识权力》，中国经济出版社 2000 年版，第 19 页。

配中的优势，因此，在物质资源与权力的获得中形成一种循环关系。不仅如此，马克思还试图表明，阶级在经济领域中所产生的物质差异也形塑了政治领域中的权力关系模式。一个阶级在经济单位中优势地位直接决定了其在特定社会权力结构体系中的位置和作用，也就是说，阶级在经济领域和政治领域中的作用和影响具有同构性。马克思说："经济条件首先把大批的居民变成劳动者。资本的统治为这批人创造了同等的地位和共同的利害关系。所以，这批人对资本来说已经形成一个阶级，但还不是自为的阶级。在斗争（我们仅仅谈到他的某些阶段）中，这批人联合起来，形成一个自为的阶级。他们所维护的利益变成阶级的利益。而阶级同阶级的斗争就是政治斗争。"① 因此，阶级斗争总是从经济领域开始，经济领域中具有相同或相似的地位的人们起初在各自具体的工作场所进行各自为政的局部性斗争，长期的斗争实践使他们对利益的共同性和一致性逐渐产生清楚的认识，而后逐渐采取具有一定规模性和组织性的集体行动，此时，共同的经济要求就具有了政治性质。而阶级之间的斗争和一定阶级的集体行动的践行都是以国家政权和政治权力的获得为直接目的，对此，恩格斯在《卡尔·马克思》一文中如是写道："在全部纷繁复杂的政治斗争中，问题的中心仅仅是社会阶级的社会的和政治的统治，即旧的阶级要保持统治，新兴的阶级要争得统治。"② 而 "在阶级反对阶级的任何斗争中，斗争的直接目的是政治权力"③。

　　普兰查斯是结构主义的马克思学派的代表人物之一，他对阶级的考量不仅依循马克思主义的一贯立场，注意经济要素的决定作用，同时注意到政治和意识形态的重要作用。普兰查斯指出，马克思在分析社会阶级时既不是把阶级作为抽象的历史主体，也不是单指社会的经济关系。他反对仅仅将社会阶级与生产关系联系在一起或是仅仅强调其经济方面，造就阶级的是各种社会结构的整体及其相互间的关系，因此，可以以构造社会结构的众多因素中的任一因素为认识阶级的视角和路径，也就是说，可以从经

---

① 《马克思恩格斯选集》第 4 卷，人民出版社 1995 年版，第 103 页。
② 《马克思恩格斯选集》第 3 卷，人民出版社 1995 年版，第 334 页。
③ 《马克思恩格斯全集》第 19 卷，人民出版社 1986 年版，第 284 页。

济方面对阶级进行解读，也可以从政治或意识形态方面进行。因此，普兰查斯给出了关于阶级的独特观点："社会阶级是这样一个概念，它表示结构的整体，表示一种生产方式或者一种社会形态的模式对承担者——他们构成社会阶级的支持者——所产生的影响：这个概念指示出社会关系领域内全部结构所产生的影响。"① 那么，作为社会实践主体的阶级，决定它的也就不是某一静态的单独因素，而是阶级在社会实践总体中的地位，而"这一总体包含着政治和意识形态的关系。在这个意思上，社会阶级是这样一个概念，它指示出社会劳动分工（社会关系和社会实践）内部的结果。因此，这一地位是与我称之为阶级的结构决定一致的，也就是说，是与结构所决定的阶级实践内部的存在一致的。这里说的结构指的是社会关系、政治和意识形态的支配或从属关系。阶级仅仅存在于阶级斗争中"②。"仅仅由社会关系和经济结构之间的关系不能构成阶级的概念：阶级的概念包括阶级事件（阶级'斗争'）的整体，包括社会关系结构各方面的整体所产生的影响的整体"③。其中，政治阶级斗争在确立阶级的过程中起着重要的作用，"只有当一个阶级与生产关系联系起来，即当它的经济存在通过一种特殊表现在其他方面反映出来的时候，这个阶级才能被认为是社会形态内部的一个不同的和独立的阶级，才能被认为是一种社会力量"④。这种特殊的表现即是政治阶级斗争，因为，只存在于生产关系等经济领域的社会阶级只是"纯粹的阶级"，而阶级在政治阶级斗争中的鼓动宣传、组建工会、成立政党等种种行为不仅表明社会阶级具有明确认识本阶级的阶级利益和历史使命的阶级意识，同时表征了社会阶级通过一定规模的集体行动的政治实践已经形成了一种影响和改变社会结构和社会利益关系的社会力量。

---

① ［希腊］普兰查斯：《政治权力与社会阶级》，叶林等译，中国社会科学出版社1982年版，第64页。
② 转引自俞吾金、陈学明《国外马克思主义哲学流派新编——西方马克思主义卷》，复旦大学出版社2002年版，第493页。
③ ［希腊］普兰查斯：《政治权力与社会阶级》，叶林等译，中国社会科学出版社1982年版，第71页。
④ 同上书，第75页。

（四）阶级的伦理面相

阶级的存在不仅在主观层面上表现出一个阶级在群体内部形成某种相同或相似的自我暗示和自我认同，还在阶级内部成员的共同生活和不同阶级的彼此交往及相互联系中产生某种共同的伦理观念和道德准则。这种观念和准则以人们关于善与恶、美与丑、正义与邪恶、光荣与耻辱、公正与偏私的感觉、原则和规范为内容，以人们的自我评价和他人评价的方式为特点，调整人们的内心意愿和外部行为。然而，这种伦理观念和道德准则并非凭空产生的，它并不是基于某种先验的"理性"或"人的自然本性"而产生的某种超越历史与社会的不变真理和永恒法则。它是社会存在的反映和社会关系的产物，是建立在一定经济基础之上并随之而变化的。恩格斯指出："一切以往的道德归根结底都是当时的社会经济状况的产物。而社会直到现在还是在阶级对立中运动的，所以道德始终是阶级的道德，它或者为统治阶级的统治和利益辩护，或者当被统治阶级变得足够强大时，代表被压迫者对这个统治的反抗和他们的未来利益。"也就是说，道德准则和伦理观念是从具体的社会经济关系中产生出来，调整人们相互间的利益关系的思想意识和行为准则。"人们总是自觉地或不自觉地，归根到底总是从他们的阶级地位所依据的实际关系中——从他们进行生产和交换的经济关系中，吸取自己的伦理观念。"① 由此可见，不同阶级有着属于这个群体对社会事务和利益关系基本状况进行判断和评价的内在标准和内在观点，即阶级伦理。阶级伦理是不同阶级的社会个体在社会生活和社会关系中基于其特定的经济地位所产生的道德观念，是该阶级的成员对其行为和生活的道德认识和评价体系。也正是在这个意义上，马克思说："财产的任何一种社会形式都有各自的'道德'与之相适应。"② 恩格斯在批判费尔巴哈的伦理观时，也表达了相同的观点，他说："实际上，每一个阶级，甚至每一个行业，都各有各的道德。"③

马克思主义思想内涵丰富，无论是其哲学唯物史观对历史发展规律的

① 《马克思恩格斯选集》第 3 卷，人民出版社 1995 年版，第 133 页。
② 《马克思恩格斯全集》第 17 卷，人民出版社 1986 年版，第 610 页。
③ 《马克思恩格斯选集》第 4 卷，人民出版社 1995 年版，第 236 页。

揭示，还是其政治经济学对资本主义经济剥削原因的揭秘，其最终指向都是人，是对人类前途和命运的关切。也正因此，对人和人性的理解决定了马克思、恩格斯判断和思考问题时的价值取向，进而决定了他们的全部思想。马克思又是如何理解人和人性的呢？马克思认为，"人的本质不是单个人所固有的抽象物。在其现实性上，它是一切社会关系的总和"。"人是最名副其实的社会动物，不仅是一种合群的动物，而且是只有在社会中才能独立的动物"①，人不能脱离社会而孤立存在，人是社会存在物，"人的本质是人的真正的社会联系"，人的本质只有在社会场域中的自觉实践才能得以实现。而社会也构成了人们进行活动和实践的客观环境，因此人是社会中存在的人与社会是人存在的社会相辅相成。但社会在现实层面由于分工和私有制的存在而形成了阶级社会。阶级社会中不同阶级的利益冲突和矛盾构成了伦理道德的基础。不同的阶级依据自身的阶级利益和阶级地位形成不同的伦理观念和道德原则，"人们总是自觉地或不自觉地，归根到底从他们阶级地位所依据的实际关系中，从他们进行生产和交换的经济关系中，吸取自己的道德观念"②。在资本主义社会中工人和资产阶级的利益对立、观念相左，"工人比起资产阶级来，说的是另一种习惯语，有另一套思想和观念，另一套习俗和道德原则"③。这一道德原则是与社会经济、政治制度直接相关，它为一定的阶级、集团的根本利益作伦理辩护，也就是说，"道德始终是阶级的道德；它或者为统治阶级的统治和利益辩护，或者当被统治阶级变得足够强大时，代表被压迫者对这个统治的反抗和他们的未来利益"④。

综上所述，马克思、恩格斯的伦理思想正是他们从理论上对无产阶级伦理观念、道德准则和道德理想的概括总结，从根本上反映了无产阶级和劳动人民的整体意志与根本利益，是人类历史上第一个站在被压迫阶级的立场并为其服务的伦理思想。也正是在这个意义上，列宁指出："我们的

---

① 《马克思恩格斯选集》第 1 卷，人民出版社 1995 年版，第 18 页。
② 陆贵山、周忠厚：《马克思主义文艺学概论》，中国人民大学出版社 2001 年版，第 71 页。
③ 《马克思恩格斯选集》第 3 卷，人民出版社 1995 年版，第 133 页。
④ 同上书，第 134 页。

道德完全服从无产阶级阶级斗争的利益。我们的道德是从无产阶级阶级斗争的利益中引申出来的。"无产阶级"道德是为破坏剥削者的旧社会、把全体劳动者团结到创立共产主义者新社会的无产阶级周围服务的"①。

（五）阶级的心理面相

阶级的存在同社会经济领域密切相关，它的存在正是依据人们在社会生产结构中的不同位置和所获得的生产资料的差异所做的划分，然而长期共同的社会交往和生活联系使不同群体的个体之间和同一群体的成员之间产生某种心理暗示或心理认同。这种源于社会物质生产活动的客观基础所产生的主观心理对自身所处的阶级地位的自我认同和阶级利益的自我辨识，也是一个群体的内部成员所具有的相同或相似的情感、思想等的心理反应，人们称为阶级心理或阶级意识。

马克思主义的阶级理论不仅考量不同阶级在经济和社会领域中的具体活动与现实表现，同时也对不同阶级的群体意识和共同心理有所关注。马克思在《路易·波拿巴的雾月十八日》中的论述表明，阶级之成为阶级，不仅要具有相同或相似的生产方式和生活方式，同时对本阶级利益的一致性有着共同的自省和自觉。因此，阶级意识不仅是不同社会群体在现实的物质生活中所产生的心理反应和思想意识等主观活动，更是社会群体从纯粹的群体存在上升为社会阶级的重要因素。英国的历史学家霍布斯鲍姆认为马克思的阶级概念具有两重含义，一是在纯粹的经济意义上，即指原始社会解体后到无产阶级革命胜利这一整个历史时期，由于经济地位的不同，特别是由于存在着剥削与被剥削的关系，人类社会各集团划分为阶级；另一种意义则把主观因素，即将阶级意识引进了阶级概念。② 正因为阶级意识对阶级的存在而言是不可或缺的，所以阶级与阶级意识问题受到了众多社会学者的重视和关注。米尔斯认为，马克思的阶级意识，作为自觉的集体意识包括对本阶级利益的理性认识、对其他阶级利益不合理性的认识及有意识的反对和对运用集体政治手段达到集体政治目的以实现自己

---

① 《列宁选集》第 4 卷，人民出版社 1995 年版，第 353 页。
② 王立端：《阶级和阶级意识理论的重构》，《三明高等专科学校学报》2003 年第 1 期。

利益的认识，及随时行动的准备。① 法国政治社会学家莫里斯·迪韦尔热
认为，所谓阶级意识就是"由于属于某个特定的阶级并排斥其他阶级的
那种感觉所构成的主观因素"。同时，他认为，"没有阶级意识的阶级是
不存在的。阶级与'层次'的区别就在于有没有阶级意识。一个层次是
指仅仅按照客观特征（收入水平、年龄、威望等等）而确定的一个社会
阶层，属于这个阶层的人并没有意识到他们之间的一致性，也没有意识到
自己与属于其他阶层的人有何区别"②。

西方马克思主义奠基人卢卡奇对阶级意识问题尤为关注，不仅将其代
表作命名为《历史与阶级意识》，还在此书中系统地论述了阶级的阶级意
识及其功能。在《历史与阶级意识》中，卢卡奇明确地阐释了阶级意识
的含义，他认为，"阶级意识就是理性的适当反应，而这种反应则主要归
因于生产过程中特殊的典型的地位"③。是"变成为意识的对阶级历史地
位的感觉"④，而"真正实践的阶级意识的力量和优势恰恰在于它能把隐
蔽在经济过程的相分离的征兆后面的自身的统一性看作是社会的总的发展
趋势"⑤。由此可见，阶级意识既然是理性的，那就是说它不是现成的单
个个人对其身处其中的社会现实的纯粹反应的简单相加，更不是它们的平
均值，而是作为整体的阶级对自己在社会经济关系中所处的经济地位及历
史使命的认识。这种认识虽然是客观存在的，但却是隐蔽的、不为一般人
所觉察的一种"意识共识"的可能性。在本质上，阶级意识的内容与立
场受一定阶级经济政治地位的决定，反映一定阶级的利益诉求。

英国马克思主义史学家爱德华·汤普森遵循英国经验主义的研究进
路，通过对1780—1832年工业化早期的普通工人群众的经历和民众文化
传统的历史研究，从文化的角度演绎了阶级和阶级意识的概念。根据汤普
森的阶级理论，每个人出生或者长大后都会自觉某种生产关系，这种生产

---

① 转引自刘欣《转型期中国大陆城市居民的阶层意识》，《社会学研究》2001年第3期。
② ［法］莫里斯·迪韦尔热：《政治社会学——政治学要素》，杨祖功、王大东译，华夏出版社
1987年版，第142—143页。
③ ［匈］卢卡奇：《历史与阶级意识》，杜章智等译，商务印书馆1995年版，第105页。
④ 同上书，第123页。
⑤ 同上书，第134页。

关系决定日后个人的经历，在生产关系中处于相同位置的人会经过大致相同的经历，这就是阶级经历。但阶级经历并不等于阶级，"作为共同经历的（集成的或共同具有的）一种结果，只有当一些人感到并表达出他们之间利益的一致性，并反对那些利益与他们不同（通常是相反）的另一些人时，阶级就出现了。阶级经验大致上是由人们与生俱来或不自愿进入的生产关系决定的。这些经验用体现在传统、价值系统、观念和制度形式中的文化术语来表示就是阶级意识"①。在人们的阶级经历中阶级意识得以形成，而阶级只有在意识到自身的存在时它才存在。霍布斯鲍姆在谈到英国工人阶级形成时也有类似的观点，"阶级和阶级意识问题是密不可分的，从完全意义上来说，阶级只有在一定历史阶段上开始获得他们对自身的意识的历史时刻才存在"②。

第二节　阶级分析方法

阶级分析方法是包括法学在内的整个人文社会科学研究所使用的一种重要的认识工具和分析方法。早在古希腊时期，古希腊先哲们就开始使用阶级分析方法，柏拉图的《理想国》和亚里士多德的《政治学》中都可依稀看到阶级分析方法的使用痕迹，亚里士多德不仅根据权力、财富和职业这三重标准对城邦居民进行划分，同时他也从阶级关系的角度去考量城邦居民之间的相互关系，尤其是城邦居民之间由于利益冲突所引发的阶级斗争关系。但是，他对阶级分析方法的使用也只是隐约的、朦胧的。19世纪初阶级理论开始得到广泛而深入的研究，而马克思、恩格斯、列宁、毛泽东等思想家、革命家更是运用阶级分析方法研究社会现象、开展革命活动，理论和实践的成功实践不断彰显着这一分析方法的重要意义与价值。

但是一种个体化的实践却又使这一方法缺乏类型化、程式化的使用步

---

① ［英］E. P. 汤普森：《英国工人阶级的形成》，钱乘旦等译，译林出版社 2001 年版，第 9 页。
② E. J. Hobsbawm, Notes on Class Consciousness. E. J. Hobsbawm, *Worlds of Labour*. London：George Weidenifeld & Nicolson Limited，1984. p. 16.

骤和操作程序，因此，对阶级分析方法的许多重要认识是模糊的，甚至是错误的。摆在我们面前的首先是一个一般性的问题：到底什么才是阶级分析方法？

一　阶级分析方法概述

阶级分析方法是什么？这首先是一个基础性问题，但是这个问题的明晰却关系着阶级分析这一认识工具和分析方法的前途与命运。当我们一味地对该方法的本来面目和具体运用进行某种揣测的时候，最好的办法可能莫过于客观地叙述这一方法产生和发展的历史轨迹，在这种历史描述中将其发展演变的核心要素剥离出来。简单地说，阶级分析方法不就是几个核心要素所型构的认识顺序和操作步骤吗？因此，要弄清楚阶级分析方法是什么，必须首先明确阶级分析方法从何而来。

关于阶级分析方法的起源，学术界主要存在以下三种观点：其一，史学界普遍认为历史编纂学家梯叶里是"阶级斗争之父"。马克思在写给恩格斯的信中指出："1853 年出版的梯叶里的《第三等级的形成和发展史概论》一书，使我感到很大的兴趣。令人奇怪的是，这位作为法国历史编纂学中的'阶级斗争'之父的先生，在序言中竟对一些'新人物'感到愤怒。……"① 普列汉诺夫认为，在梯叶里的笔下，英国 17 世纪的革命运动是被看作第三等级反对贵族的斗争描写的。其二，空想社会主义者圣西门被认为是阶级斗争的发现者。1802 年圣西门在其处女作《一个日内瓦居民给当代人的信》中初步阐述了他的阶级分析，他指出："我把人类分为三个阶级。第一个阶级，是我和您有幸所在的那个由学者、艺术家和一切有自由思想的人构成的阶级，它高举着人类理性进步的旗帜前进。第二个阶级的旗子上写着：不进行任何改革！凡是不属于第一个阶级的有财产的人，都属于这个阶级。第三个阶级是在平等的口号下联合起来的人们，它包括人类的其余一切成员。"② 圣西门看到，法国大革命不仅是由

---

① 《马克思恩格斯全集》第 28 卷，人民出版社 1986 年版，第 382—383 页。
② 《普列汉诺夫哲学著作选集》第 2 卷，曹葆华译，生活·读书·新知三联书店 1962 年版，第 583 页。

封建主和资产者之间的尖锐阶级斗争产生的,而且是由有产者和无产者之间的尖锐阶级斗争产生的。恩格斯在《社会主义从空想到科学的发展》中给予了高度评价:"了解到法国革命史阶级斗争,并且不仅是贵族和资产阶级之间的,而且是贵族、资产阶级和无财产者之间的阶级斗争,这在1802年是极为天才的发现。"① 其三,另有学者认为,维科在《新科学》中首创了阶级分析观点。② 朱光潜先生认为:"现在还有不少人误认为阶级斗争的学说起源于法国基佐和梯叶里等人。其实这些人都是从密希勒的维科的《新科学》和其他著作的法文节译本才接触阶级斗争学说。……在阶级斗争方面的杰出见解实在是维科对人类思想史的一个伟大贡献,现在世已公认了。它影响到法国革命以及后来的各民族的民主革命乃至共产主义革命。"③ 但是,顾銮斋教授研究指出:"维科、圣西门和法国复辟时期的历史学家的有关著述都不是阶级分析理论之源,而在《理想国》中,因这一理论还刚现端倪,柏拉图也不宜看作这一理论的首创者。但在《政治学》中,作者的阶级概念和阶级分析观念非常明确,阶级分析理论相当条理、深刻和系统,并已用于城邦社会关系和政体形式的研究,且取得了重要的理论建树,所以将亚里士多德看作这一理论的首创者是适宜的。"④

亚里士多德被认为是阶级分析方法的首创者并能够对其进行系统的、深刻的说明,主要鉴于以下理由:第一,亚氏确定了阶级的概念并进行了阶级划分。亚氏将权力、财富和职业作为阶级划分的标准,也就是说亚里士多德通常从上述三个维度对不同的阶级的具体存在进行考量。第二,亚氏还以阶级为单位分析城邦内部的关系,即阶级关系。在这种关系中,一方面是剥削阶级与被剥削阶级之间的关系,例如,在论及贴撒利亚卑奈斯太制度时,亚里士多德指出,那里的"农奴时常起来反抗(闲暇的)主人;同样的,(赫卢太)也老是等待着拉根尼(斯巴

---

① 《马克思恩格斯全集》第 19 卷,人民出版社 1986 年版,第 212 页。
② 转引自顾銮斋《阶级分析理论起源新探》,《齐鲁学刊》2003 年第 2 期。
③ 同上。
④ 同上。

达）人的衅隙，他们好像是丛莽中的优兵，遇到机会，立即出击（起义）"①；另一方面是公民内部不同阶级之间的关系，亚里士多德指出"有产者们和平民群众两个对立部分，其中一方倘若占优势，他们就压迫中产阶级"②。由此可见，亚里士多德对不同阶级之间的关系考量主要侧重于阶级之间的冲突和斗争，而对不同阶级之间的联合或合作则关注较少。第三，亚氏还将阶级力量的对比关系与政体的变化联系起来，例如，认为从寡头政体经僭主政治而至平民（民主）政体，其"变迁的原因就全在为政者凭借名位，竞尚贪婪，于是减少了参与统治的团体和人数，增强了平民群众的势力，于是发生了变乱，而最后建立了平民政体"③。所谓"减少了统治的团体和人数，增强了平民群众的势力"，是指阶级力量对比发生了变化，平民阶级和其他阶级联合起来，占据了优势，政体形式自然转化为平民政体。④ 综上所述，亚里士多德对阶级分析方法的运用主要将阶级、阶级划分、阶级关系作为核心范畴，通过对上述几个范畴的依次演进形成了对社会现象（如政体）的深入分析和研究。

作为阶级分析方法运用集大成者的马克思是否也依循如此步骤和程序来认识、分析社会现象呢？笔者以为，马克思对阶级分析方法的运用遵循了与亚氏大致相同的分析路径，所不同的是，马克思较之前者，对阶级分析方法的运用更加系统完善。具体言之，马克思将某一特殊的人类群体称为"阶级"，它所表达的是一个人由其经济地位所决定的社会角色和社会定位以及由此形成的社会心理上的自我暗示与社会伦理上的综合观念并进而基于上述因素在政治要求上体现某种政治属性。也就是说，马克思根据人们的经济地位将人们划分为不同的阶级，当阶级的存在有着经济、社会、政治等多重维度的丰富性和复杂性，马克思的阶级方法在上述主客观多重维度中进行阶级关系的考量。因此，所谓阶级分析方法是指以阶级为基本单位，通过在阶级存在的多重维度中综合考量阶级关系以认识和解析社会现象的方法。

---

① ［古希腊］亚里士多德：《政治学》，吴寿彭译，商务印书馆 1996 年版，第 1269 页。
② 同上。
③ 同上书，第 1286 页。
④ 参见顾銮斋《阶级分析理论起源新探》，《齐鲁学刊》2003 年第 2 期。

（一）阶级分析方法的经济之维

阶级作为一个经济范畴的优先性和根本性，必然使阶级分析方法首先将视线投射到社会经济领域，从而在经济生活中考量阶级，在阶级生活中解析经济。原始社会解体以来的社会经济都建立在私有制的基础上，生产资料等物质资源的占有量不仅使人与人之间在财富拥有上形成差别，同时使人们之间形成一种社会关系，这种关系生成于生产领域，生产资料的占有者凭借其所有权在生产领域的支配、管理从而对无产阶级进行控制和盘剥。这种生产方式不仅造就了具体历史形态下的社会阶级和阶级结构，同时形成了不同阶级之间的阶级关系，即剥削关系。奴隶主阶级剥削奴隶阶级、地主阶级剥削农民阶级、资产阶级剥削无产阶级，阶级剥削的基本关系和基本事实构成了人类自有阶级以来社会发展的基本谱系。

在马克思主义理论中，"剥削"是阶级的核心要素之一，剥削理论是马克思主义理论的重要组成部分，就连美国经济学家萨缪尔森也认识到，"剥削的概念出自卡尔·马克思的著作，来源于他的劳动价值论，著述于边际生产率被发现以前的时代，马克思把剥削定义为一个劳动者对产出量的贡献和他的工资之间的差额。因为马克思的观点，劳动创造一切，全部利润、利息、地租都单纯是对劳动者的剥削。"① 而所谓剥削，是指"凭借私有财产无偿地攫取他人的劳动成果的行为"②。"剥削是社会上一部分人或集团凭借他们对生产资料的垄断，无偿地占有另一部分人或集团的剩余劳动，甚至一部分必要劳动。"③ 马克思主义首先认为，"社会分裂为剥削阶级和被剥削阶级、统治阶级和被压迫阶级，是以前生产不大发展的必然结果。当社会总劳动所提供的产品除了满足社会全体成员最起码的生活需要以外只有少量剩余，因而劳动还占去社会大多数成员的全部或几乎全部时间的时候，这个社会就必然划分为阶级"④。对于造成阶级剥削的原

---

① ［美］乔恩·埃尔斯特：《理解马克思》，何怀远等译，中国人民大学出版社 2008 年版，第 437 页。
② 《辞海》，上海辞书出版社 1999 年版，第 228 页。
③ 许涤新：《政治经济学辞典》，人民出版社 1980 年版，第 188 页。
④ 《马克思恩格斯选集》第 3 卷，人民出版社 1995 年版，第 632 页。

因，恩格斯在《反杜林论》中指出："暴力仅仅保护剥削，但是并不引起剥削；资本和雇佣劳动关系才是他受剥削的基础，这种关系是通过纯经济的途径而不是通过暴力的途径产生的。"① 对此，马克思也指出："阶级对立是建立在经济基础上的，是建立在迄今存在的物质生产方式和由这种方式所决定的交换关系上的。"② 对于资产阶级对无产阶级的剥削，马克思在《剩余价值理论》《资本论》等著作中通过其古典政治经济学对此进行阐述，马克思主义认为，机器大工业的发展使"参与生产的只有两个阶级：拥有劳动工具、原料和生产资料的资本家阶级，和既没有劳动工具、原料，也没有生产资料的工人阶级"③。资产阶级凭借生产资料私有制无偿占有工人的剩余劳动时间、榨取工人的剩余劳动，剩余劳动是工人自生产劳动力所必要的劳动以外的劳动，"因此，我把进行这种再生产的工作日部分称为必要劳动时间，把在这部分时间耗费的劳动称为必要劳动。……劳动过程的第二段时间，工人超出必要劳动的界限做工的时间，虽然耗费了工人的劳动，耗费了劳动力，但并不为工人形成任何价值。这段时间形成剩余价值，剩余价值以从无生有的全部魅力引诱着资本家。我把工作日的这部分称为剩余劳动时间，把这段时间内耗费的劳动称为剩余劳动。把价值看作只是劳动时间的凝结，只是物化的劳动，这对于认识价值本身具有决定性意义，同样，把剩余价值看作只是剩余劳动时间的凝结，只是物化的剩余劳动，这对于认识剩余价值也具有决定性的意义。使各种经济形态例如奴隶社会和雇佣劳动的社会区别开来，只是从直接生产者身上，劳动者身上，榨取这种剩余劳动的形式"④。资本家对工人的剥削使工人的生活每况愈下，但却使工人们逐渐萌发对自身总体利益（阶级利益）和自身历史使命的清醒认识，逐渐从"自在阶级"转变为"自为阶级"。

（二）阶级分析方法的社会之维

阶级分析方法的社会之维就是对不同的阶级群体由于经济地位的不同

---

① 《马克思恩格斯选集》第 3 卷，人民出版社 1995 年版，第 495 页。
② 《马克思恩格斯全集》第 5 卷，人民出版社 1986 年版，第 533 页。
③ 《马克思恩格斯全集》第 16 卷，人民出版社 1986 年版，第 75 页。
④ 《马克思恩格斯全集》第 23 卷，人民出版社 1986 年版，第 243—244 页。

所导致的行为方式、生活方式、消费方式差异进行比较和分析，意在证明日常生活的具体样态不仅是社会个体具体的现实生活的总结，也是个体所属阶级独特的存在方式和生存状态的表征。生活一定是阶级的生活，而阶级也一定是生活的阶级，前者意在说明生活的进行不是虚无缥缈的无主体的生命延续，它一定是建立于一定经济基础之上由居于不同经济地位的阶级所构造的物质生活；而后者意在说明阶级的存在也不是简单而随意的人群区分，它一定是扎根于经济领域具有丰富多彩的生活面相的社会主体，对上述两方面及其相互关系的分析正是阶级分析方法的社会维度。

某一阶级生活方式的意义和价值受到了众多社会学家的重视，凡勃伦研究了有闲阶级的消费方式，有闲阶级消费方式的显著特征就是炫耀性消费，这种消费习惯和消费方式主要表现为购买刺激品和奢侈品，这种消费与普通的生活消费形成明显的区别，因为这种"奢侈品的消费，其真正意义指的是为了消费者本人的享受而进行的消费，因此是主人的标志。任何这样的消费，主人以外的别人只能在被默认的基础上进行"①。对于这个阶级来说，这种消费方式不仅证明了其金钱和财富的占有，更代表了其身份地位和荣誉。在凡勃伦看来，有闲阶级的生活方式和审美旨趣受到了消费习惯的影响，消费方式在一定意义上成为带有符号化特征的生活方式。特定消费方式的推广和模式化及其形成的消费文化逐渐在有闲阶级内部蔓延，从而使不同阶级被区分开来。

布迪厄也同样关注生活方式，个体的生活方式和消费行为表征了个体拥有相似或相同的"阶级状况"，占据着相同或相似的"社会空间位置"，也就是说，生活方式被看作是通过生活实践展现出来的阶级关系，在阶级结构与生活方式的空间结构之间具有某种结构上的同源性。布迪厄认为，经济资本、社会资本和文化资本三重维度构造的社会空间成为社会阶级活动的"场域"，不同的阶级，占据着不同的空间位置，拥有不同的惯习。惯习表现为同一阶级中的成员具有相似的行为模式，具有相似的风格，从一个人的身上就可以看到另一个人的模型，他们在理解、交流、判断、欣

———————————

① ［美］凡勃伦：《有闲阶级论》，蔡受百译，商务印书馆 2005 年版，第 58 页。

赏和鉴赏等方面具有行为的相似性。而不同的惯习又造就了不同的阶级品
位，这种品位表现的是阶级的一种偏好或能力，是生活方式的有效法则，
是一种表现与其他群体相区别的偏好，这种偏好可以表现在象征性的各种
细节方面，比如家具、陈设、衣着、言语、举止等。

　　不同的阶级惯习产生不同的阶级品位，不同的阶级品位体现不同的阶
级惯习。支配阶级不必为"日常生活中的紧急必需品"所困扰，不考虑
直接的经济必需和物质需要，他们属于"自由和奢侈的品位"，这种品位
具有一种"审美倾向"，这在艺术场域中表现得尤为突出。支配阶级对艺
术品的鉴赏或审美的品位，追求的是摆脱世俗利益约束和从中得到一种愉
悦。它以一种悠闲自在的方式存在，正是在这种悠然自得的欣赏过程中，
展示了一般经济消费所望尘莫及的高雅性，展示出对纯粹经济消费的鄙
视。这样一来，对艺术品的鉴赏，作为一种符号消费，便成了资产阶级进
一步确认和加强自己在阶级场域中占据的优越地位的一个重要维度。① 与
支配阶级相反，劳动阶级只有少量的资本，他们的品位是一种"大众流
行品位"，这种品位重视直接的经济必需和物质需要，因为他们有经济生
活的压力；注重现实、简单，鄙视颓废的艺术形式，而在行为方式上，他
们也更加习惯物质化的、近距离和不讲究礼仪的互动方式。不仅如此，布
迪厄还认为，品位不仅是现实阶级的标志和象征，而且这种阶级品位还会
影响阶级的后代，也就是说，品位作为阶级的象征可以代际继承。

　　（三）阶级分析方法的政治之维

　　阶级分析方法的政治之维也就是对一个特定社会群体——阶级——在
某种具体社会情境下基于其特定的政治立场和阶级利益所提出的政治主张
和政治诉求进行考察，从而在阶级力量对比关系的具体考量中综合、全面
地把握国家政治体制的选择和设置。一般来说，众多学者运用阶级分析方
法进行分析研究时，主要会选定某一特定社会中居于主导地位的阶级作为
研究对象，在其政治行为或集体行动中具体探求其基本的利益主张和权力
诉求。资产阶级和工人阶级构成了当代社会基本的社会单元，第二次世界

---

① 转引自李春玲、吕鹏《社会分层理论》，中国社会科学出版社 2008 年版，第 197 页。

大战后，资产阶级和无产阶级内部所发生的新变化不仅影响着双方的力量对比关系，同时也影响着他们在当下国家治理和社会管理过程中的政策取向与立法主张。

马克思在运用阶级分析方法分析资本主义社会初期的社会阶级时，主要分析了资产阶级、工人阶级的政治主张和政治行动。马克思的历史唯物主义对资产阶级谋求政治权力的资产阶级革命进行了分析，他认为，以纵向的历史视角考量封建社会末期的阶级构成，资产阶级相较于封建社会中的其他阶级代表着先进的社会生产力，资产阶级随着不断发展的工业生产而逐渐壮大，其谋求政治权力的资产阶级革命直接指向封建专制权力，它不但把国家从宗教神学中解放出来，而且把人从神的束缚中解放出来，从而使神权（教权）与世俗权力并立的局面得以消除。资产阶级的"政治解放"摧毁了封建社会中一切等级、公社、行会和特权并解除了市民社会的羁绊，从而使人成为独立存在的利己主义的自由主体，也就是说，"政治解放一方面把人变成市民社会的成员，变成利己的、独立的个人；另一方面把人变成公民，变成法人"①。而更进一步说，资产阶级的"政治解放"宣扬人权、自由、民主、正义等政治价值并构建了以此为主导，以宪法为根本法的现代法治国家，它以法律规范的形式设置了人权保障制度、代议民主制度和现代政党制度等现代政治体制所需要的制度成分，因此，资产阶级夺取政治权力建立政治国家的政治主张和政治实践对于改变封建国家的蒙昧与专制而言，可谓是一种历史性的变革。然而，马克思在运用阶级分析方法对资产阶级进行政治分析时，不仅看到资产阶级革命的历史进步性，同时也指出了它的历史局限性。他认为，资产阶级所进行的革命和解放只在形式上推行其标榜的进步价值，而实质上的财产和经济地位的不平等仍然在不同阶级之间划出了不可逾越的鸿沟，因此，资产阶级的"政治解放"有着明显的历史局限性，而这种局限性的根本原因在于资本主义政治文明的形式性与狭隘性导致的政治普遍性与个体（原子化）特殊性之间的矛盾。

---

① 《马克思恩格斯选集》第 1 卷，人民出版社 1995 年版，第 443 页。

　　马克思随后将视线投射到另一个更具进步性的群体——无产阶级——
的身上。资本主义大工业的发展培养和造就了具有高度组织性、纪律性的
无产阶级，深受剥削和压迫的无产阶级逐渐明确了自己的历史使命，正因
此，"恩格斯第一个指出，无产阶级不只是一个受苦的阶级，正是它所处
的那种低贱的经济地位，无可遏止地推动它前进，迫使它去争取本身的最
终解放。而战斗中的无产阶级是能够帮助自己的。工人阶级的政治运动必
然会使工人认识到，除了社会主义，他们没有别的出路。另一方面，社会
主义只有成为工人阶级的政治斗争的目标时，才会成为一种力量"①。无
产阶级由此组织起来在无产阶级政党的组织和领导下进行社会主义革命，
"无产阶级的社会革命是以生产资料和流通手段的公有制代替私有制，有
计划地组织社会生产过程来保证社会全体成员的福利和全面发展，将消灭
社会的阶级划分，从而解放全体被压迫人类，因为它将消灭一部分人对另
一部分人的一切形式的剥削"②。无产阶级所进行的以"阶级解放"为宗
旨的阶级斗争和革命运动也就扬弃和超越了资产阶级的"政治解放"，他
谋取和掌握的政治权力在性质上发生了根本改变，对此，马克思、恩格斯
曾经指出："原来意义上的政治权力，是一个阶级用以压迫另一个阶级的
有组织的暴力。如果说无产阶级在反对资产阶级的斗争中一定要联合为阶
级，如果说它通过革命使自己成为统治阶级，并以统治阶级的资格用暴力
消灭旧的生产关系，那么它在消灭这种生产关系的同时，也就消灭了阶级
对立的存在条件，消灭了阶级本身存在的条件，从而消灭了它自己这个阶
级的统治。"③ 因此，无产阶级夺取政治权力的斗争和革命并非为了本阶
级的私利，它所关注的是整个人类现实的生存方式和未来的理想命运，它
所谋求的也是整个人类的自由发展和社会的全面进步。

　　（四）阶级分析方法的心理之维

　　阶级分析方法的心理之维就是对不同的阶级群体的内心活动和思想意
识进行研究和解析，展现人们之间由于阶级归属的不同所产生的心理活动

①　《列宁选集》第 1 卷，人民出版社 1995 年版，第 91—92 页。
②　《列宁选集》第 3 卷，人民出版社 1995 年版，第 718 页。
③　《马克思恩格斯选集》第 1 卷，人民出版社 1995 年版，第 294 页。

的多样性和复杂性。之所以多样，是因为由于经济地位的不同被归入不同的阶级群体在资源获取和利益划分中表现出不同的价值判断和心理认同；之所以复杂，是因为不同阶级在资源配置和利益分配过程中往往存在着彼此共存且相互交织的利益纷争和矛盾的内心冲突的复杂情绪，通过这种分析，进一步解释不同群体阶级意识的价值、意义及其与人们可能具有的社会态度和集体行动的逻辑链条。

马克思主义的阶级分析普遍被认为只关注阶级的经济活动和政治行动，对阶级心理和阶级意识的探究被忽略了。其实不然，马克思在《哲学的贫困》中将阶级分为"自在阶级"和"自为阶级"，他认为："大工业把大批互不相识的人们聚集在一个地方。竞争使他们的利益分裂。但是维护工资这一对付老板的共同利益，使他们在一个共同的思想下联合起来。因此，同盟总是具有双重目的：消灭工人之间的竞争，以便同心协力地同资本家竞争。反抗的最初目的只是为了维护工资，后来，便随着资本家为了压制工人而逐渐联合起来，原本孤立的同盟就组成集团，工人们为抵制经常联合的资本而维护自己的联盟，就比维护工资更为必要。下面这个事实就确切地说明了这一点：使英国经济学家异常吃惊的是，工人们献出相当大一部分工资支援经济学家认为是单只为了工资而建立的联盟。在这一斗争中，未来战斗的一切要素在聚集和发展着。达到这一点，同盟就具有政治性质。经济条件首先把大批的居民变成工人。资本的统治为这批人创造了同等的地位和共同的利害关系。所以，这批人对资本来说已经形成了一个阶级，但还不是自为的阶级。在斗争（我们仅仅谈到它的某些阶段）中，这批人逐渐团结起来，形成一个自为的阶级。他们所维护的利益变成阶级的利益。而阶级同阶级的斗争就是政治斗争。"① 上述的论述表明，一个群体从"自在阶级"走向"自为阶级"只有通过一个历史的、认知的和实践的觉悟化过程，才能产生阶级意识，才有可能通过一致的集体行动争取共同的阶级利益。正是在这种意义上，马克思在论述法国大革命后的农民群众时，指出小农并不是一个自为阶级。由于他们的分散

---

① 《马克思恩格斯选集》第 1 卷，人民出版社 1995 年版，第 193 页。

性，农民们"好像一袋马铃薯是由袋中的一个个马铃薯所集成的那样。既然数百万家庭的经济条件使他们的生活方式、利益和教育程度与其他阶级的生活方式、利益和教育程度各不相同并互相敌对，所以他们就形成一个阶级。由于各个小农彼此间只存在有地域的联系，由于他们利益的同一性并不使他们彼此间形成任何的共同关系，形成任何的全国性的联系，形成任何一种政治组织，所以他们就没有形成一个阶级"。既然农民群众只是在"自在阶级"的层面存在，他们缺乏一个群体所共同拥有的对自身整体利益及其实现方式和途径的清醒认识的阶级意识，更不能在阶级意识的引导下促发争取阶级利益的集体行动，因此，"他们不能以自己的名义来保护自己的阶级利益，无论是通过议会或通过国民公会。他们不能代表自己，一定要别人来代表他们"①。

尽管马克思的历史理论描述了人类社会形成以来不同发展时期的阶级结构和社会构成，但令马克思颇费笔墨的还是资本主义发展早期基本的社会阶级——无产阶级和资产阶级，尤其是有着历史担当的、代表先进生产力的无产阶级，对这一群体细致入微的研究自然不能忽视了无产阶级的心理维度，即无产阶级的阶级意识。工人阶级的成长过程是一个阶级意识不断萌发和显现的过程，也是一个从"自在"逐渐走向"自为"的发展过程。马克思指出，"最初是单个的工人，然后是某一工厂的工人，然后是某一地方的某一劳动部门的工人，同直接剥削他们的单个资产者做斗争。他们不仅仅攻击资产阶级的生产关系，而且攻击生产工具本身；他们毁坏那些来竞争的外国商品，捣毁机器，烧毁工厂，力图恢复已经失去的中世纪工人的地位"②。也就是说，在自由资本主义早期，广大工人群众对自己身陷贫穷、失业和受剥削境地处于不自觉的无意识状态，他们误认为是机器抢了自己的"饭碗"使自己被排挤。因此，早期的工人反对资本家的斗争往往采取砸毁机器和消极怠工的方式。而这种在各个工厂中所采取的分散的、局部的零星斗争又缺乏政治组织的指导，因此所取得

---

① 《马克思恩格斯选集》第 1 卷，人民出版社 1995 年版，第 677 页。
② 同上书，第 280 页。

的成效甚微，但付出的代价却是巨大的。但是，随着资本主义工业的大力发展，无产阶级的力量在不断壮大并日益成为一种强大的社会政治力量。在长期的革命实践和马克思主义理论的指导下，无产阶级逐渐意识到作为一个群体拥有利益的整体性和共同性，阶级利益使无产阶级逐渐对自身阶级地位产生归属感并对自身的历史使命产生认同感，这种综合的思想反应和价值观念即是马克思所说的"阶级意识"。由此可见，马克思将"阶级意识"作为近代无产阶级发展过程中从"自在阶级"走向"自为阶级"的标志。

如果说马克思主义的阶级分析方法对无产阶级这一群体的阶级意识的分析是基于其经济地位的，是对无产阶级在资本主义生产结构中生产、分配等经济活动的主观方面的认识和把握。那么，卢卡奇在《历史与阶级意识》一书中对无产阶级的阶级意识做了神话般的解释。

1918年匈牙利爆发了无产阶级的武装革命并于同年11月成立了匈牙利共产党，1919年3月匈牙利苏维埃共和国成立，卢卡奇出任主管文化和教育的人民委员。同年8月，由于外敌入侵、社会民主党的叛变和共产党自身的决策失误，仅仅维持了133天的共和国失败，卢卡奇等一大批革命者流亡到维也纳。在维也纳期间，卢卡奇不仅主办左派刊物《共产主义》，更重要的是他把曾经写过的几篇文章以《历史与阶级意识》为题结集出版。卢卡奇认为，资本主义各国在第一次世界大战后基本矛盾尖锐、社会危机空前，无产阶级革命所需要的客观经济条件已经具备，欧洲无产阶级革命之所以失败，是因为其主观方面的缺失，即欧洲工人阶级没有形成它作为一支革命力量所应有的阶级意识。阶级意识的缺乏使工人阶级在革命实践中总是处于被动地位并为此付出高昂的代价。

卢卡奇在《历史与阶级意识》中首先明确了阶级意识的概念及其意义，阶级意识，尤其是无产阶级的阶级意识在其主客体统一的辩证法中占有十分重要的地位。卢卡奇认为，在前资本主义中，自然经济和宗法关系的存在使人们附属于宗族等群体，独立人格的缺乏和自主地位的缺失使人们无法意识到自己是一种社会存在，因此，"对于前资本主义时代来说，对于其经济基础根源于前资本主义的许多资本主义的阶层的行为来说，阶级意识不可能达到完全清晰，也不可能自觉地影响历史的进程"①。在卢卡奇的眼中，只有资产阶级和无产阶级才是纯粹的阶级，但是资产阶级的阶级意识是一种"虚假的意识"。这是因为，资产阶级的阶级地位和阶级利益驱使他们能够对特定与局部的经济生活有所认识，但是他们无法形成对社会经济状态的整体认识，更无法认识社会历史发展的本质和规律。"资本主义是第一个能够对社会进行全面渗透的生产体系，这暗含着在理论上资产阶级应能从这一核心地位出发，进而拥有关于整个生产体系的'被赋予'的阶级意识。但另一方面，资本家阶级所占据的地位以及决定其行动的阶级利益，又确证它甚至在理论上也不能控制它的生产体系。"②因此，只有无产阶级才能由于它特殊的历史地位突破"物化意识"③ 的束缚，形成一种自觉的阶级意识。这种阶级意识是无产阶级作为社会历史进程的"统一的主体与客体"的地位的自觉意识，也是无产阶级扬弃自身存在的分裂和社会历史进程的支离破碎由被动客体转向主动主体实现主客体统一的思想观念，还是无产阶级超越现存世界的物化结构、物化意识并促发以集团行动的方式改变现实和自身的思想动因。

（五）阶级分析方法的伦理之维

阶级分析方法的伦理之维就是对某个特定的阶级群体由于其所处的经济地位的差异而表现出不同的伦理观念和道德准则进行分析，从而描述这一群体对社会活动和社会关系的价值判断和道德评价，进而展现社会总体的伦理观念和道德面貌。马克思使用伦理维度的阶级分析方法对资本主义现实生活进行道德评价，对资本主义社会中人的异化状态进行揭露和抨击，对共产主义社会人的个性全面自由发展的憧憬，从而形成了马克思主义的伦理思想。

---

① ［匈］卢卡奇：《历史与阶级意识》，王伟光、张峰译，华夏出版社1989年版，第54页。

② 同上书，第62—63页。

③ 卢卡奇的"物化意识"是其理论中的重要组成部分，卢卡奇给物化下了一个明确的定义，即"在这里，关键问题在于，由于这种情况，人自己的活动，自己的劳动成为某种客观的、独立于人的东西，成为凭借某种与人相异化的自发活动而支配人的东西"。也就是说所谓的物化，是指人的本性与其存在相冲突，人由主体变成了对象，人的自主性表现为一种"虚幻的客观性"，人与人之间的关系表现为物与物的关系。

　　具体说来，马克思对资本主义社会的道德批判和共产主义社会的道德期许都是通过对社会不同阶级的伦理道德进行比较分析完成的。在马克思眼中，资本主义社会是不人道、不道德的，"甚至对新鲜空气的需要在工人那里也不再成为其需要了。人又退回穴居，不过这穴居现在已被文明的污浊毒气污染，而且他在穴居中也只是朝不保夕，仿佛它是一个每天都可能离他而去的异己的力量，如果他付不起房租，他每天都可能被赶走。明亮的居室，这个曾被埃斯库罗斯著作中的普罗米修斯称为使野蛮人变成人的伟大天赐之一，现在对工人来说已不再存在了。光、空气等等，甚至动物的最简单的爱清洁，都不再是人的需要了。肮脏，人的这种堕落、腐化，文明的阴沟（就这个词的本义而言），成了工人的生活要素。……机器、劳动的简单化，被利用来把正在成长的人、完全没有发育成熟的人——儿童——变成工人，正像工人变成无人照管的儿童一样。机器迁就人的软弱性，以便把软弱的人变成机器"①。而资本主义社会现实生活中的不道德最普遍地反映在资产阶级、无产阶级的阶级对立和利益冲突中，资产阶级和无产阶级作为资本主义社会基本的社会构成要素，两者在生产关系中的地位差异使其伦理观念也是大相径庭的。

　　资产阶级是资本主义社会的统治阶级，资产阶级以"自由、平等、博爱"与科学理性为口号鼓动、组织广大民众与自己一道同僧侣和封建贵族进行斗争并取得政权，封建等级的破除，使每个人获得经济、政治和思想的自由，民主与法律制度的确立使人们平等地获得了经济和社会权利。一切从表面上看，似乎一个合乎道德理想的人间天堂已经建立起来。但是，马克思、恩格斯通过对资产阶级道德的全面描述和深入分析，揭示了其伦理道德的虚伪性，马克思辛辣地指出："先生们，不要受自由这个抽象字眼的蒙蔽！这是谁的自由呢？这不是一个普通的个人在对待另一个人的关系上的自由。这是资本家压榨劳动者的自由。"② 恩格斯也尖锐地指出："好一个自由！无产者除了接受资产阶级向他们提出的条件或者饿

---

① 马克思：《1844 年经济学哲学手稿》，人民出版社 2000 年版，第 121—122 页。
② 《马克思恩格斯选集》第 1 卷，人民出版社 1995 年版，第 227 页。

死、冻死、赤身裸体地到森林中的野兽那里去找一个藏身之处，就再没有任何选择余地了。"① 资产阶级在这种虚伪的道德背后，将利己主义和拜金主义作为本阶级的道德原则。资产阶级的利己主义使人们之间的社会关系蜕变为纯粹的竞争关系，恩格斯说："竞争最充分地反映了流行在现代市民社会中的一切人反对一切人的战争。这个战争，这个为了活命、为了生存、为了一切而进行的战争，因而必要时也是你死我活的战争，不仅在社会各个阶级之间进行，而且也在这些阶级的各个成员之间进行；一个人挡着另一个人的路，因而每个人都力图挤掉其余的人并占有他们的地位。工人彼此竞争，资产者也彼此竞争。"同时，资产阶级还奉行金钱至上，将金钱作为行为的动机和目的，"在资产阶级看来，世界上没有一样东西不是为了金钱而存在，连他们本身也不例外，因为他们活着就是为了赚钱，除了快快发财，他们不知道还有别的幸福，除了金钱的损失，也不知道还有别的痛苦"②。

与资产阶级的道德观念形成鲜明对比的是，无产阶级由其经济和政治地位所决定的在社会生活中自发形成的道德品质。马克思、恩格斯在对无产阶级的生活状况进行详细阐述之后，指出无产阶级将"集体主义"作为本阶级的道德原则并将"共产主义"作为道德理想。无产阶级的集体主义的道德原则根本区别于封建阶级的禁欲主义、整体主义，也完全对立于资产阶级的利己主义、拜金主义。集体主义的道德观念认为，"个人与集体之间、个人利益与集体利益之间没有而且也不应当有不可调和的对立。不应当有这种对立，是因为集体主义、社会主义并不否认个人利益，而是把个人利益与集体利益结合起来"。也就是说，集体主义并不否定个人利益，而是实现了个人利益和集体利益的辩证统一。

二　阶级分析方法的功能和应用

马克思主义的阶级理论建立在历史唯物主义和辩证唯物主义的基础之

---

① 《马克思恩格斯选集》第 2 卷，人民出版社 1995 年版，第 360 页。
② 同上书，第 359、564 页。

上，这就使该理论不仅在人类繁衍生息和文明变迁的历史中对不同阶级的历史活动进行纵向的描述与比较，同时对特定时空场域中不同阶级具体和现实的生产生活进行横向的分析与阐释，而这纵向和横向的视角交错，描述和分析的方法综合，就必然使其阶级理论中所呈现的阶级，是一个穿梭于众多领域进行着丰富多彩的生活实践的综合体。阶级作为人的群体性存在方式，它是个体由于其经济地位的差异产生不同的心理活动、伦理道德、社会生活等群体特征，进而又提出不同的权力要求的社会集团，它既包括物质性的存在方式——阶级的经济生活、社会生活和政治生活，又包括思想性的存在方式——阶级意识和阶级伦理。因此，阶级分析方法也就是对社会阶级由于客观经济领域的地位悬殊所决定的客观体验和主观感受的迥然有别的独特的生活实践和存在方式的分析和研究，而这种对阶级的分析和研究也就必然是全方位、多维度的分析。然而，对"阶级"的关注以及由此展开的对"阶级"多重维度的分析并非阶级分析方法的最终归宿，正是通过这种多重维度的分析，一方面在宏观层面上利用"阶级"这一基本的单位将社会结构的历史样态和现实样貌描绘出来，同时，借助对某一社会具体"阶级"成员的量化并通过不同阶级群体丰富多彩的多维活动的历史"合力"展现社会生活的复杂性、多样性。另一方面在微观层面上将社会历史发展的某一时空场域的结构特征和特点归结于"阶级"的集体活动，通过对不同阶级的比较，集中关注某一社会中居于主导地位的阶级的行为和活动，最终将导致社会历史发展的根源集中反映于此。由此可见，马克思主义的阶级分析方法集中于社会宏观与微观两个层面的研究和阐释，通过对阶级描述、解释、定量、定性等方式和路径在宏观层面形成宏大的历史叙事，由此构建了马克思的历史唯物主义和辩证唯物主义的科学理论，在微观层面形成了马克思主义的经济学、政治学和伦理学等相关学科。

（一）宏观与微观：阶级分析方法的两重向度

唯物史观是马克思主义理论的重要组成部分，它宏大的历史叙事展现了人类社会不断演进的历史过程并揭示了蕴含其中的客观规律。在马克思的眼中，这个历史过程的开始和结束分别由阶级在人类历史舞台上的出场和退场构成，中间经历社会形态的更迭也分别以阶级结构所代表的社会结构的变化来表征。而这一贯穿始终的客观规律——生产力与生产关系的辩证运动——也通过社会生产等领域内以阶级为主体的阶级斗争乃至阶级革命来得以实现。

由此可见，唯物史观作为马克思、恩格斯对人类历史，特别是对人类文明史的基本观点，在很大程度上也是他们对人类历史上的阶级现象的系统化认识。因此也可以说，唯物史观的形成也正是马克思、恩格斯运用阶级分析的方法对人类文明史中阶级现象加以分析和阐释所形成的。运用阶级分析方法，马克思将社会结构的几个基本层面通过阶级职能的分工、阶级利益的分化和阶级政治斗争的阐释而揭示出来，从而将社会结构体系中的生产力系统、生产关系层面和上层建筑层面的内在关系宏观地呈现出来，并最终将生产力系统的基础作用化约为微观领域中某一阶级与生产力发展趋势相一致的社会生活实践和历史使命践行中，因此，马克思在唯物史观中对阶级分析方法的运用主要集中于宏观和微观两个向度，宏观向度展示了人类自进入文明社会以来社会形态的历史变迁，微观向度集中指向某一阶级以经济活动为基础的社会实践并在微观领域的探寻中寻找历史变迁的社会主体。

具体而言，阶级分析方法的宏观向度描绘了人类发展的历史过程，这个过程是原始公社瓦解之后阶级的出场所引发的阶级斗争的出现，阶级斗争的发展最终导致阶级退出历史舞台的从无到有、从有到无的历史过程。在这个过程中，阶级分析方法将历史解释中基本的初始条件和终极的决定性因素——社会生产力——的发展具体体现在阶级这一群体的出现及其相互关系的变化之中，由此，生产力系统内部的复杂运动就转化为或表现为阶级及其相互之间的复杂关系。基于此，马克思首先对阶级的产生加以解释，阶级被看作是社会生产力发展到一定的高度，但又非常落后的产物。恩格斯指出："社会分裂为剥削阶级和被剥削阶级、统治阶级和被统治阶级，是以前生产力不大发展的必然结果。当社会总产品所提供的产品除了满足全体成员最起码的生活以外只有少量剩余，因而劳动还占去社会大多数成员的全部或几乎全部时间的时候，这个社会就必然划分为阶级。"① 然而，社会生产力是不断发展的，发展水平的循序渐进、不断提升使人类社会处于不同的历史阶段，马克思指出："手推磨产生的是封建主为首的社会，蒸汽机产生的是工业资本家为首的社会。"② 生产力的发展离不开生产关系或生产资料所有制，生产力发展水平的层次性和发展过程的阶段性不断对生产关系或生产资料所有制提出新的要求，从而不断调试以求两者相吻合。阶级分析方法将这个历史发展过程中隐于无形的客观规律生动地呈现为历史发展不同阶段中的阶级结构和阶级斗争。生产力的发展、阶级的产生，使人类从氏族公社进入奴隶社会，以奴隶主阶级和奴隶阶级为基本构成的社会结构取代了氏族组织的社会结构。在封建社会，基本阶级开始的时候是封建主和农民，后来演变成了地主和个体农民。在资本主义社会，基本的阶级是资产阶级和工人阶级，阶级社会演进、更替和发展、进步的历史过程被呈现出来。由此可见，阶级分析方法被马克思用以观察人类历史的发展过程，马克思通过对社会结构中作为表层结构的阶级结构的历史考察，洞悉了社会结构中的基本层面，即生产力系统的变化，恩格斯 1883 年 6 月在《共产党宣言》德文版序言中说："每一个历史时代的经济生产以及必然由此产生的社会结构，是该时代政治的和精神的历史的基础；因此（从原始土地公有制解体以来）全部历史都是阶级斗争的历史，即社会发展各个阶段上被剥削阶级和剥削阶级之间、被统治阶级和统治阶级之间斗争的历史。"③ 而上述内容即是马克思主义的唯物史观。

　　阶级分析方法的微观向度集中体现在对代表先进生产力的阶级群体的重点关注。唯物史观对人类历史的观察聚焦于生产力，然而生产力要素（劳动者和生产资料）只有结合在一定生产关系中才能形成现实的生产力，生产关系是现实生产力的社会形式。生产关系与生产力的适应是调动人们积极性、主动性和创造性的力量源泉，而生产力要素只有在与之适应的生产关系中，才能发挥其潜力。反之，当落后的生产关系与生产力发展

---

① 《马克思恩格斯选集》第 3 卷，人民出版社 1995 年版，第 321 页。
② 《马克思恩格斯选集》第 1 卷，人民出版社 1995 年版，第 108 页。
③ 同上书，第 232 页。

水平不相适应时，就会束缚生产力的发展。也正是生产力与生产关系的辩证发展构成了历史发展的动力源泉，它直接导致了社会结构和阶级结构的演进和变迁。但是，马克思也意识到，落后的生产关系并不会自动退出历史的舞台，代表其利益的剥削阶级也自然会全力维护，因此，它需要代表先进生产力的阶级以集体行动或革命斗争的方式推翻旧制度、建立新制度。马克思在运用阶级分析方法解析社会结构在宏观的历史层面的演进和变迁的同时，也将这种演进归结于某个阶级所具有的群体力量和历史使命，因为，这一阶级是先进生产力的代表并有着蓬勃的生命力。因此，马克思会在宏观的历史进程中集中关注和研究某一阶级的经济地位、思想意识、伦理观念和政治诉求等多个领域的活动。奴隶社会、封建社会、资本主义社会、社会主义社会的依次演进中，封建主阶级、资产阶级和无产阶级分别成为改革旧的生产资料所有制或生产关系的推动力，因此，无论是地主阶级、资产阶级还是无产阶级都曾作为推动社会进步的革命阶级，都在社会经济、政治等微观领域通过整体的身体力行和革命活动成为改革社会结构的推动力量。对此，《共产党宣言》中就指出："资产阶级在历史上曾经起过非常革命的作用。""资产阶级在它已经取得了统治地位的地方把一切封建的宗法的和田园诗般的关系都破坏了。"①

唯物史观把经济状况、生产力发展水平视为历史解释的终极的决定因素，社会关系的变革和社会历史的发展都被认为是由生产力、物质利益、经济关系来决定。生产力和生产关系的关系作为唯物史观的核心内容，它同其他历史观一样，也是一个基本预设和基本假定，可以作为一种思维工具和分析模式来观察和阐释社会历史现象。所不同的是，马克思主义的唯物史观在某种程度上是对实际生活经验的总结，同时也可以在实际生活中被验证和证实。生产力和生产关系的隐秘莫测，如何才能被验证呢？马克思正是运用阶级分析方法从宏观和微观两个维度对阶级社会中阶级现象的分析来加以检验的：从宏观上，不同社会形态中社会结构和阶级结构的历史交替证实了生产力和生产关系、经济基础与上层建筑的交互作用；从微

---

① 《马克思恩格斯选集》第 1 卷，人民出版社 1995 年版，第 253 页。

观上，某一阶级现实的经济、政治活动所具有的历史作用进一步表征了社会生产力的终极作用。因此也可以说，唯物史观正是马克思、恩格斯借助阶级分析方法对阶级现象进行历史考察和理论抽象而形成的。

（二）描述与解释：阶级分析方法的功能之一

描述和解释是马克思主义的阶级分析方法所具有两种基本功能和属性，马克思正是借助于这两种基本功能在对社会历史现象进行研究和分析时，不仅客观真实地呈现了人类历史发展的现实状况，同时也洞悉了隐含于历史现象背后的客观规律和根本动力。借助于阶级分析方法的描述功能，马克思将"阶级"作为一个认识工具和分析工具，将人类自进入阶级社会伊始，广大社会成员由于经济地位的不同而被划分为截然对立的社会集团的结构性不平等现象进行描绘，它客观地反映了一个社会的阶级结构和具体阶级的真实的存在状态和生活样貌；而借助阶级分析方法的解释功能，马克思能从阶级关系的角度对阶级之间的利益纷争和政治斗争做出政治经济学的解读，从而从本质上把握了阶级斗争的经济根源。

首先，马克思在运用阶级分析方法的描述功能时，仍然坚持宏观和微观两个基本向度。在宏观上，马克思、恩格斯以"阶级"为基本的构成单位，从社会经济结构出发分析了不同历史时期的阶级结构。历史唯物主义坚持从经济关系中寻找社会关系的根源，经济基础的结构特征导致了社会结构的具体形态和发展态势，通过对阶级结构的交替更迭的历史考察，描绘了人类历史发展的真实轨迹。阶级结构是一个社会基本构成要素的组合形式和排列方式，它直观地反映了社会成员在社会结构体系中的位置以及由此获得的物质资源。阶级分析方法的描述功能具体呈现了人类社会阶级结构的历时性和共时性发展的具体样貌：一方面，阶级结构随着生产力的发展而实现了自身的历史交替，恩格斯就在《家庭、私有制和国家起源》中阐释了阶级结构的这种更迭，"奴隶制是古希腊罗马时代世界所固有的第一个剥削形式；继之而来的中世纪的农奴制和近代的雇佣劳动制"[①]。任何一种交替都是一种历史的进步，表征了社会生产力水平的极

---

① 《马克思恩格斯选集》第4卷，人民出版社1995年版，第176页。

大发展。另一方面，阶级结构除了伴随生产力发展而出现的变化之外，还包含着其本身的结构。这种结构即是说一个社会具体是由哪些社会阶级构成，除了基本的社会阶级，还包括哪些非基本阶级、阶层和集团。阶级分析方法的这种描述功能使马克思清楚地认识到了"在过去的各个历史时代，我们几乎到处都可以看到社会完全划分为各个不同的等级，看到由各种社会地位构成的多级的阶梯"①。也正是有了这样的理论自觉，马克思、恩格斯才能在《共产党宣言》等著作中细致入微地深入社会结构的内部，全面地展示了社会结构、阶级结构的多样性、复杂性。"在古罗马，有贵族、骑士、平民、奴隶，在中世纪，有封建领主、陪臣、行会师傅、帮工、农奴，而且几乎在每一个阶级内部又有各种独特的等第。"② 而在资本主义社会，除了资产阶级和无产阶级之外，还存在大量其他阶级，如小店主、手工业者、小商人、农民等。

不仅如此，马克思还利用阶级分析方法的描述功能详细将某些阶级特殊化的生存状态反映出来。资本主义社会是马克思主义理论中的重点研究对象，阶级分析被马克思、恩格斯用来描述无产阶级和资产阶级这两个阶级截然相反的生存状态，他们由于经济地位的差异进而在社会、政治、伦理等方面有着迥然有别的外部特征。马克思在《〈政治经济学批判〉序言》中就指出："物质资料的生产方式制约着整个社会生活、政治生活和精神生活。"③ 机器大工业的发展使"参与生产的只有两个阶级：拥有劳动工具、原料和生产资料的资本家阶级，和既没有劳动工具、原料，也没有生产资料的工人阶级"④。资产阶级凭借生产资料私有制无偿占有工人的剩余劳动时间、榨取工人的剩余劳动。经济地位的巨大差异使不同阶级的人过着完全不同的生活，由此在劳动、休闲、消费等日常生活领域能够清晰地对隶属于不同阶级的社会成员加以辨别和区分。马克思在谈及法国的农民阶级时，就注意到了他们特殊的生活方式、利益和教育程度等。而

---

① 《马克思恩格斯选集》第1卷，人民出版社1995年版，第251页。
② 同上。
③ 《马克思恩格斯全集》第13卷，人民出版社1986年版，第9页。
④ 《马克思恩格斯全集》第16卷，人民出版社1986年版，第75页。

马克思以后的学者，如凡勃伦、布迪厄都利用阶级分析方法的这种描述功能将不同阶级的生活方式展现出来，以此为其后续研究奠定基本的经验材料。凡勃伦研究了有闲阶级的消费方式，有闲阶级消费方式的显著特征就是炫耀性消费，这种消费习惯和消费方式主要表现为购买刺激品和奢侈品，这种消费与普通的生活消费形成明显的区别。对于这个阶级来说，这种消费方式不仅证明了其对金钱和财富的占有，更代表了其身份、地位和荣誉。在凡勃伦看来，有闲阶级的生活方式和审美旨趣受到了消费习惯的影响，消费方式在一定意义上成为带有符号化特征的生活方式。特定消费方式的推广和模式化及其形成的消费文化逐渐在有闲阶级内部蔓延，从而使不同阶级被区分开来。布迪厄也同样对不同阶级的生活方式进行了观察和描述，不同的阶级产生不同的阶级品位，不同的阶级品位体现不同的阶级惯习。支配阶级不必为"日常生活中的紧急必需品"所困扰，不考虑直接的经济必需和物质需要，他们属于"自由和奢侈的品位"，这种品位具有一种"审美倾向"，这在艺术场域中表现得尤为突出。支配阶级对艺术品的鉴赏或审美的品位，追求的是摆脱世俗利益约束和从中得到一种愉悦。它以一种悠闲自在的方式存在，正是在这种悠然自得的欣赏过程中，展示了一般经济消费所望尘莫及的高雅性，展示出对纯粹经济消费的鄙视。这样一来，对艺术品的鉴赏，作为一种符号消费，便成了资产阶级进一步确认和加强自己在阶级场域中占据的优越地位的一个重要维度。① 与支配阶级相反，劳动阶级只有少量的资本，他们的品位是一种"大众流行品位"，这种品位重视直接的经济必需和物质需要，因为他们有经济生活的压力；注重现实、简单，鄙视颓废的艺术形式，而在行为方式上，他们也更加习惯物质化、近距离和不讲究礼仪的互动方式。

社会发展的历史图谱和不同阶级社会生活中各具特点的众生相被借助阶级分析方法的描述功能呈现出来，但围绕阶级所生成的阶级现象终归停留于事物表面，如果阶级分析方法的功能只止步于社会现象的描述，阶级分析意义和价值就会极大地缩减，但马克思运用该方法不仅对人类历史上

---

① 转引自李春玲、吕鹏《社会分层理论》，中国社会科学出版社 2008 年版，第 197 页。

的阶级现象进行描述，还透过现象的表面对其加以解释，从而解析了社会
发展的历史规律，并形成了马克思主义的科学体系。这一体系的形成在很
大程度上归因于阶级分析方法所具有的解释功能。

马克思的视域中以阶级结构的变迁呈现了历史发展的历程，但导致这
一发展的最终根源是生产力的发展，对此，恩格斯在《反杜林论》中强
调指出："生产以及随生产而来的产品交换是一切社会制度的基础；在每
个历史地出现的社会中，产品分配以及和它相伴随的社会划分为阶级或等
级，是由生产什么、怎么生产以及怎样交换产品来决定的。所以，一切社
会变迁和政治变革的终极原因，不应当在人们的头脑中，在人们对永恒的
真理和正义的日益增进的认识中去寻找，而应当在生产方式和交换方式的
变更中去寻找；不应当在有关时代的哲学中去寻找，而应当在有关时代的
经济学中去寻找。"[1] 秉承这样的宗旨，马克思运用阶级分析详细地考察
了人类历史上的阶级现象，尤其是资本主义社会中的阶级现象之后，对不
同阶级之间的关系做出了经济主义的阐释。这样不仅揭示了阶级斗争的实
质，同时也洞悉了历史发展的客观规律。在资本主义生产体系中工人阶级
和资产阶级是两个基本的构成要素，两个阶级之间的尖锐对立和利益冲突
首先源于经济地位的不平等，经济地位的差异使阶级剥削成为可能，资产
阶级凭借生产资料私有制无偿占有工人的剩余劳动时间、榨取工人的剩余
劳动，剩余劳动是工人自生产劳动力所必要的劳动以外的劳动，"因此，
我把进行这种再生产的工作日部分称为必要劳动时间，把在这部分时间耗
费的劳动称为必要劳动。……劳动过程的第二段时间，工人超出必要劳动
的界限做工的时间，虽然耗费了工人的劳动，耗费了劳动力，但并不为工
人形成任何价值。这段时间形成剩余价值，剩余价值以从无生有的全部魅
力引诱着资本家。我把工作日的这部分称为剩余劳动时间，把这段时间内
耗费的劳动称为剩余劳动。把价值看作只是劳动时间的凝结，只是物化的
劳动，这对于认识价值本身具有决定性意义，同样，把剩余价值看作只是
剩余劳动时间的凝结，只是物化的剩余劳动，这对于认识剩余价值也具有

---

[1] 《马克思恩格斯选集》第 3 卷，人民出版社 1995 年版，第 307—308 页。

决定性的意义。使各种经济形态例如奴隶社会和雇佣劳动的社会区别开来，只是从直接生产者身上，劳动者身上，榨取这种剩余劳动的形式"①。资本家对工人的剥削使工人的生活每况愈下，但却使工人们逐渐萌发对自身总体利益（阶级利益）和自身历史使命的清醒认识，逐渐从"自在阶级"转变为"自为阶级"。阶级意识的觉醒使工人结成维护自身利益的联盟，并以集体行动的方式寻求自身经济利益、政治诉求的实现，由此展开了反对资产阶级的阶级斗争。阶级斗争是由生产资料私有制所产生的被剥削阶级和剥削阶级之间的对抗和冲突，但从根源上讲，它是生产力与生产关系矛盾斗争的现实体现。而上述马克思对阶级斗争的解释，是马克思对阶级分析方法解释功能的运用过程，也是马克思主义政治经济学原理的形成过程。

（三）比较与预测：阶级分析方法的功能之二

比较方法是将两个或两个以上的事物或对象进行对比，以找出它们之间的相似性或差异性的方法。事物的比较帮助我们对事物本身形成了基本的认识，正如黑格尔所说："我们不可能离开别物而思考某物。"② 迪尔凯姆也认为，由于社会现象的因果关系往往是不明显的、复杂的，研究者不能直接从观察中得出，因此，考察这些现象只能用比较方法，这是社会学研究唯一适当的方法。③ 在整个社会科学研究中，比较方法的运用有着突出地位，而之所以如此，乃是因为对比分析并非是简单、孤立的，它是在各种复杂的联系中将事物内部的各种属性在观念上分解开来，使之各自成为相对独立的方面而与其他事物的相关属性发生联系，然后进行对比、类比，才能看出其中的异中之同和同中之异，并依据对这种异与同的认识进一步进行概括和分类。可以说，如果社会科学研究没有比较和区别，也就谈不上对社会历史现象的认识。人们对社会历史现象的认识总是从比较分析之后开始，由此才能进入社会历史的深处，才能对社会历史发展的趋势做出某种展望。

---

① 《马克思恩格斯全集》第 23 卷，人民出版社 1986 年版，第 243—244 页。
② ［德］黑格尔：《小逻辑》，贺麟译，商务印书馆 1980 年版，第 253 页。
③ ［法］迪尔凯姆：《社会学方法的准则》，胡伟译，华夏出版社 1999 年版，第 106 页。

　　阶级分析方法本身就蕴含着比较的功能，这是因为该方法的存在基础——阶级的存在本身就是对人们在生产关系中的不同地位进行对比而形成的。列宁在谈到阶级划分时，就要求从一定社会集团在历史上一定社会生产关系体系中的地位，与生产资料的关系，在社会劳动组织中的作用，以及获得社会财富的方式和多寡等多方面来全面加以对比考察。而当阶级分析方法用以研究和分析社会现象时，其比较功能的发挥大致沿着如下两种基本路径进行：

　　一是纵向的比较，即历时性的比较，也就是比较同一社会对象在不同时间内的具体形态。阶级分析方法的纵向比较主要指向人类不同历史时期的阶级结构或阶级构成，马克思关于人类社会的五种社会形态的科学结论，就是运用阶级分析进行历史比较，从总体上研究和对比人类历史而形成的，正如美国学者埃里克·奥林·赖特指出的，马克思的阶级分析"对人类历史跨时代的轨迹提供了最基本的解释"[1]。

　　在这种纵向比较中，马克思依据生产力发展水平的阶段性将人类历史划分为部落形态、亚细亚形态、奴隶形态、封建形态、资本主义形态和社会主义形态。不同的历史形态有着完全不同的阶级结构，不同的阶级结构不仅透视了不同历史阶段的决定性因素（如政治性因素抑或经济性因素，经济因素中的土地或劳动的控制权抑或经济因素中的生产手段），也表征了不同阶段在不平等程度、社会分层的刚性程度、社会意识形态等方面的差异。以封建形态和资本主义形态的比较为例，18、19世纪的启蒙运动和资产阶级革命对抗封建等级特权和贵族的政治权力，封建特权的残余在斗争中被极大削弱，一个由贵族、神职人员和平民构成的社会逐渐被资本家和工人所取代，这种转变的背后是封建社会中土地和劳动力控制权的决定性作用转变为生产手段，其中社会的不平等程度和社会结构的刚性程度也从高级变为中等或中等偏上，社会的意识形态也从传统和罗马天主教原则转变为经典自由主义，由此，一种新的不平等形式和社会分层[2]形式成

---

① ［美］埃里克·奥林·赖特：《后工业社会中的阶级》，陈心想等译，辽宁教育出版社2004年版，第2页。

② 参见［美］戴维·格伦斯基《社会分层》，王俊等译，华夏出版社2005年版，第7页。

为可能。也正是这种纵向的比较使我们看到资产阶级随着生产力发展而出现的变化，资产阶级也曾经是先进生产力的代表者，"资产阶级在历史上曾经起过非常革命的作用"，"在它的不到一百年的阶级统治中所创造的生产力，比过去一切世代创造的全部生产力还要多，还要大"。① 而"资本主义生产方式和以前的奴隶制、农奴制等形式相比，都更有利于各种生产力的发展，更有利于生产关系的发展，更有利于一个高级新社会形态所需的各种要素的创造"②。但是现在却发生了改变，"资产阶级用来推翻封建制度的武器，现在却对准了资产阶级自己了"③，资产阶级已经失却了自身的先进性，不能代表生产力的发展。同时，阶级结构的纵向比较显示出历史发展的阶段性、间断性，又在阶段之间的联系中揭示了历史发展的连续性、过程性。

二是横向比较，即共时性比较，它将不同的具体社会现象在同一标准下进行比较。阶级分析方法的横向比较则指向处于同一生产体系的各个阶级，通过比较使不同阶级、阶层在政治、经济、伦理等方面的特点和属性呈现出来，进而从主体的视角预见人类历史的发展趋势。在马克思的比较中，资产阶级和工人阶级的差异被突出地呈现出来，他们不仅经济地位悬殊，同时这也导致了两大群体的生活方式上的天壤之别，更在阶级意识、道德观念上呈现出巨大差别。横向的比较凸显了工人阶级的先进性、优越性，为马克思为社会未来的规划和设计奠定了主体基础。而阶级分析中的横向比较更是被毛泽东用以分析当代中国的现状并撰写了《中国社会各阶级的分析》一文，在该文中，毛泽东对我国社会各阶级进行了横向的比较和深入的研究，在此基础上，毛泽东指出："工业无产阶级人数虽然不多，却是中国新的生产力的代表者，是近代中国最进步的阶级。"因此，"工业无产阶级是我们革命的领导力量"④。与此相对应，地主阶级和

---

① 《马克思恩格斯选集》第 1 卷，人民出版社 1995 年版，第 277 页。
② 《资本论》第 1 卷，人民出版社 1966 年版，第 962 页。
③ 《马克思恩格斯选集》第 4 卷，人民出版社 1995 年版，第 283 页。
④ 《毛泽东选集》第 1 卷，人民出版社 1991 年版，第 8—9 页。

买办阶级 "代表中国最落后和最反动的生产关系，阻碍中国生产力的发展"①；是 "国际资产阶级的附庸，其存在和发展，是附属于帝国主义的"②。因而，他们是革命的对象。横向的比较使毛泽东的理论视线对当时中国社会由地主阶级、买办阶级、中间阶级、小资产阶级、半无产阶级和无产阶级所型构的社会结构进行扫描并使不同阶级的自身属性和特点呈现出来，初步解决了民主革命中的领导权、同盟军、动力、革命对象等新民主主义革命的基本理论问题，从而对中国革命起了巨大的指导作用。

预测性研究是社会认识的一种高级形式，研究者在一定的社会理论的指导下运用一定的研究工具和方法，依据对社会发展规律的把握而对未来可能发生的社会现象、事件和过程进行预见，这种预见帮助人们设置了社会发展的目标，进而选择、创造和控制达到未来理想目标的途径和手段，从而为制定社会愿景规划提供切实可靠的依据。而这种研究活动之所以可能，是以人们承认规律的存在和人们对社会的事实性认识为前提条件的。原联邦德国未来学家哈根·拜因豪尔指出："未来不是处于真空之中，而是在我们时代存在的现实基础上的。"③ 马克思主义认为，社会发展不仅有规律可循，而且可以依据规律对社会的未来发展做出科学的预测，这种预见以现实为依据，是因为在现实中隐藏着必然性、规律性，"现实性在其展开过程中表明为必然性"④。恩格斯也指出："历史事件似乎总的说来同样是由偶然性支配着的。但是，在表面上是偶然性在起作用的地方，这种偶然性始终是受内部的隐藏着的规律支配的，而问题只是在于发现这些规律。"⑤

社会科学中的预测研究是研究者借助一定的方法和工具来预报社会未来发展状态的自觉认识活动，在这种认识活动中，研究者将预测

---

① 《毛泽东选集》第 1 卷，人民出版社 1991 年版，第 4 页。
② 同上书，第 54 页。
③ 张雪礼：《预见未来的方法论》，陕西人民出版社 1987 年版，第 173 页。
④ 《马克思恩格斯选集》第 4 卷，人民出版社 1995 年版，第 211 页。
⑤ 同上书，第 243 页。

对象或预测主体与预测客体之间的认识关系建立起来，通过主体与客体之间的交互作用形成社会发展的前瞻性认识。预测性研究是马克思主义理论中的一个重要组成部分，例如，马克思在谈到家庭形式的发展时就指出："现代家庭在萌芽时，不仅包含着奴隶制，而且也包含着农奴制，因为从一开始就是同田间耕作的劳役有关的。它以缩影的形式包含了一切后来在社会及其国家中广泛发展起来的对立。"① 而马克思在对社会历史发展趋势的预测和展望中，很大程度上运用了阶级分析方法。需要指出的是，阶级分析的预测功能是以其比较功能的运用为前提和基础的，马克思通过对社会不同阶级的历时性和共时性的对比分析，彰显出某一阶级本身所具有的先进性和优越性，从而锁定了社会现实中充当"浪潮前锋"角色的社会主体。马克思视野中对不同阶级的比较和对阶级现实存在的综合考量，在客观上考察其与社会发展历史潮流的本质联系，在主观上考察其与社会未来需要的功用和利害关系，从而从一定阶级的社会实践中展望和预测社会发展的未来趋势。具体言之，比较了资产阶级和无产阶级的基本特点，马克思指出无产阶级本身的阶级特点决定了其资产阶级掘墓人的历史角色，"资产阶级的灭亡和无产阶级的胜利是同样不可避免的"②。在这一初步预见的基础上，马克思详细地阐释了无产阶级的历史使命与未来理想愿景之间的内在关联，"恩格斯第一个指出，无产阶级不只是一个受苦的阶级，正是它所处的那种低贱的经济地位，无可遏止地推动它前进，迫使它去争取本身的最终解放。而战斗中的无产阶级是能够自己帮助自己的。工人阶级的政治运动必然会使工人认识到，除了社会主义，他们没有别的出路。另一方面，社会主义只有成为工人阶级的政治斗争的目标时，才能成为一种力量"③。也就是说，无产阶级进行社会主义革命，夺取和掌握国家政权，实行无产阶级专政，建设社会主义，"无产阶级将取得国家政权，并且首先把生产资料变为国家财产，但

---

① 《马克思恩格斯选集》第 4 卷，人民出版社 1995 年版，第 53 页。
② 《马克思恩格斯选集》第 1 卷，人民出版社 1995 年版，第 284 页。
③ 《列宁选集》第 1 卷，人民出版社 1995 年版，第 91—92 页。

是这样一来，它就消灭了作为无产阶级的自身，消灭了一切阶级差别和阶级对立，也就消灭了作为国家的国家"①。而恩格斯指出，消灭阶级是社会生产力发展的必然结果，"只有通过大工业所达到的生产力的大大提高，才有可能把劳动毫无例外地分配给一切社会成员，从而把每个人的劳动时间大大缩短，使一切人有足够的自由时间来参加社会的理论的和实际的公共事务"②。在马克思、恩格斯看来，无产阶级和其他劳动阶级的彻底解放、消灭一切阶级、人的全面发展与实现共产主义，实质上是同一的。马克思充分发挥了阶级分析的预测功能，在全面地分析了无产阶级的总体状况之后，明确了其历史使命，通过无产阶级对其历史使命的践履，展望了社会的发展趋势，从而构建了一幅以"人的全面发展"为基本特征的理想图景。

（四）定性与定量：阶级分析方法的功能之三

定量分析和定性分析是社会科学研究中对社会现象及其本质进行研究的两种截然不同的认识路径和思维方式，两者长期的分野致使社会科学的研究成果有着依循各自认识理路所形成的局限性，但"实际上，定性研究和定量研究只是从不同的角度，在不同的层面，用不同的方法对同一事物的'质'进行研究。由于指导思想和操作手段不同，他们有可能将研究的重点放在'质'的不同侧面上。定性研究是在研究者和被研究者的互动关系中，通过深入、细致、长期的体验、调查和分析对事物获得一个比较深刻的认识；而定量研究则依靠对事物可以量化的部分进行测量和计算，并对变量之间的相互关系进行分析以达到对事物的把握。因此，那种认为两种研究方法截然对立的看法是值得推敲的"③。而马克思主义的阶级分析方法同时兼有定量和定性的双重功能，马克思在对阶级社会中的社会现象及其本质进行宏观和微观双重维度的实证性考察和规范性阐释中所运用的正是阶级分析方法中的定量研究和定性研究。

定量研究就是在事物与事物各组成部分之间进行数量分析，阶级

① 《马克思恩格斯选集》第 3 卷，人民出版社 1995 年版，第 754—755 页。
② 同上书，第 525—526 页。
③ 陈向明：《社会科学中定性研究方法》，《中国社会科学》1996 年第 6 期。

分析方法中的定量研究同样是一种数量关系的理性分析，但它更为具体地表现为对阶级社会在宏观上所存在的结构性不平等以阶级为基本变量进行测量、监控、估计和预测。也就是说，阶级分析方法的定量分析是以不同阶级在对社会资源的获取上的对比关系考量社会结构体系，从而对社会体系的内部运行做出解释和预测。阶级分析方法的定量分析使马克思在对资本主义社会进行研究时首先对其社会结构的基本构成要素进行量化，这种量化使马克思认识到社会结构是异常复杂的，在其内部除了工人阶级和资产阶级之外，还包括其他的阶级及其内部的各个阶层。在《德国的革命与反革命》一书中马克思就指出了德国社会的阶级构成，包括封建贵族、资产阶级、小资产阶级、富农和中农、小自由农、农奴、农业工人和工业工人。马克思准确地认识到社会结构的多样性、复杂性，而社会不同阶级、阶层在社会共同体中的彼此交往和相互关系也应是极为复杂，但这并没有影响马克思的视线和思路，马克思一如既往地坚持经济主义的基本立场，具体考量了不同阶级由于经济地位的差异所衍生的政治立场、政治态度和政治诉求的不同，进而对社会结构的发展趋势有了明确的预期。马克思、恩格斯在《共产党宣言》中就沿着上述理路做出了这样的分析，社会结构除了无产阶级和资产阶级之外，还包括"中等阶级"，这个群体介于无产阶级和资产阶级之间，由小商人、手工业者、农民、医生、律师、小工业家等构成。经济地位的"中等性"——介乎于资产阶级和无产阶级之间——使他们在政治立场、政治态度上也飘忽不定，从而决定了这一"阶级"存在的暂时性。作为私有财产的所有者，他们有和资产阶级相似的一面。但他们同时也是劳动者，同无产阶级一道遭受资本的压迫，有着相似的现实处境或历史命运。马克思指出这些"中间阶级同资产阶级做斗争，都是为了维护他们这种中间等级的生存，以免于灭亡。所以，他们不是革命的，而是保守的。不仅如此，他们甚至是反动的，因为他们力图使历史的车轮倒转。如果说他们是革命的，那是鉴于他们行将转入无产阶级的队伍，这样，他们就不是维护他们目前的利益，而是维护他们将来的利益，他们就离开自己原

来的立场，而站到无产阶级的立场上来"①。这种经济地位的中间性和
政治态度的摇摆性使这个"阶级"无法保持自己固有的存在状态，而随
着资本主义经济的发展，这个群体内部的不同阶层也在经历着分化重组。
以小资产者为例，马克思详细地描述和分析了这个阶层的特点：小资产者
的偏见使他们偏向于资产阶级，而他们的理智则使他们倾向于无产阶
级。②"小资产者（作为一个整体）的命运总是在两大阶级之间摇摆不定，
一部分将被资本集中所压垮，另一部分则将被无产阶级的胜利所摧毁。在
决定性的时刻，他们跟平常一样彷徨、动摇、不知所措和任人摆布，如此
而已。"③ 中间阶级内部的分化，其中某些阶层无法承受资本主义经济的
挑战和压力，因为资本和生产技术的局限性，而不断地归入无产阶级的队
伍中来，从而使无产阶级的队伍不断发展壮大。由此，多级格局并存随着
资本主义经济的发展而逐渐形成了两极格局。马克思正是运用了阶级分析
方法的定量功能，以"阶级"作为一个量化的工具和单位，将社会共同
体的现实图景具体地呈现为一个由众多阶级、阶层所型构的立体画面，而
这一画面并非静止不动，马克思详细地分析他们经济地位的差异所导致在
政治立场、思想意识、政治态度的不同，并对他们自身的发展局势做出预
测，阶级内部的分化，使复杂的阶级关系和阶级结构变得相对简单和清
晰，一个由多个阶级、阶层构成的社会格局也被描绘为趋向于两极（无
产阶级和资产阶级）构成的对立格局。当然，也需要指出的是，马克思
在运用阶级分析方法进行定量分析时，是极为简单和初级的，况且，定
量分析也并非马克思主义方法论的特长，它自然无法与当代社会科学研
究中的定量分析相媲美，但是，这个分析的使用正是一个良好的开端，
它客观地对社会构成的量化并对社会格局的发展趋势的预见，为今后的
定量研究奠定了良好的基础。

　　阶级分析方法除了定量功能之外，还包括定性功能。所谓阶级分析方
法的定性功能，是在社会科学的微观领域将某种现象的产生和生成归结于

---

① 《马克思格斯选集》第 1 卷，人民出版社 1995 年版，第 282—283 页。
② 程力群：《马克思列宁主义的阶级和阶级斗争理论》，河北人民出版社 1959 年版，第 49 页。
③ 《马克思恩格斯全集》第 36 卷，人民出版社 1986 年版，第 528 页。

"阶级"这一群体的集体行动，通过深入地分析和研究阶级行动的原因、态度、程序和行动依据，从而获得在一个特定的社会情境中作为"参与者"和"行动者"的阶级的"内在观点"，从而深刻地揭示社会现象的内在本质和动力源泉。笔者以为，阶级分析方法的定性功能即是在社会科学研究时将"阶级性"作为社会科学的本质属性，通过对社会现象与阶级行动之间的内在联系的研究和分析，解释其所体现的阶级的利益和意志，而达致对其"阶级性"的探寻。然而，在马克思主义产生以前，西方学者正如美国社会学家西布利所言："作为社会科学家，他们致力于科学问题，避免政治问题，他们应是学者而不是活动家。"① 他们对社会现象的观察和分析却始终刻意回避自身的阶级立场，而标榜所谓的"道德中立"，执着探求社会现象中的科学性，却对其中的"阶级性"视而不见。但是，这种对社会现象的"阶级性"解析的缺乏及由此所形成的知识体系——社会科学——也难以称为真正意义上的科学，而企图坚持纯粹的"道德中立"式的社会科学研究也完全是一种"乌托邦"。也正因如此，列宁才如是说："在马克思以前的'社会学'和历史学，至多是积累了片面收集来的未加分析的事实，描述了历史过程的个别方面。"② 马克思对社会现象的观察和分析不仅坚持唯物主义的基本立场，同时充分运用了阶级分析方法的定性功能，他坚持认为，社会空间作为社会现象从抽象的主体关系具象为纷繁复杂的人类活动的具体场域，本身就是由阶级等不同的人类群体加以支撑和型构的，社会现象背后自然隐含着阶级的身影和意志。因此，只有运用阶级分析方法的定性功能才能在乱象横生的社会现象背后透析阶级社会特定的利益结构和资源配置方式，也才能真正解析在一定阶级利益的驱使下社会经济、政治、文化现象得以生成的奥秘所在。

马克思在对社会政治、伦理、法律现象进行观察时，没有忘记对建筑于阶级社会之上的社会现象的阶级性的探寻。以对社会道德现象的分析为例，特定的社会阶级由于其经济地位的差异而形成不同的伦理观念和道德

---

① 《美国社会科学家杂志》1971 年第 6 卷，第 13 页。
② 《马克思恩格斯选集》第 1 卷，人民出版社 1995 年版，第 11 页。

准则，从而对社会活动和社会现象形成不同的价值判断和道德评价。马克思对资本主义社会的道德现象进行分析时，深刻地阐释了阶级社会中道德所具有的阶级性。马克思指出，一个社会的伦理观念和道德准则并非凭空产生的，它并非基于某种先验的"理性"或"人的自然本性"而产生的某种超越历史与社会的不变真理和永恒法则。它是社会存在的反映和社会关系的产物，是建立在一定经济基础之上并随之而变化的。恩格斯指出："一切以往的道德归根结底都是当时的社会经济状况的产物。而社会直到现在还是在阶级对立中运动的，所以道德始终是阶级的道德，它或者为统治阶级的统治和利益辩护，或者当被压迫阶级变得足够强大时，代表被压迫者对这个统治的反抗和他们的未来利益。"也就是说，道德准则和伦理观念是从具体的社会经济关系中产生出来，调整人们相互间的利益关系的思想意识和行为准则。"人们总是自觉地或不自觉地，归根到底总是从他们的阶级地位所依据的实际关系中——从他们进行生产和交换的经济关系中，吸取自己的伦理观念。"[1] 由此可见，不同阶级有着属于这个群体的对社会事务和利益关系基本状况进行判断和评价的内在标准和内在观点，即阶级伦理。阶级伦理是不同阶级的社会个体在社会生活和社会关系中基于其特定的经济地位所产生的道德观念，是该阶级的成员对其行为和生活的道德认识和评价体系。也正是在这个意义上，马克思说："财产的任何一种社会形式都有各自的'道德'与之相适应。"[2] 恩格斯在批判费尔巴哈的伦理观时，也表达了相同的观点，他说："实际上，每一个阶级，甚至每一个行业，都各有各的道德。"[3]

---

① 《马克思恩格斯选集》第3卷，人民出版社1995年版，第133页。
② 《马克思恩格斯全集》第17卷，人民出版社1986年版，第610页。
③ 《马克思恩格斯选集》第4卷，人民出版社1995年版，第236页。

第二章　社会科学研究与阶级分析方法

　　长久以来，人类都在试图摆脱一种孤单的个体生活状态，转而以群体和集团的形式追寻生活的意义和价值，而这种群体生活的最高形式就是社会。如何才能达到一种好的生活？如何才能进入一个优良的社会？这就需要人们对以生活其间的社会为研究对象不断反躬自问，探讨生活的形式和实质对个体生命与生存可能具有的价值。不同时代的人们围绕社会开展了专门的研究活动并取得典型性的科学理论和科学认识方式，我们称为社会科学。社会科学以社会现象作为研究对象，研究社会主体与社会客体的关系以及主体间的关系，旨在揭示"人们自己的社会行动的规律（恩格斯语）"和社会发展规律。华勒斯坦认为："社会科学是近代世界的一项大业，其根源在于，人们试图针对能以某种方式获得经验确证的现实而发展出一种系统的、世俗的知识。这一努力自 16 世纪以来逐渐趋于成熟，并且成为近代世界建构过程中的一个基本方面。"① 卡尔霍恩也指出："社会科学主要是技术革命以及随之发生的社会变化的结果。工业革命以前的社会并不是没有变化，但是，技术的兴起使这种变化迅速得多，并且打破了传统的生活模式而又没有新的模式来代替。社会科学的产生，部分的原因就是努力寻求这种新的模式。"②

---

①　[美] 华勒斯坦等：《开放社会科学》，刘峰译，生活·读书·新知三联书店 1997 年版，第 3 页。
②　[美] 卡尔霍恩：《变革时代的社会科学》，刘述一等译，社会科学文献出版社 1989 年版，第 46 页。

　　当社会科学被冠以"科学"的名称，就意味着研究活动及其所形成的社会理论的基本宗旨是理性地把握社会现象并不断阐释社会的本质和社会发展的基本规律。而人类对自身生活其中的社会的奥秘的探寻从来没有停止过，早在远古时代世界五大文明发祥地就出现了社会思想的萌芽，远古时期并没有直接和明确的文字记载人类如何认识社会，但是古人类文化遗址和神话传说却作为远古时期人们生活和活动信息的物质的和观念的载体，为我们了解当时人们认识社会的活动起着资料和凭证的作用。我们从柏拉图、亚里士多德、托马斯·阿奎那这些古代知识分子的著作中了解古典社会的知识，更接受了社会科学的启蒙。16—19世纪资本主义和文艺复兴极大地推动了社会科学的发展，以至于以美国学者华勒斯坦为主席的"重建社会科学委员会"对这一时期的社会科学研究做出如下的评价："社会科学是近代世界的一项大业，其根源在于，人们试图针对能以某种方式获得经验确证的现实而发展出一种系统的、世俗的知识。这一努力自16世纪以来逐渐成熟，并且成为近代世界建构过程中一个基本方面。"①如果说这一时期的重要成就是许多社会科学学科逐渐从神学和哲学中分化出来成为一个独立的知识体系，那么19世纪中叶社会科学获得了长足发展，其成就超出了以往的任何时代。而其突出表现在马克思主义哲学的创立，为社会科学研究提供了重要的理论指导。

　　19世纪中叶，面对西欧资本主义发展的社会流弊，马克思、恩格斯吸收了德国古典哲学、英国古典政治经济学和空想社会主义的理论精华并结合工人运动实践创立了马克思主义哲学。马克思主义是一种崭新的世界观和方法论，通过唯物论和辩证法的结合，理论和实践的紧密联系，科学性和革命性的完整统一，使社会科学在指导思想上发生了根本变革，因此，美国学者罗伯特·海尔布伦纳如是说："产生了马克思主义的马克思著作在一个世纪以后究竟还有这样大的魅力，其原因何在？……这是因为马克思发明了能洞察底蕴的社会分析方法，这使他成了社会理论方面能独

---

① ［美］华勒斯坦等：《开放社会科学》，刘峰译，生活·读书·新知三联书店1997年版，第3页。

步千古的人物。凡是探索社会发展隐秘动力的人，凡是从事社会批判研究的人，都必须向马克思学习。"① 马克思主义哲学是人类认识发展的最高层次，作为它的理论成果之一——唯物史观——为人们科学地观察和分析社会现象提供着方法论指导，之所以如此，与唯物史观本身的形成密不可分。唯物史观的理论素材来源于最为现实最为具体的社会现象，通过在此基础上的哲学抽象形成对人类社会历史最本质规律的认识和把握，因此，它为人们从不同方面、不同层次和不同维度上认识社会提供了科学的逻辑前提、严整的理论框架和有效的认识方法。具体而言，唯物史观立基于具体的社会历史实际，避免对社会历史某种虚幻性、空想性的主观想象，坚持按照社会历史本来的面目来反映、研究和理解社会历史过程及其规律性，马克思说："思辨终止的地方，即在现实生活面前，正是描述人们的实践活动和实际发展过程的真正实证的科学开始的地方。"② 由此，唯物史观对社会历史的客观性和可知性的确认和信心构成了社会科学研究的逻辑前提；与此同时，唯物史观为人们认识社会历史提供了关于社会历史的最一般、最普遍的宏观图景、规范体系和评价标准，为各个方面的社会认识活动提供了最一般的理论框架和思维模式，又不断地在对象批判和自我批判的交互作用中、在社会进化与人类社会认识深化这两方面的统一中促使社会理论、历史图景、价值观念、规范体系和思维方式的科学更新，从而促进着人类社会自我认识的不断深化和发展。除此之外，唯物史观按照历史过程本身的特点及其演化发展而不断地探索科学地认识社会的基本方法。这些方法的形成和运用只有和社会的特殊性质相适应，并随着对象的发展而不断更新才能帮助我们对社会展开动态的、系统的、历史的分析和研究。

阶级分析方法是社会科学研究中一种基本的研究方法，它将社会现象的产生、发展、变化与消失和阶级联系起来，社会现象的独特性被归结为以阶级为单位构成的阶级结构及隐含其中的利益结构，社会现象的特殊性

① ［美］罗伯特·海尔布伦纳、莱斯特·瑟罗：《经济学的秘密》，秦海译，海南出版社2001年版，第34页。
② 《马克思恩格斯全集》第3卷，人民出版社1995年版，第30—31页。

被还原为以阶级为主体受阶级利益驱使的集体行动，社会现象的复杂性被分解为阶级现实存在的多重维度和阶级实践的多个领域。由此，阶级分析方法与其他研究方法相比，以阶级视角所呈现、透视和解析的社会现象所形成的研究结论，也自然不同于其他研究方法的认识角度和分析进路，彰显着其自身的理论优势。

第一节　社会科学研究与阶级分析方法的必要性

社会科学研究必须坚持马克思主义的理论指导，而坚持运用阶级分析方法观察和研究社会现象是马克思主义的题中之意。只有坚持阶级分析方法，才能使对社会历史现象的分析奠定在社会物质生活的客观基础上，避免唯心主义的误区和泥沼；只有坚持阶级分析方法，才能形成对社会分层中经济、政治、心理、伦理的多维度、多视角的全面分析，从而形成对社会的整体认识。只有坚持阶级分析方法，才能使我们的视线透过纷繁复杂的社会现象和社会关系，关注其背后的资源分配和利益格局。因此，阶级分析方法是也应当是社会科学研究中的一种基本方法，社会科学研究离不开阶级分析方法。

一　社会科学的基本性质决定了社会科学离不开阶级分析

社会科学作为人类认识自我的一种重要形式和理论成果，它负载着不同历史时期人类的智慧和文明。不同历史时期的研究者对社会现象的认识和社会发展规律的把握力求避免主观、情感的价值判断，而建立在客观公正的基础之上，即做到"价值中立"。然而社会科学研究中纯粹的"价值中立"或"价值无涉"是无法做到的，这是因为，价值是人类认识活动的动机和目的，社会科学所寻求的对社会行为的原因和意义的理解就需要了解引发行为动机的价值观念，因此，即使研究者主观上试图完全回避价值因素的影响，在客观上也不可能彻底做到。无论研究者对社会生活某一方面的认知兴趣是来自他特殊的生活经历或切身利益，还是来自他的道德观、价值观或哲学观，只要他按照自己的偏好来进行选择，这本身就是一种价值评价过程。而人们的价值判断都是从一定的利益和需要出发的，在阶级社会中，这种价值判断就是基于一定的阶级利益和阶级需要而对社会的现象片段进行取舍和剪裁的。研究者无法回避自身所处的阶级地位的身份制约去看待某一社会现象和社会问题，更无法摆脱本身阶级利益的驱动和阶级意识的支配对上述问题表达基本的观点和看法，因此，阶级社会中任何社会科学都是具有阶级性的，这种阶级性表征了社会科学的理论成果是研究者身居其中的阶级社会的阶级结构和利益格局，也体现了该社会中居于主导地位的社会阶级的意志和利益。以中世纪和近代的社会科学为例，中世纪宗教处于万流归宗的地位，封建统治阶级为了维护其专制主义统治，利用宗教对人们的意识形态领域进行控制，任何非教会的思想观念和文化形式都被冠以异端的罪名而受到了迫害和鞭挞，欧洲中世纪的学者大都成了宗教神学的代言人或传声筒，只有符合其利益的理论研究和理论成果才能得以获准，由此导致了狂热的宗教崇拜和盲目的虚无主义。近代以来的社会科学是以文艺复兴为背景所进行的，其对理性的崇尚和对理性方法的推崇，意味着从人的内在本性要求出发运用人类特有的思维去认识和评价各种社会现象，但其直接矛盾是为了反对封建统治的精神支柱——宗教神学和经院哲学，而这种驱魅的理性认识方式和评价方式即是资本主义精神的观念形式。

对于这些具有阶级性的社会科学成果，只有运用阶级分析方法对其研究背景中的阶级结构和利益格局进行透析，明确研究者自身的阶级立场和政治态度，才能对其理论成果进行明辨和去伪存真、去粗取精，吸收其社会理论中的普适性部分和精华部分，完善和发展自身的学术研究。众所周知，马克思主义理论建立在雄厚的理论资源之上，英国的古典经济学、英法的空想社会主义和德意志古典哲学是其三大理论来源，对于前人的学术贡献马克思并没有不加分辨地予以使用，阶级分析方法的运用使马克思、恩格斯基于研究者本人的经济地位和阶级属性对其理论所宣扬的理论进行辨别，考量其理论中所代表的阶级立场和阶级利益，从而对这些理论由于研究者本身所代表阶级的狭隘造成的局限性进行批判和反思，借鉴和吸收其理论的精华用以完善自己的理论体系，从而形成了系统完整的马克思主义。因此，阶级分析方法有助于我们以反思和批判的视角对待以往的学术理论，科学地判断和取舍其理论中的合理部分和进步成分，从而在高起点上进行科学研究。

二　研究对象的特殊性离不开阶级分析方法

无论是社会科学研究，还是阶级分析方法对社会和阶级的分析，终究是对人的关注和研究。人的存在不仅构成了现实的物质的和精神生活的物质前提，也是各种社会理论的逻辑前提。各种理论大都预设了符合各自认知兴趣和理论旨趣的个人假定，这是学者在理论层次上以抽象形式对"人的模样"的认识和把握，这种把握只是对人的某一维度和存在形式的抽象表达，如经济学视野中的"理性人"或"经济人"。经济学理论认为，个人都是以自我为中心的利己主义者，他们会在自由市场中通过精确的计算和细致的盘算来谋取自身利益并追求利益的最大化。"经济人"作为一个概念工具对人们的经济行为进行分析是简便有效的，但是其缺陷也经常被他人诟病。诚然，"经济人""理性人""道德人"等概念所形成的是对人的认识只是学者心中的拟制，人的基本和独特品质也是虚拟的"理性"和"道德"，并非现实的生命个体和具体的生活主体。

马克思主义同样关注人的存在并对人类的命运怀着深切的关怀，之所以如此重视人及其活动，是因为马克思认为，"人是全部人类活动和全部人类关系的本质、基础"①。在人类的历史活动中和社会关系中，马克思对人进行了全面的分析，他不仅在哲学层面上对人的存在进行理论抽象，同时在现实层面上对人的活动进行历史考察，抽象与具体、理论与实践、观念与物质的双重认识构成了全面的人的肖像。

具体说来，一方面，马克思把人当作一种"类存在"，"人不仅仅是

---

① 孟凡平：《伦理学视野中的社会弱者——弱势群体伦理关怀研究》，《曲阜师范大学学报》2002 年第 2 期。

自然存在物，而且是人的自身存在物，也就是说，是为自身而存在着的存在物，因而是类存在物"①。人的这种"类存在"使人与其他非人的物种相区别。在马克思看来，"自由的有意识的活动"是创造人的生命存在的活动。动物总是与它的生命活动同一的，因此它不能把自己与自己的生命活动区别开来。而人却能使自己的生命活动本身变成自己的意志和意识的对象。"正是由于这一点，人才是类存在物。或者说，正因为人是类存在物，他才是有意识的存在物。"② 另一方面，马克思把人当作一种现实的、具体的存在，这种存在表达的是人这种"类存在"在其存在的时空场域中不断延展所形成的"全面性"和"丰富性"。葛兰西认为，马克思关于人的本质是"社会关系的总和"是"最令人满意的答案"，"因为它包括生成的观念（人'生成着'，他随着社会关系的改变而不断地变化着），而且也因为它否认有'一般的人'"③。也就是说，人是现实的、具体的，而不是静止的、抽象的。人的存在首先是具体的，他会拥有不同的需求以满足自身的自我保存，一个个体生命的维系所提出的需求就是具体的，首先体现为吃、喝、穿、住的基本需求，正如马克思所说："一切人类生存的第一个前提，也就是一切历史的第一个前提，这个前提是：人们为了能够'创造历史'，必须能够生活。但是为了生活，首先就需要吃、喝、住、穿以及其他一切东西。"④ 人会在基本需求满足后，提出更多更高层次的需求并努力实现自我满足，因此，需求构成了人类发展和进步的动力。其次，人的存在还是现实，人的实践和活动不是体现在观念中，而是体现在劳动中，劳动是人们改造自然界的实践活动，劳动不仅满足了人们的种种需要，还体现了人的价值和意义。

现实而具体的人的上述规定性，决定了现实的人的本质是一切社会关系的总和。人的存在的丰富性、全面性和多样性决定了社会关系的纷繁复杂，它首先呈现出人们的生产关系，在此基础上逐渐产生法律关系、伦理

---

① 《马克思恩格斯全集》第 49 卷，人民出版社 1986 年版，第 169 页。
② 同上书，第 96 页。
③ ［意］葛兰西：《实践哲学》，徐崇温译，重庆出版社 1990 年版，第 40 页。
④ 《马克思恩格斯选集》第 1 卷，人民出版社 1995 年版，第 79 页。

关系、思想文化关系和政治关系等，现实的人并不是生活在观念或精神中，而就活生生地存在于各种关系中，关系编织的网格构成了人的经济、法律、伦理和政治的生活。现实的人是一切社会关系的承载主体，在阶级社会中，阶级关系统摄了以生产关系为基础的一切社会关系，它将人们生活世界的方方面面表现为特定社会场域中不同阶级之间的力量对比和利益博弈，阶级成为人在现实社会中的存在方式。因此，社会科学研究对人的观察离不开阶级维度的考量，通过对不同社会阶级经济、政治、伦理等方面的集体行动和社会生活的细致分析，以阶级的视角洞悉人类在一定历史发展阶段中群体性生活中的生存样态，以对阶级纵向的历史考察和横向的对比分析展现人类发展的文明程度，从而形成人类对自身的全面认知并展现整体的"人的形象"。

三　研究对象的复杂性离不开阶级分析方法

社会主体的交往行为所形成的社会关系及其构筑的社会领域是社会科学研究的基本对象，研究对象的复杂性需要人们分别从经济、政治、法律、道德等不同的角度予以认识和观察，唯有如此才能全面展现社会的本来面貌。如何才能恰当贴切地描述我们生活其中的社会呢？这是留给每一位社会科学工作者的永恒的课题。

马克思、恩格斯在《共产党宣言》中指出："在过去的各个历史时代，我们几乎到处都可以看到社会完全划分为各个不同的等级，看到由各种社会地位构成的多级的阶梯。"① 结合马克思主义的历史唯物主义我们获知，社会生产过程中人们经济地位的差异形成了不同的社会阶级，不同的阶级在整个社会的组织结构、机制运行中表现出互不相同甚至截然对立的利益诉求、政治主张、心理认同和生活方式，由此型构了阶级社会。然而，时代的变迁使广大学者给社会贴上了各种各样的标签，1982 年在巴姆贝格举行的社会学大会上曾对"劳动社会终结"的命题进行辩论。除此之外，"休闲社会"（舒尔采语）"知识社会"（德鲁克语）"信息社会"

_____

① 《马克思恩格斯全集》第 4 卷，人民出版社 1995 年版，第 466 页。

等称谓不胜枚举，其中，比较有影响的是乌尔里希·贝克的"风险社会"。贝克认为，传统的社会分层系统和不平等结构已经彻底改变，"人们从传统的工业社会的社会模式——阶级、阶层、家庭、男女的性别身份——中解放出来，就像在宗教改革过程中人们从教会的世俗统治中解放出来走向社会一样。"① 取而代之的是"个体化"和"不平等的个体化"，这种个体化是"生活方式和形式的变化和分化"，"个体化意味着每一个人的生涯都从预定的命数中解脱出来，并为人们自己所掌握，容许并依赖于决定"，"人们要求发展他们自己的生活观念并且能够据以行动的权利"。② 因此，传统的阶级已经失去了对社会不平等问题的解释力，"社会不平等的加剧和个体化是相互联结在一起的"，"个体自身成为生活世界中的社会性的再生产。社会性的所作所为与个体决定缠绕在一起"。③ 与此相适应，由阶级建构的传统的"阶级不平等"结构逐渐转变为"个体化的后阶级社会"中的"个体化的不平等"，这种不平等的个体化所表征的生活方式和消费实践的多元化、多样化解构了原有的阶级结构，弱化了工作认同或其他性质的身份认同。对此，贝克指出，"在西方福利国家，反思性现代性消解了工业社会的传统参数：阶级文化和意识，性别和家庭角色。它消解了这些工业社会中社会和政治的组织和制度依赖和参照的集体意识的形式。这些'解传统化'发生在一种个体化的社会潮流中"④。也就是说，阶级地位和社会经济状况不再是主导社会不平等结构化的因素，而诸如性别、种族、民族等维度的考察却对社会不平等的解释力越来越强，在现代社会，经济资源的丰富和个人选择的增多，生活方式的多元化和消费方式的多样化，导致了不平等的发展趋于"非分层化"和"无阶级化"。

　　无独有偶，对阶级和阶级社会的否定发生在特里·克拉克和西摩·李普赛特的论文中。1991 年，他们在《国际社会学》上发表了题为《社会

---

① 　[德] 乌尔里希·贝克：《风险社会》，何博闻译，译林出版社 2004 年版，第 106 页。
② 　同上书，第 165 页。
③ 　同上书，第 109 页。
④ 　同上书，第 122 页。

阶级正在死亡吗?》的文章,文章指出,尽管"阶级"一词适合用来分析19世纪的历史,但是它现在已经是一个越来越过时的概念。随着自由市场经济的兴起和政治民主的扩大,传统的等级制正在衰退,社会发展呈现出"分层破裂"的趋势。

然而,我们生活的世界真的变成碎片化的了吗,阶级真的已经死亡了吗?对于当前我们生活的"知识社会""信息社会""休闲社会",赛巴斯蒂安·赫尔科姆教授的一连串发问使我们明白了许多,他说:"一个简单的问题是,人们在各自的生活形态中依靠什么进行生活?难道仅仅依靠体验吗?依靠他们的通讯交往?依靠他们的社会地位?依靠他们对于文化的理解?"是的,生存和维系生存是人类的第一需求,物质生产和生活就不仅使人们保有生命和维系生存,更奠定了人类丰富多彩的社会交往和生活世界的经济基础。"知识""信息""休闲"这些词汇所表征的不过是"在历史中发生变化的就是这种获取生命过程的社会形式,以及能够满足人们物质的或者非物质的需求的手段、技术的和组织的手段"①。物质生产和经济活动仍然是人类存在的第一要务,正如马克思在《德意志意识形态》中说:"第一个历史活动就是生产满足这些需要的资料,即生产物质生活本身,而且正是这样的历史活动,一切历史的一种基本条件,人们单是为了能够生活就必须每日每时去完成它,现在和几千年前都是这样。"②物质生产和经济活动的进行和组织就会使个体被置于生产系统的不同位置并分享不同的经济利益和福利待遇,个体的差别再一次被阶级重写或改写。也就是说,社会的形式尽管发生了巨大变迁,但在现有生产力水平之下社会仍然是阶级社会,更确切地说,是有阶级的社会。对这个社会的分析就离不开阶级分析方法,只有运用阶级分析方法,才能以阶级为起点,通过对阶级不同维度和视角的分析,描绘不同阶级的经济、政治、文化等关系和活动所构造的现实社会图景。

---

① 转引自赛巴斯蒂安·赫尔科姆《我们生活的社会》,张世鹏译,《当代世界与社会主义》2001年第4期。

② 《马克思恩格斯全集》第1卷,人民出版社1995年版,第79页。

第二节　社会科学研究中阶级分析方法的助益

无论是自然科学还是社会科学，任何研究活动都离不开方法的选择和设定。方法是任何研究活动科学认识研究对象，不断接近、认识和把握客体时的重要手段和工具。一种科学方法的选择直接关乎研究活动能否顺利进行，更关乎能否达到预期的研究目的。阶级分析方法在社会科学研究中的具体运用，通过对阶级不同层面的具体活动的具体考量，窥视以阶级为基本构成要素的社会整体的结构变革和历史变迁，洞悉阶级经历（汤普森语）中人的以阶级为划分标准的"类型化"生活中的生存方式和生存样态，从而全面把握人类社会的发展历程及其中所蕴含的发展规律。

一　阶级分析方法有助于社会科学研究中的描述性研究、解释性研究

社会科学研究有既定的对象，对象的特殊性、复杂性使得研究活动的展开并非一蹴而就，而需要将研究对象本身根据其特点、属性确定不同的研究课题，课题选定后才能确定与之合适的研究类型。只有明确了适合研究对象的研究类型，才能够选择最佳的分析手段和研究方式。而上述研究步骤和工作的顺序进行最终都将服务于研究者的研究目的，即回答"是什么"的问题还是"为什么"的问题。根据研究目的的不同，社会科学研究被分为描述性研究和解释性研究。

描述性研究和解释性研究，顾名思义，就是对社会现象加以"描述"和"解释"。"描述"的过程即是对社会现象的特征、状况和过程进行客观地说明并对研究对象"是什么"进行阐明的过程。描述性研究作为一种说明性研究，在整个社会科学研究中是最简单的也是最基本的研究，它将关于研究对象基本状况的基础资料进行收集、整理，从而描述出研究对象的基本特征和规律。当对研究对象的认识处于初始阶段，或是对研究对象缺乏前期的了解而需要有一个大概的了解时，往往采取描述性研究，以了解研究对象的大体状况，亦即它的主要特征。"解释"的过程是研究者

比较全面地了解研究对象的状况之后，对导致这种状况的原因进行分析、探索的过程。因此，解释性研究是在描述性研究基础上的进一步深化，它一般具有明确的研究假设，即在正式研究之前，研究者通常都具有对于社会现象的原因的尝试性回答，利用收集的关于研究对象的信息来对研究假设进行证实或证伪。由此可见，描述性研究和解释性研究构成了社会科学研究中两个紧密联系的部分，描述性研究使研究对象的基本特征、性状、属性等呈现出来，使研究对象的基本样貌客观地展现在研究者面前，使研究者对其所面对的研究对象有了基本的认知。而解释性研究则在此基础上，进一步剖析研究对象内部构成要素的因果联系，从而解析了研究对象内部的生成机制、运转机制。

阶级分析方法的描述功能和解释功能将"阶级"作为基本的构成要素和基本变量的综合考量，在某种程度上有助于社会科学研究中的描述性研究和解释性研究。当研究者对社会现象进行研究时，他首先需要了解社会现象据以产生的空间的外部样貌，也就需要对此进行描述。马克思指出："至今一切社会的历史都是阶级斗争的历史。"阶级斗争成为马克思的重要考察对象，"我们都非常重视阶级斗争，认为它是历史的直接动力，特别是重视资产阶级和无产阶级之间的阶级斗争，认为它是现代社会变革的巨大杠杆"[1]。马克思运用阶级分析方法的描述功能将阶级斗争现象存在的不同历史空间进行描述和说明，阶级斗争据以产生的阶级社会是原始社会解体并进入奴隶社会后开始的。阶级社会的不同历史时期被马克思通过对其社会结构的描述展现出来，"由此可见，到现在为止，社会一直是在对立的范围内发展的，在古代是自由民和奴隶之间的对立，在中世纪是贵族和农奴之间的对立，在近代是资产阶级和无产阶级之间的对立"[2]。因此，阶级斗争被生动地体现在不同历史时期不同阶级、阶层之间的对抗和较量上。马克思以细腻的笔触描绘了不同历史形态下的社会阶级的生活状态，不同阶级在经济、社会、政治等领域的活动使阶级斗争呈

---

[1] 《马克思恩格斯全集》第19卷，人民出版社1986年版，第189页。
[2] 《马克思恩格斯选集》第3卷，人民出版社1995年版，第507页。

现在经济利益、社会地位、政治权力等各个维度的矛盾和冲突之中。当阶级斗争的历史状况经由阶级分析方法的描述功能扫描之后，马克思已经对人类历史发展的历程和社会关系、阶级关系的基本模式有了大略的了解，马克思集中精力对这一构成历史发展动力源泉的阶级斗争现象进行解析，阶级分析的解释功能集中考量了社会生产领域的阶级关系，统治阶级与被统治阶级由于经济地位的差异而存在剥削和压榨，经济利益分配的非均衡性和不平等性构成了阶级斗争持续发生、不断升级的根本原因，由此解释了人类历史发展的动力所在。

　　无独有偶，很多西方学者也热衷于运用阶级分析方法的描述功能和解释功能进行社会科学研究。韦尔纳·桑巴特是德国著名的社会学家，20 世纪初期他就运用阶级分析方法从事西方社会结构的分析，1906 年他出版了代表作《为什么美国没有社会主义?》，在这本书中桑巴特以强烈的问题意识首先运用阶级分析方法对美国这一发达的资本主义国家的阶级结构和工人阶级的总体状况进行了描述，在描述的同时，桑巴特始终从阶级，尤其是工人阶级的角度解释这个所谓的"桑巴特问题"，他认为发达的资本主义生产系统为工人阶级提供了相对富有的生活，较强的社会流动性为工人阶级提供了更多上升的机会，但同时也在一定程度上抑制了作为整体的"阶级意识"的形成和发展，在此基础上，工人阶级政党在美国两党制的政治体制运行中也缺乏相应的空间和机会。由此可见，桑巴特充分运用了阶级分析方法的描述功能和解释功能完成了自己的研究课题。其实，阶级分析方法的描述功能对研究对象基本状况的收集和整理是任何一位运用阶级分析方法从事社会结构理论研究的学者首先需要进行的研究准备工作，而通过描述功能形成总体性认识之后，对此做出解释才是更为重要的。例如，俄国十月革命之后所发生的一系列无产阶级暴力革命的失败深深地刺激了西方马克思主义者卢卡奇，他分析了无产阶级革命失败的经验教训，认为无产阶级革命是彻底扬弃物化，包括政治、经济、文化、心理等多方面转变以致从根本上改变人的生存方式的总体性进程。在这一总体革命进程中，经济、政治上的条件已经具备，而无产阶级意识的觉醒程度就成为决定革命成败的关键性因素，他断言："只有无产阶级的实践的阶级意识才拥有这种改造事物的能力。"① 而发生于西方国家的革命之所以失败，是因为这些国家的无产阶级尚未超越物化意识的束缚，其阶级意识尚未达到自觉。无产阶级在一个物化的世界中要形成超越物化的自觉意识，必须经历自我教育的过程。"无产阶级的自我教育是一个长期的和困难的过程，只有经过这个过程，无产阶级才能成为'成熟'的革命阶级，因为无产阶级受着资本主义生活方式的影响，所以一个国家的资本主义，以及资产阶级的文化越是高度发展，那么无产阶级的自我教育过程就越是这样一个艰巨的过程。"② 至此，卢卡奇通过对无产阶级"阶级意识"的关注解释了革命失败的原因，阶级分析方法的描述功能，尤其是解释功能使他通过物化意识、总体性原则、阶级意识等范畴建构了他的物化理论和辩证法思想，使他成为西方马克思主义的奠基人和创始人。

二　阶级分析方法有助于社会科学研究中的比较研究和预测性研究

比较研究是 20 世纪七八十年代以来在社会科学研究中兴起的一种研究方法和思维方法，通过对两个或两个以上的事物或对象加以对比，找出它们之间的相似性或差异性。古代思想家们早就开始以朴素的态度在社会科学研究中进行比较研究，而法国的著名思想家托克维尔是第一个在社会科学研究中系统地进行比较研究的，作为历史学家的托克维尔特别强调比较研究，在其《论美国的民主》《旧制度与大革命》等著作中都进行了比较研究。在研究法国大革命时，托克维尔指出："为了帮助理解下文，有必要对法国以外情况做此概述；因为，我敢说，谁要是只研究和考察法国，谁就永远无法理解法国革命。"③ 基于此，托克维尔对法国、美国、英国和德国的历史进行了比较研究，特别指出了它们之间的区别：美国没有封建制这个强大的敌人；英国贵族并未因革命丧失权力，他们与资产阶级联合实行统治；德国（除莱茵地区外）的农奴制长期存在，德国农民

---

① ［匈］卢卡奇：《历史与阶级意识》，王伟光、张峰译，华夏出版社 1989 年版，第 221 页。
② 同上书，第 267 页。
③ ［法］托克维尔：《旧制度与大革命》，冯棠译，商务印书馆 1992 年版，第 12—13 页。

不像法国农民那样早已拥有土地。而在托克维尔之后，经典社会学家涂尔干、韦伯也都非常重视比较研究，涂尔干甚至提出"比较社会学就是社会学本身"，他说："人们要研究任何复杂的社会事实，必须从一切社会类型中去考察它的全部发展过程。比较社会学不是社会学的特别分支，而是社会学本身，它不只停留在对事实的纯粹描述上，而是要对事实做出解释。"① 而韦伯更是提出了"理想类型"的概念方法，"理想类型"是"一种概念结构，这种概念结构既非历史现实，也非'真实的'现实。……它只具有纯理想的有限概念的意义，真正的现实或行为可以与之相比较，并为解释那些有意义的成分而对之作观察。这种概念是一些构造物，我们可以借助这些构造物，通过运用客观可能性范畴，对关系做出系统阐释"②。理想类型的理论建构为韦伯的比较研究奠定了理论基础。20 世纪七八十年代以来，随着人们对跨学科研究和综合研究的重视，比较研究和比较分析得到了更广泛的应用。

在比较研究中，人们一般坚持横向比较与纵向比较相结合的原则。横向比较是对同一时期的不同研究对象或者同类事物内部的不同部分进行对比。纵向比较是对同一对象在不同时期的状况进行对比分析。20 世纪中叶，社会学家受到孔德和涂尔干所倡导的实证主义社会学的影响，追求社会科学研究的一般性和形式化，往往脱离具体的历史背景而强调共时性分析，如以帕森斯为代表的功能主义就只侧重对社会系统的抽象分析，强调社会系统内部的均衡与整合，因此并不重视具体社会的变迁问题。结构主义者企图用自然科学的研究模式去寻找社会系统内部的稳定关系，而认为"历史"是偶然性和反复多变的，因此也反对历史主义，强调共时性分析。这种状况直到 20 世纪 70 年代才有所改变，社会科学研究出现了明显的"历史学转向"或朝历史化方向发展。美国社会学家查尔斯·蒂利指出："所谓历史化指的是，将重大社会转型的研究时期向过去延伸，寻找出可以与现代变迁相类似的历史，然后再借助它们在历史上所留下

---

① 转引自林聚任、刘玉安《社会科学研究方法》，山东人民出版社 2004 年版，第 170 页。
② ［德］马克斯·韦伯：《社会科学方法论》，韩水法译，中央编译出版社 2002 年版，第 189 页。

的文献资料，来考察现代社会变迁的横扫过程及其结果，并检验通则概念是否无误。"① 横向比较与纵向比较、共时分析与历时分析各有其不同的侧重，但是对于社会科学研究，尤其是研究社会历史或变迁时，可以将社会发展的不同时期或同一时期的不同社会形态的相似性和差异性全面地揭示出来。

马克思作为伟大的社会理论家有着强烈的历史意识，他试图对近代工业革命和法国革命以来欧洲社会所出现的巨大社会变迁做出解释，因此他既要研究社会的静态方面，也要研究社会的动态方面；既要进行横向的比较研究，也要进行纵向的比较研究，这其中，阶级分析方法在宏观和微观不同层面的比较极大地帮助了马克思主义宏大理论的建构。马克思运用阶级分析方法将社会发展历程划分为不同的历史形态，根据其历史唯物主义和政治经济学的基本原理，根据生产力发展水平的层次性和阶段性来划分为不同的历史形态，社会不同历史形态具有不同的阶级结构，阶级结构的纵向比较所体现的相似性反映了社会发展的连续性和稳定性，而其所体现的差异性将生产力的发展状况和生产力与生产关系的矛盾运动淋漓尽致地呈现出来。除此之外，马克思还运用阶级分析方法对存在于同一社会历史时期的不同阶级进行微观的横向的比较研究，尤其是对存在于资本主义社会早期的工人阶级和资产阶级进行研究。之所以是微观的，是因为马克思详细地考量了不同阶级在经济地位、政治权力、社会地位、思想意识、伦理观念等方面的基本特征，全面地展示了不同阶级群体性的生存方式和存在样态；之所以是横向比较的，是因为马克思划定了社会阶级结构的基本构成要素，尽管社会生产体系中包含着众多的阶级、阶层和集团，但是马克思一以贯之的剥削阶级和被剥削阶级的二元模式使其重点对处于这两个地位的阶级进行分析，全面地考量了两大对立阶级在上述几个方面所形成的鲜明对比。以马克思运用阶级分析方法的比较功能将资产阶级和工人阶级的伦理观念进行对比分析为例，这种对比将两大阶级源于经济地位的差

① 肯德里克等编：《解释过去，了解现在——历史社会学》，王辛慧等译，上海人民出版社1999 年版，第 15 页。

异性的伦理道德观上的不同特点生动地表现出来，不仅有助于马克思通过差异对比在具体阶级的各种属性和关系中抽离出阶级的本质特征，也为阶级分析方法预测功能的发挥和应验奠定了理论基础。在对两大阶级的伦理观念进行对比分析中，马克思指出资产阶级是资本主义社会的统治阶级，资产阶级以"自由、平等、博爱"与科学理性为口号鼓动、组织广大民众与自己一道同僧侣和封建贵族进行斗争并取得政权，封建等级的破除，使每个人获得了经济、政治和思想的自由，民主与法律制度的确立使人们获得了平等的经济和社会权利。从表面上看，似乎一个合乎道德理想的人间天堂已经建立以来。但是，马克思、恩格斯通过对资产阶级道德的全面描述和深入分析，揭示了其伦理道德的虚伪性，马克思辛辣地指出："先生们，不要受自由这个抽象字眼的蒙蔽！这是谁的自由呢？这不是一个普通的个人在对待另一个人的关系上的自由。这是资本家压榨劳动者的自由。"① 恩格斯也尖锐地指出："好一个自由！无产者除了接受资产阶级向他们提出的条件或者饿死、冻死、赤身裸体地到森林中的野兽那里去找一个藏身之处，就再没有任何选择余地了。"② 资产阶级在这种虚伪的道德背后，将利己主义和拜金主义作为本阶级的道德原则。资产阶级的利己主义使人们之间的社会关系蜕变为纯粹的竞争关系，恩格斯说："竞争最充分地反映了流行在现代市民社会中的一切人反对一切人的战争。这个战争，这个为了活命、为了生存、为了一切而进行的战争，因而必要时也是你死我活的战争，不仅在社会各个阶级之间进行，而且也在这些阶级的各个成员之间进行；一个人挡着另一个人的路，因而每个人都力图挤掉其余的人并占有他们的地位。工人彼此竞争，资产者也彼此竞争。"同时，资产阶级还奉行金钱至上，将金钱作为行为的动机和目的，"在资产阶级看来，世界上没有一样东西不是为了金钱而存在，连他们本身也不例外，因为他们活着就是为了赚钱，除了快快发财，他们不知道还有别的幸福，除了金钱的损失，也不知道还有别的痛苦"③。与资产阶级的道德观念形成

① 《马克思恩格斯选集》第 1 卷，人民出版社 1995 年版，第 227 页。
② 《马克思恩格斯选集》第 2 卷，人民出版社 1995 年版，第 360 页。
③ 同上书，第 359、564 页。

鲜明对比的，是无产阶级由其经济和政治地位所决定的在社会生活中自发形成的道德品质。马克思、恩格斯在对无产阶级的生活状况进行详细阐述之后，指出无产阶级将"集体主义"作为本阶级的道德原则并将"共产主义"作为道德理想。无产阶级的集体主义的道德原则既根本区别于封建社会的禁欲主义、整体主义，也完全对立于资产阶级的利己主义、拜金主义。集体主义的道德观念认为，"个人与集体之间、个人利益与集体利益之间没有而且也不应当有不可调和的对立。不应当有这种对立，是因为集体主义、社会主义并不否认个人利益，而是把个人利益与集体利益结合起来"。也就是说，集体主义并不否定个人利益，而是实现了个人利益和集体利益的辩证统一。

预测性研究是社会科学研究的另一个重要组成部分，社会科学研究作为人类对社会的探索和研究，所进行的是一种有目的的知识活动和社会活动，不仅停留于对社会现象的状况、过程和特征进行客观说明的描述性研究，也不仅着眼于对社会现象的原因和来由进行探析的解释性研究，还包含着对社会现象未来发展状态进行预期的预测性研究。一切成熟的理论，无不包含着预测。经验描述，理论阐释，科学预测，既构成科学理论产生和发展的三个阶段，又成为一切科学理论必须具备的三个彼此密切相关的组成部分。预测性研究是建立在描述和解释的基础上的进一步深化，只有在对社会现象的现状、发展变化的规律及其因果链条有了比较明确的认识的基础上，才能对未来的发展状态进行科学的预测。托夫勒就指出："生活在正在变革的社会和文化之中，特别是处在今天那种革命性变革时期，用过去来指导现在的决策和将来可能发生的事情，已经越来越不可靠了。面临这种情况，必须对未来可能发生的事情有明确的概念，还要想出新办法来对付它们；要想做人，非如此不可。"① 但是，我们也应当看到社会事物的复杂性，社会发展过程由于人类行为的介入而具有了较大的可塑性和应变性，因此，社会科学的预测也是非常困难的。

马克思本人在一定程度上也可以说是一位预言家，马克思的历史唯物

---

① ［美］阿尔温·托夫勒：《预测与前提》，粟旺等译，国际文化出版公司 1984 年版，第 187 页。

论不仅描述了人类从无阶级的原始社会发展至阶级社会的历史过程，同时也揭示了蕴含在这一历史过程中的客观规律，在此基础上马克思对历史发展的趋势进行了预测，并为人们建构了社会发展的终极愿景——共产主义社会。而这种预见是马克思运用阶级分析的预测功能来实现的，预测功能的实现是马克思在社会不同阶级的基本状况进行描绘和解释的基础上完成的。马克思、恩格斯描述和解释了工人阶级的基本特征，阐明了工人阶级是最先进、最革命、最有组织性、纪律性，也是最富有国际主义精神的阶级，这些基本特质的具备使工人阶级成为富有历史使命的群体，生产和生活实践让他们团结和组织起来，自觉进行旨在推翻旧的剥削制度和国家机器的阶级斗争和解放运动。斗争的进行和革命的胜利使"无产阶级将取得公共权力，并且利用这个权力把脱离资产阶级掌握的社会生产资料变为公共财产。通过这个行动，无产阶级使生产资料摆脱了它们迄今具有的资本属性，使它们的社会性有充分的自由得以实现"①。而生产的社会化与生产资料的私人占有之间的矛盾就被这种社会生产方式所克服并创造出比以往任何社会形态更高、更发达的生产力，使生产力的发展造福绝大多数人，并消灭剥削、消除两极分化，最终达到共同富有的目标，实现解放全人类的终极理想。这个终极理想即是共产主义社会，它之所以被认为是人类最高的社会理想，是因为共产主义"是人与自然之间、人与人之间的矛盾的真正解决，是存在和本质、对象化和自我确证、自由和必然、个体与类之间的斗争的真正解决。它是历史之谜的解答"②。然而这个社会的实现不是一蹴而就的，它的实现需要历史主体的使命担当和身体力行。马克思正是通过阶级分析方法对工人阶级这一群体总体状况的综合考量，认为工人阶级的使命是历史发展的必然性规定的，工人阶级的实践活动昭示着历史发展的趋势和方向，不断将人类推向更加高级的社会形态，正如《共产党宣言》中所指出的"资产阶级的灭亡和无产阶级的胜利是同样不可避免的"③。

① 《马克思恩格斯选集》第 3 卷，人民出版社 1995 年版，第 759 页。
② 《马克思恩格斯全集》第 42 卷，人民出版社 1986 年版，第 120 页。
③ 《马克思恩格斯选集》第 1 卷，人民出版社 1995 年版，第 284 页。

三　阶级分析方法有助于社会科学研究中的定性与定量研究

进行社会科学研究，纷繁复杂的社会现象是研究者需要处理和分析的基本素材，通过对这些素材不同维度、不同层次的处理和分析来把握社会现象的内在本质，普遍性、重复性和规律性。任何社会现象作为一种客观存在，都有其质量统一性和时空统一性。对象本身是统一的，而对统一对象的认识和研究却需要从不同的方面来进行，于是就有了不同的认识角度和研究方法。定性研究和定量研究是社会科学研究中两种完全不同的研究向度和研究方法，它们在自然科学和社会科学中得到广泛的运用。

通常认为，定性研究旨在"说出某社会事物是什么"，它一般是通过访问、观察、案例研究等多种方法，依据语言文字进行理论建构，进而对社会现象进行深入的挖掘剖析和理解。社会微观领域的定性研究了解了被观察者在特定情境中的内心世界和感受，从而确定了观察者据以行动的原因、态度和行动决策依据。也就是说，定性研究比较注重参与者的观点，关注不同的人如何理解各自生活的意义，从而揭示各种社会情境的内部动力和人类经验中那些特性层面。

因此，社会科学研究中的定性研究既要重视社会生活的情理性、情境性和主观性，重视社会事实的"意义"和对"意义"的理解，又要将这种意义的追寻和理解建立在客观的基础上。西方社会科学和社会科学方法论主要从"二者择一"的分析性思维出发来进行社会科学的定性研究，要么将作为客体的社会现象的运动过程片面理解为"自然历史过程"，将社会实在的多重性、复杂性作了片面、简单的理解，从而陷入了自然主义；要么认为对社会实在的理解纯粹是主观的，将社会运动过程理解为"自我意识过程"，从而走向主观主义；马克思主义之所以能够科学地进行社会科学的定性研究，是因为遵循了马克思主义的唯物辩证法和实践论思维。马克思指出："从前的一切唯物主义（包括费尔巴哈的唯物主义）的主要缺点是：对对象、现实、感性，只是从客体的或者直观的形式去理解，而不是把它们当作感性的人的活动，当作实践去理解，不是从主体的方面去理解。"①

　　据此，社会科学的定性研究不仅从客体的角度理解和解释社会事物，而且从主体的角度、从实践的角度理解社会事物，从而把社会运动过程理解为"自然历史过程""自觉意识过程"和"自主创造过程"的辩证统一。在这个过程中，人既是"剧作者"，也是"剧中人"，人们自己创造自己的历史，人们自己的活动创造了既得的生产力、生产关系、社会结构和社会制度。社会科学家对这些人类的实践活动就不能描述为"自然事实"，而应当把它们当作"社会事实"来加以描述、理解和解释。在社会事实的条件、过程和结果的关联中，意义和社会事实是统一的，意义不是脱离社会事实的，而社会事实也不是没有意义负载的。对于社会科学的定性研究来说，就是要依靠条件、过程和结果的因果关联等对社会事实的意义做出理解和解释，而这种理解和解释也是对社会事实的确认和说明。

　　阶级分析方法有助于社会科学的定性研究，之所以如此，是因为阶级分析方法综合地研究和阐述了社会阶级经济、政治、社会等方面的总体特征，以阶级的立场和角度来理解社会现象的特殊性，并将社会现象的生成归结于阶级的集体行动和阶级利益，从而对某些社会事物所具有的"阶级性"加以确认和说明。人是社会历史运动的主体，生产力发展的低层次性和私有制的存在使人们被划分为不同的群体，当经济地位成为群体划分的决定性因素并在此基础上衍生出丰富多彩的实践活动，我们将这一群体称为"阶级"，阶级不仅构成了人们参与社会经济生活、政治生活和文化生活的基本单位，也是社会一定经济、政治格局和思想文化风貌形成的动力及根据所在。

　　阶级分析方法在人类的个体存在与阶级的群体存在之间建立必然的联系，并将一定社会制度的生成和社会实践的形成归结于阶级的集体行动，更在阶级利益的阐释中与之建立因果关系。马克思对阶级分析方法的运用所体现的上述逻辑成为社会科学定性研究的范例，马克

———————————

① 《马克思恩格斯选集》第 1 卷，人民出版社 1995 年版，第 54 页。

思、恩格斯曾经证明，人类至今"有文字记载的全部历史""都是阶级斗争的历史"①，但是对这一社会历史现象的解释马克思不仅坚持经济主义的基本立场，认为"阶级对立是建立在经济基础上的，是建立在迄今存在物质生产方式和由这种方式所决定的交换关系上的"②。同时，马克思还以阶级的立场情境化地阐释了其中的因果关系，马克思认为，作为群体的阶级有其客观存在的整体利益，即阶级利益，利益决定行为，阶级利益决定着阶级的集体行动。当一个群体能够对本群体所具有的整体利益（阶级利益）有着明确的认识和清醒的意识，这个群体也实现了由"自在"阶级向"自为"阶级的转变，这种转变促使阶级展开了从初级到高级不断发展的争取本群体阶级利益的斗争。马克思、恩格斯笔下的工人阶级就践行着这种实践，"最初是单个的工人，然后是某一工厂的工人，然后是某一地方的某一劳动部门的工人，同直接剥削他们的单个资产者做斗争。他们不仅仅攻击资产阶级的生产关系，而且攻击生产工具本身；他们毁坏那些来竞争的外国商品，捣毁机器，烧毁工厂，力图恢复已经失去的中世纪工人的地位。"③ 斗争意识的觉醒和斗争形式的升级最终指向了资本主义制度，而无产阶级革命的胜利是最终建立全新的经济、政治和文化制度。马克思运用阶级分析法将社会发展变化的事实归因于阶级、阶级行动、阶级利益等因素，从根本上把握了社会事物的属性。阶级性的解析使阶级分析方法极大地推动了社会科学的定性研究，它使我们对社会现象的认识和研究不停留在现象的表面，而是洞察了制度形成背后的结构性基础，更是透析了隐含于社会历史进程中的利益机制和利益格局，从而把握了社会发展的规律和本质。

定量研究是社会科学研究中另一种风格迥异的研究进路和研究方法，它主要是从社会事物的数量方面去研究社会，用定量方法去描述社会发展的状态和进程，是人类思维能力提高的重要标志。将定量研究用于社会科学，尤其是用数学方法去研究社会现象一直是先进思想家所追求的目标，

---

① 《马克思恩格斯选集》第 1 卷，人民出版社 1995 年版，第 272 页。
② 《马克思恩格斯全集》第 5 卷，人民出版社 1986 年版，第 533 页。
③ 《马克思恩格斯选集》第 1 卷，人民出版社 1995 年版，第 280 页。

19 世纪俄国著名学者车尔尼雪夫斯基就已经清楚地意识到，社会科学只用精密科学的定量方法武装起来才能获得新的成就、新的品德和新的生命。① 而马克思也强调指出：一门科学只有在成功地运用数学时，才算达到了真正完善的地步。② 早在青年时期，马克思就对当时还不十分发达的自然科学采用定量方法寄予厚望，他设想："自然科学往后将包括关于人的科学，正像关于人的科学包括自然科学一样：是同一个说法。"③ 而在《资本论》这部影响深远的巨著中，马克思运用定量方法对资本的产生、现状和发展演变作了剖析，揭示了不变资本、可变资本和剩余价值的定量关系。正如达尔文发现了有机界的发展规律一样，马克思发现了人类历史的发展规律，使历史为繁杂的意识形态所掩盖的经济学中，特别是资本主义经济学中的基本规律豁然开朗，数学方法在其中起了重要作用。

　　阶级分析方法的具体适用在很大程度上有助于社会科学的定量研究。以阶级分析方法的定量功能适用于社会科学研究，是把社会历史问题呈现为数量问题。对数量关系的把握是定量研究十分重要的组成部分，阶级分析方法将这种数量关系反映为社会不同阶级、阶层的数目和相互关系，这些数据资料的统计、整理构成了把握社会现象的性质，预示社会运动的趋向，揭示社会发展规律，并进而做出合理决策、实践的先决条件和重要依据。"在每一门现代自然学科的发展史上，我们都可以观察到从定性到定量的转变，因为定量描述能使人们更深刻、更细致、更准确地描述自然现象和规律。"④ 而在社会科学研究中也不断呈现出这种转变，定量研究在社会科学研究中得到广泛的应用，而阶级分析方法的定量功能也越来越受到研究者的重视而被用于研究当代资本主义国家的内部结构。科学技术的不断进步、生产和资本的社会化程度不断提高，当代资本主义的生产关系一直处于不断地调整和变动中，而对待资本主义社会由于产业结构、就业结

---

① 参见［俄］车尔尼雪夫斯基《哲学中的人本主义原理》，周新译，生活·读书·新知三联书店 1958 年版，第 43 页。
② 参见［德］保尔·拉法格等《回忆马克思恩格斯》，马集译，人民出版社 1973 年版，第 7 页。
③ 《马克思恩格斯全集》第 42 卷，人民出版社 1986 年版，第 128 页。
④ 宋健：《社会科学研究中的定量方法》，《中国社会科学》1982 年第 6 期。

构的历史变迁所引起的阶级结构和阶级关系的巨大变化，运用阶级分析方法的定量功能不仅有助于以可靠的数据资料对当代资本主义社会的发展作一客观的描述，从而为深刻地理解和解释这一现象奠定了坚实的理论基础；同时，可靠的数据分析也有助于社会结构组成要素的横向和纵向比较，并为社会发展趋势的预测奠定详尽的实践依据；以工人阶级为例，根据马克思的定义，工人阶级是"没有自己的生产资料，因而不得不靠出卖劳动力来维持生活的"①，但是几十年的发展使工人阶级发生了怎样的变化呢？

　　首先，从工人阶级的性别结构来看，工人阶级中女性比例不断提高，根据国际劳工局 2000 年的统计数据，美国、英国、德国、法国和日本的女职工的比重分别达到 46.5%、45.0%、43.9%、45.1%、40.9%，而1950 年则普遍在 30% 左右②。其次，从工人阶级的来源结构来看，西方国家的外籍劳工和劳动移民的数量不断提高，移民工人大约占工人总数的10%③。再次，工人阶级内部知识型工人的比重不断提高，以美国为例，从事脑力劳动的人占全部就业人口的比重在 1950 年为 36.7%，而 1996 年则上升到 58%④。最后，工人阶级的就业方式和报酬方式也出现多样化，工人阶级"因劳动合同的种类（是核心职员还是临时工）、劳动岗位的稳定程度（是在主公司还是在供货公司工作）、籍贯（是本国人还是劳动移民），或劳动关系（是合法的还是非法的）而分化"⑤。目前在发达资本主义国家，非全日制工人平均占就业总数的 20% 左右，有的国家高达 38%，而且还在不断增加。由此，阶级分析方法的定量功能不仅在微观上客观详细地描述了一个阶级的真实状态，并将这种状态形象的转化为数量的变化；同时，也以数量关系的变化整体从宏观上呈现出社会整体阶级结构的变化。在此基础上，阶级分析方法通过对有关阶级数量的收集、整理而形成的有关社会的总体性认识，为进一步解析社会发展的内部奥秘开辟了新的思路。

---

① 《马克思恩格斯选集》第 1 卷，人民出版社 1995 年版，272 页。
② 参见俞可平《阶级和革命的基本观点研究》，中央编译出版社 2008 年版，第 214 页。
③ 钱大东：《国外弱势劳工群体问题》，《国外理论动态》2006 年第 5 期。
④ 徐崇温：《当代资本主义新变化》，重庆出版社 2004 年版，第 539 页。
⑤ ［德］乌·贝壳、哈贝马斯等：《全球化与政治》，王学东等译，中央编译出版社 2000 年版，第 72 页。

第三章　当代中国法学研究中阶级分析方法的学术史检视

中国法学源远流长，深厚的历史积淀和灿烂的思想遗产，使中国法学以独特的样貌和风格屹立于世界民族之林。新中国成立以来，中国法律人以其特有的历史使命和社会责任感在民族国家迈向新世纪的历史征程中做出了具有学术增量意义的理论贡献，这种贡献一方面来自对中国历史上数千年封建法律制度和法律思想的批判继承；另一方面则来自对西方社会法律理论和法律实践中的人类文明成果和法律智慧的借鉴吸收，东西方社会发展进程中的法律思想精华带着中国法学人对当代中国法治与社会发展的思考和探索不断建构、发展、完善着具有中国特色的社会主义法治理论。而这一理论大厦的形成与发展最终都归因于马克思主义思想的指导和引领：是马克思主义与时俱进的理论品质，指引着当代中国法学研究着眼于不断发展变化的中国改革，以强烈的"中国问题"的"问题意识"不断反思中国国家改革和社会发展过程中的问题与困境并以法律的方式做出回应和解答；是马克思主义科学的人生观、价值观，指引着当代中国法学研究坚持以人为本的核心理念，从而使社会发展过程中任何制度建构和行为安排都饱含着对人类自身生存状态和现实命运的真正关切，使人在权利的呵护与保障下过着一种与人的本意和理想相符合的真正的生活；是马克思主义的实践性、开放性，指引着中国法学研究始终坚持学术研究中的实践取向，在高度重视当前社会实践中重大现实问题的同时，以其开放的思想气度和宽广的理论胸怀运用当前国家治理过程中的先进经验，寻求法律的思想操作方案和实践解决方案。一句话，当代中国法学研究必须坚持马克思主义法律观的引领。

马克思主义法律观的引领不仅体现在法学研究中科学的理论态度和理论立场对法律世界实事求是的描述和阐释，更重要的是科学的方法论指导法学研究在对法律总体图景的概括和说明的基础上，揭示法律的本质及其运动的一般规律。马克思主义法学方法论以辩证唯物主义和历史唯物主义为理论基础，坚持对法律世界的价值分析、阶级分析、逻辑分析和实证分析，力求多视角、多维度、多层次地展现法律世界的真实面貌和深层内涵。

中国转型为当代中国法学研究提供了机遇和挑战，改革途中深刻的机制转换、结构调整及其背后所蕴含的资源配置方式和利益结构转变迫使我们必须重视法学研究中的阶级分析方法，运用阶级分析方法考量我国当代社会转型过程中各阶级、阶层所发生的新变化、新特点，以阶级的视角研究社会不同群体的利益保障和权利救济，从而构建以权利本位为基本价值导向的社会主义体系。随着 20 世纪初期马克思主义思想在中国的传播，马克思主义的阶级理论和阶级分析方法也进入了中国学人的理论视野，马克思主义者运用阶级分析法对社会各群体的经济属性、心理活动、政治倾向和利益诉求等进行全面分析，从而寻求能够推动历史发展和社会变革的具有历史使命和社会担当的社会主体。新中国成立伊始，苏联社会科学研究及法学研究中的理论模式和基本方法，尤其是阶级分析方法的具体运用严重影响了我国学者进行学术研究的理论设定和思维模式，阶级分析成为我国当代包括法学研究在内的整个社会科学研究基本的甚至是唯一的研究方法。改革开放以来，我国社会科学及法学研究蓬勃发展，理论工作者运用多种学术资源和研究方法诠释着当代中国深刻的社会转型，但唯独失却了阶级分析所独有的理论阐释和说明，使其仅仅具有名义上的基础性和重要性。然而，阶级分析经历了怎样的误读？遭遇了怎样的误解？站在新的历史起点上，对阶级分析方法的缕述和检视或许可以让我们对其意义和价值有新的认识和诠释。

第一节　20 世纪初马克思主义的引入

　　马克思主义产生于 19 世纪 40 年代，每隔 40 年总有丰富和发展，分别在 19 世纪 80 年代的俄国和 20 世纪 20 年代的中国得以传播和发展。正如恩格斯所说："每一个时代的理论思维，从而我们时代的理论思维，都是一种历史的产物。"① 1840 年的鸦片战争强行将中国传统社会拉入了世界资本主义体系和现代化进程中，每况愈下的局势和尖锐激化的社会矛盾迫使中国的仁人志士寻求救亡图存之道。清末西学东渐过程中，日本成为中国人学习包括社会主义思想在内的西方思想的重要途径，"从 1902 年至 1904 年，中国翻译日文书籍 321 种，其中至少有八种是译自日本的评介社会主义的专著"②，"留日学生"和留日的革命志士相继翻译了幸德秋水的《社会主义神髓》和福井准造的《近世社会主义》等介绍马克思事迹和学说的著作。而在中国的出版物中最早出现"马克思"的名字和学说，可以追溯到 1898 年出版的《泰西民法志》（译著）书中③，1899 年 2 月在上海广学会主办的《万国公报》上发表了英国传教士李提摩太节译、中国人蔡尔康笔述的《大同学》，文中多次提及马克思和恩格斯的名字，据说，"这是中文报刊上最早出现马克思和恩格斯的名字"④。

　　此后，中国一些先进分子在向西方国家寻求新思想、新理论的过程中，曾经接触到马克思主义，1902 年梁启超在《进化论者颉德之学说》一文中，对马克思及其学说做了介绍，1903 年 2 月马君武在《社会主义与进化论的比较》一书中，也介绍了马克思及其学说，并初步认识到马

---

① 《马克思恩格斯全集》第 20 卷，人民出版社 1986 年版，第 382 页。
② 钟家栋、王世根：《20 世纪：马克思主义在中国》，上海人民出版社 1998 年版，第 20—21 页。
③ 参见周子东、傅绍昌等编著《马克思主义在上海的传播（1898—1949）》，上海社会科学院出版社 1994 年版，第 4 页。
④ 胡永钦等：《马克思恩格斯著作在中国传播的历史概述》，见中共中央马克思恩格斯列宁斯大林著作编译局马恩室编《马克思恩格斯著作在中国的传播》，人民出版社 1983 年版，第 240 页。

克思所倡导的是唯物历史观。他说："马克思者，以唯物论解历史学之人也，马氏尝谓阶级竞争为历史之钥。"[①] 1905 年 11 月朱执信在其发表的《德意志社会革命家小传》一文中，对马克思、恩格斯的生平活动进行了详细的介绍，谈到"其宣言曰：'自草昧混沌而降，至于吾今有生，所谓史者，何一非阶级争斗之陈迹乎'"[②]。就这样，马克思、恩格斯的名字和学说也开始被中国人所熟悉，直到五四运动的爆发，马克思主义在中国迎来了传播的高潮。笔者以为，人们对阶级分析方法的使用经历了一个从自发到自觉的过程，人们往往先对包括阶级理论在内的马克思主义有所了解和认知，然后才逐渐自觉将阶级理论的基本原理及其阶级分析方法用于社会科学研究之中，因此对阶级分析方法的回顾与反思，就必须从阶级分析方法所直接依凭的理论依据——马克思主义的阶级理论的引介开始。

一　20 世纪初期非马克思主义者对阶级理论的引介

民族危亡的紧要关头，各路知识分子也在苦苦思索救亡图存的思想方案，无政府主义者的理论主张作为小资产阶级的思想体系，在我国有着广泛的社会基础。对于中国特殊的历史条件，无政府主义主张废除国家和私有制，实现"无政府"的政治理想。在中国最早鼓吹无政府主义的刘师复就认为，人类平等是理想的社会状态，而国家和政府是人与人之间不平的"无恶之源"，因此要废除建立在私有财产制基础上的国家和政府，实行公产共有，"以田地为公共之物，以资本为社会之公产，人人做工，人人劳动""人人不倚他人"[③]。辛亥革命后，刘师复比较系统地介绍了克鲁泡特金的无政府共产主义，并组织了无政府主义同志社。作为无政府主义的代表人物的刘师复主张，在政治上废除政府、实现个人自由与经济上废

---

①　马君武：《社会主义与进化论比较》，《译书汇编》1903 年版，第 15 页。

②　朱执信：《德意志社会革命家列传》，《朱执信集》（下卷），上海建设社 1921 年版，第 594 页。

③　申叔：《人类均力说》，《天义报》1907 年 7 月 10 日第 3 卷，此处见葛懋春等编《无政府主义思想资料选》，北京大学出版社 1984 年版，第 66、68 页。

除资本制度并重，"实行经济上与政治上之绝对自由也"①，通过"包括废除生产资料在内的一切财产的私有"②"废除私有财产权，凡一切生产机关，今日操之少数人之手者（土地工厂及一切制造生产之器械等等），悉数取回，归之社会公有，本各尽所能各取所需之义，组织自由共产之社会，无男无女人人各视其力之所能，劳动所得之结果（衣食房屋及一切生产），劳动者自由取用之，无所限制"③。以此达致"无人所理想之无地主、无资本家、无首领、无代表、无家长、无军队、无监狱、无警察、无裁判所、无法律、无宗教、无婚姻制度之社会"④。

无政府主义者选择了自己的政治理想和社会目标，即共产主义，而"共产主义、无政府主义，质言之，实即劳动阶级与富贵阶级战斗之主义"。正是基于这样的理解，无政府主义较早地关注了马克思主义及其阶级理论。早期的无政府主义刊物《天义报》对以强调阶级斗争著称的《共产党宣言》给予了高度的评价："《共产党宣言》发明阶级斗争说，最有稗于历史，此序言所言，亦可考究当时思想之变迁，欲研究社会主义发达之历史者，均当从此入门。"刘师复也高度重视《共产党宣言》的部分发表，他指出："观此序言所叙述，于欧洲社会变迁纤悉靡遗，而其要归，则在万国劳民团结，以行阶级斗争，固不易之说也。"因此，"欲明欧洲资本制之发达，不可不研究新编；复以古今社会变更均由阶级之相竞，则对于史学发明之功甚巨，讨论史编，亦不得不奉为圭臬"。而在《社会主义经济论》的第一章《译者识语》中，译者指出："近世言社会主义者，必推阐历史事实，研究经济界之变迁，以证资本主义制度所从生。自马尔克斯以为古今各社会均援产业制度而迁，凡一切历史之事实，均因经营组织而殊，惟阶级斗争，则古今一轨。自此谊发明，然后言社会主义者始得所根据，因格尔斯以马氏发见此等历史，与达尔文发见生物

---

① 葛懋春等编：《无政府主义思想资料选》（上），北京大学出版社 1984 年版，第 304 页。
② 蒋俊、李兴芝：《中国近代的无政府主义思潮》，山东人民出版社 1991 年版，第 179 页。
③ 刘师复：《无政府共产主义同志社宣言书》，《民声》1914 年 7 月 4 日第十七号，此处引文见葛懋春等编《无政府主义思想资料选》（上），北京大学出版社 1984 年版，第 305 页。
④ 蒋俊、李兴芝：《中国近代的无政府主义思潮》，山东人民出版社 1991 年版，第 179 页。

学，其功不殊，诚不诬也。……今中国言史者鲜注意经济变迁，不知经济变迁实一切历史之枢纽。"①

无政府主义对包括阶级理论在内的马克思主义的引介，无疑为马克思主义思想在中国思想园地的生根、发芽并不断发展壮大奠定了基础，但是无政府主义本身的小资产阶级性质及其以极"左"的方式对马克思主义的曲解，必然决定了他们的认识是有失偏颇的。例如，他们认为是人性本身的优等劣差导致了阶级和不平等的产生，"洪荒以降，因民有智愚强弱之分，遂生种种之差别"。有了阶级和私有财产制度，于是在人与人之间"有主治被治之分，有君子小人之别"②。除此之外，他们反对一切国家、一切权威，主张实行和平主义、人道主义；反对一切组织纪律，主张绝对自由，反对建立无产阶级政党。对此，马克思主义者给予了回应和批判，陈独秀在《新青年》上汇编了《讨论无政府主义》，李达写了《社会革命的商榷》《无政府主义之解剖》等文章给予了回击，文中指出："我们最终目标也是没有国家的。不过我们在阶级没有消灭以前，却极力主张要国家，而且主张要有强有力的无产阶级政权国家。"

二　20 世纪初期马克思主义者对阶级理论的传播

五四运动以后，马克思主义开始广泛地传播开来，李大钊、陈独秀等无产阶级革命先驱开始组织革命运动，主办革命刊物，宣传马克思主义思想。对于马克思主义的宣传，当时已经有了陈望道的全译本《共产党宣言》，恽代英翻译的考茨基《阶级斗争》，同时茅盾还翻译了列宁的《国家与革命》等，使人们对马克思主义有所了解。

李大钊和陈独秀最早开始在中国传播马克思主义的阶级理论。1917年 7 月 6 日，李大钊在《每周评论》杂志发表了《阶级竞争与互助》一

---

① 转引自王学典、牛方玉《唯物史观与伦理史观的冲突》，河南大学出版社 2010 年版，第 52—53 页。书中此段资料来源于林代昭、潘国华编《马克思主义在中国：从影响的传入到传播》（上），清华大学出版社 1983 年版，第 262—266 页。

② 申叔：《人类均力说》，《天义报》1907 年 7 月 10 日第 3 卷，此处见葛懋春等编《无政府主义思想资料选》，北京大学出版社 1984 年版，第 65 页。

文，文中介绍了克鲁泡特金的"互助论"和马克思的"阶级竞争说"，而互动与斗争是社会发展两个不同的维度，但是李大钊却坚信，阶级竞争是"人类历史的前史一段"，而互助才是人类存在的永恒法则。对此，恽代英也表示认同，他说："与其提倡争存的道理，不如提倡互助的道理"，"我信阶级革命的必要，与新村的必要一样的真实"①。在上述理论的引介中，自然而然地涉及了马克思主义的阶级理论。李大钊还给出了阶级的概念，"所谓阶级，就是指经济上利害相反的阶级。具体讲出来，地主、资本家是有生产手段的阶级，工人、农夫是没有生产手段的阶级"，阶级产生于生产力发展之后的"剩余劳动"，于是"持有生产手段的起来乘机夺取，遂造成阶级对立的社会"②。1919 年 9 月，李大钊在《新青年》杂志发表了《我的马克思主义观》，该文全面地介绍了包括阶级理论在内的马克思主义，他说："马氏社会主义的理论，可大别为三部：一为关于过去的理论，也称社会组织进化论；二为关于现在的理论，就是他的经济论，也称资本主义的经济论；三为关于将来的理论，就是他的政策论，也称社会主义运动论，就是社会民主主义。离了他的特有的史观，去考他的社会主义，简直的是不可能。因为他根据他的史观，确定社会组织是由如何根本原因变化而来的；然后根据这个确定的原理，以观察现在的经济状态，就把资本主义的经济组织，为分析的、解剖的研究，预言现在资本主义的经济组织不久必移入社会主义的组织，是必然的运命；然后更根据这个预见，断定实现社会主义的手段、方法仍在最后的阶级竞争。他这三部理论，都有不可分的关系，而阶级竞争说恰如一条金线，把这三大原理从根本上联络起来。所以他的唯物史观说：'既往的历史都是阶级竞争的历史。'他的《资本论》也是首尾一贯的根据那'在今日社会组织下的资本阶级与工人阶级，就放在不得不仇视、不得不冲突的关系上'的思想立论。关于实际运动的手段，他也是主张除了诉于最后的阶级竞争，没有第二个再好的方法。"③ 通过上面的论述，我们可以

① 恽代英：《论社会主义》，《恽代英文集》（上），人民出版社 1984 年版，第 251 页。
② 《李大钊文集》（下），人民出版社 1984 年版，第 17 页。
③ 同上书，第 62—63 页。

看出李大钊在整个马克思主义的理论体系内部阐述阶级理论，坚持了阶级理论与唯物史观的统一，而阶级的产生、对立、消灭等阶级现象均具有经济的必然性。

陈独秀也是五四运动以后活跃的马克思主义者，1920 年 5 月 2 日，他发表讲演"劳动者的觉悟"，他向劳动者告之"两条大义"，"第一条大义是阶级的觉悟"，"第二条大义是革命的手段"；[①] 同年 9 月，马克思主义关于阶级斗争和无产阶级专政的学说在《新青年》杂志上陈独秀的《谈政治》中被简要介绍，该文宣称"用革命的手段建设劳动阶级（即生产阶级）的国家，创造那禁止对内外掠夺的政治、法律，为现代社会第一需要"[②]。他与李大钊一样，反对将阶级理论与唯物史观对立起来，他说："马克思的阶级斗争说乃指人类进化之自然现象，并非一种超自然的玄想。所以唯物史观与阶级斗争说不但不矛盾，并且可以互相证明。"[③] 但遗憾的是，陈独秀最后犯了"右倾机会主义"的政治错误，20 世纪 40 年代被开除出党。仅从阶级分析的角度究其缘由，陈独秀认为"人类社会组织之历史的进化，观过去现在以察将来，其最大的变更，是由游牧酋长时代而封建时代，而资产阶级时代，而无产阶级时代，这些时代之必然推进，即所谓时代潮流，他若到来，是不可以人力抵抗的"；"在时间上，进化的历程恒次第不爽"。[④] 在这样的观念主导下，半殖民地的中国首先需要的是资产阶级的民主革命，而环视社会中的各个阶级，农民阶级散漫、保守、落后，难以加入革命；工人阶级不但数量上，而且质量上都很幼稚。因此，他错误地认为，资产阶级是中国资产阶级民主革命的社会基础，"半殖民地的中国社会状况既然需要一个资产阶级的民主革命，在这革命运动中，革命党便须取得资产阶级的充分援助；资产阶级的民主革命若失了资产阶级的援助，在革命事业中便没有阶级的意义和社会基础"[⑤]，

---

① 　陈独秀：《告劳动者》，《共产党》1921 年第 5 期。
② 　《陈独秀文章选编》（中），生活·读书·新知三联书店 1984 年版，第 10 页。
③ 　同上书，第 194 页。
④ 　同上书，第 254 页。
⑤ 　同上书，第 371 页。

由此提出"中国国民党目前的使命及进行的正轨应该是：统领革命的资产阶级，联合革命的无产阶级，实现资产阶级的民主革命"①。

三　毛泽东思想中的阶级分析方法

毛泽东是伟大的无产阶级革命家、实践家，更是伟大的马克思主义的理论家。毛泽东不仅结合中国的具体国情将产生于欧洲世界的马克思主义予以继承和发展，从而实现了马克思主义的中国化，同时，他将这种理论在中国的土壤予以践行，并举得了举世瞩目的历史成就。这其中，自然也包括毛泽东对马克思主义阶级理论的研习，以及运用阶级分析方法对社会现实所做的细致分析。毛泽东正是运用阶级分析方法科学地分析和研究中国的社会结构和社会构成，具体考量了社会不同阶级的经济地位、思想意识、政治立场、政治态度等不同方面，从而为中国革命具体路线方针的制定奠定了科学的依据。

众所周知，毛泽东是在1920年左右开始转变为一个马克思主义者，毛泽东曾回忆说："记得我在1920年，第一次看到考茨基的《阶级斗争》、陈望道翻译的《共产党宣言》和一个英国人作的《社会主义史》，我才知道人类自有史以来，就是阶级斗争的历史，阶级斗争是社会发展的原动力，初步得到认识问题的方法论。可是这些书上，并没有中国的湖南、湖北，也没有中国的蒋介石和陈独秀，但我只取了它四个字：'阶级斗争'，老老实实地来开始研究实际的阶级斗争。"② 正是从这时开始，毛泽东运用阶级理论的基本观点和阶级分析方法考察中国的社会现实，从而将马克思主义的阶级理论中国化、实践化。1925年12月1日，毛泽东在国民革命军第二军司令部、政治部编辑的《革命》半月刊的第四期上刊发了题为《中国社会各阶级的分析》的文章，该文不仅是中国新民主主义革命理论发端和萌芽的重要标志，更可堪称是马克思主义阶级分析方法理论和应用研究的光辉典范。

---

① 《陈独秀文章选编》（中），生活·读书·新知三联书店1984年版，第259页。
② 《毛泽东农村调查文集》，人民出版社1982年版，第21—22页。

在《中国社会各阶级的分析》中毛泽东始终具有明确的问题意识——
"谁是我们的敌人？谁是我们的朋友？这个问题是革命的首要问题。中国
过去一切革命斗争成效甚少，其基本原因就是因为不能团结真正的朋友，
以攻击真正的敌人。"① 在这一问题意识的影响下，结合中国具体国情，
毛泽东根据不同群体在社会经济生活中的具体地位将中国社会主要分为地
主阶级、买办阶级、中产阶级、小资产阶级、半无产阶级、无产阶级和游
民无产者。联系马克思历史唯物主义经济基础决定上层建筑的基本原理，
毛泽东还具体分析了不同阶级所具有的不同的政治立场和政治态度，"在
经济落后的半殖民地的中国，地主阶级和买办阶级完全是国际资产阶级的
附庸，其生存和发展，是附属于帝国主义的。这些阶级代表中国最落后的
和最反动的生产关系，阻碍中国生产力的发展，他们和中国革命的目的完
全不相容。特别是大地主阶级和大买办阶级，他们始终站在帝国主义一
边，是极端的反革命"；而无产阶级却与之形成强烈反差，"工业无产阶
级人数虽不多，却是中国新的生产力的代表者，是近代中国最进步的阶
级，做了革命运动的领导力量"。而居于两者之间的其他阶级，也因为其
经济地位的不同有着各自的政治诉求：小资产阶级是"自耕农和手工业
者所经营的，都是小生产的经济"，怀疑、附和、中立和参加是这个群体
的复杂表现；中产阶级"这个阶级代表中国城乡资本主义的生产关系"，
他们以"实现民族资产阶级一阶级统治的国家"作为其政治目标，因此，
他们"对于中国革命具有矛盾的态度"；半无产阶级是"半自耕农、贫农
和小手工业者所经营的，都是更细小的小生产的经济"。② 他们之间的差
异也使他们表现出不同的革命性。毛泽东通过对社会不同的阶级状况的具
体而细致的分析，得出了"中国现阶段革命的主要对象或主要敌人，究
竟是谁呢？不是别的，就是帝国主义和封建主义，就是帝国主义国家的资
产阶级和本国的地主阶级"③。

《中国社会各阶级的分析》一文无疑是毛泽东科学运用阶级分析方法

① 《毛泽东选集》第 1 卷，人民出版社 1991 年版，第 3 页。
② 同上书，第 4—8 页。
③ 《毛泽东选集》第 2 卷，人民出版社 1991 年版，第 663 页。

的起点，此后，在中国革命运动和国家建设的不同的时期，毛泽东以马克思的历史唯物主义和辩证唯物主义为理论基础，结合中国具体国情，使阶级分析不断完善，日臻成熟。生动的革命实践素材诠释着毛泽东所使用的阶级分析方法，表现出如下特点。

首先，阶级分析始终贯彻了马克思主义的社会存在决定社会意识，阶级的经济地位决定阶级的政治态度的原理。无论马克思、恩格斯，还是列宁，在对阶级的分析始终坚持经济因素是关键，阶级是也首先是一个经济范畴。毛泽东的阶级分析也同样坚持这一唯物主义的基本观点，认为阶级的形成、阶级意识、政治态度、政治立场都是基于经济因素的基础地位而形成的。

其次，注意同一阶级内部不同阶层的分析，毛泽东将农民阶级称为半无产阶级，同时把这个群体又进一步细分为富农、中农和贫农。1927年毛泽东在湖南乡下进行考察，分别在湘潭、衡山等五县举行调查会，并于同年 3 月发表了《湖南农民运动考察报告》。报告中指出："农民中有富农、中农和贫农三种""有钱余，有谷剩的叫富农""没有余钱剩米，也不欠账，每年保得衣食住的，叫中农"，贫农之中"全物无业，即既无土地，又无资金，完全失去生活依靠的"是"赤贫""半无业，即略有土地或略有资本，但吃得多，收得少，终年在劳碌愁苦中过生活的"是"次贫"。[①]

再次，注意从发展变化中分析阶级，反对用静止、孤立的观点来分析阶级。毛泽东结合历史动态分析民族资产阶级时就体现了这一点，民族资产阶级在民族民主革命中有两面性、矛盾性，"一方面，民族资产阶级受帝国主义的压迫，又受封建主义的束缚，所以，他们同帝国主义和封建主义有矛盾。从这一方面说来，他们是革命的力量之一。在中国革命史上，他们也曾经表现过一定的反帝国主义和反官僚军阀政府的积极性"，"但是又一方面，由于他们在经济上和政治上的软弱性，由于他们同帝国主义和封建主义并未完全断绝经济上的联系，所以，他们有没有彻底地反帝反

---

① 郑英年：《毛泽东同志与中国农民阶级分析》，《社会科学》1983 年第 12 期。

封建的勇气。这种情形，特别是在民众革命力量强大起来的时候，表现得最为明显"。"民族资产阶级的这种两重性，决定了他们在一定时期中和一定程度上能够参加反帝国主义和反官僚军阀政府的革命，他们可以成为革命的一种力量。而在另一时期，就有跟在买办大资产阶级后面，作为反革命的助手的危险。"①

最后，在注意阶级性质分析的同时，注意阶级数量的分析。毛泽东将社会划分为不同的阶级，不同的阶级具有不同的经济属性和政治属性。例如，毛泽东指出，中国革命的主要对象"一切勾结帝国主义的军阀官僚、买办阶级、大地主阶级、反动的知识阶级即所谓中国大资产阶级"②，工业无产阶级是革命运动的领导力量，而一切半无产阶级、小资产阶级都是无产阶级最可靠的同盟者，民族资产阶级左翼则是可能的同盟者。在进行定性分析的同时，毛泽东还进行了定量分析。例如，毛泽东指出，我们真正的敌人加上可敌可友的人最多 500 万，即使如此"依然抵不着三万万九千五百万人的一铺唾沫"③。

第二节　苏联法学研究中的阶级分析方法

20 世纪 30 年代，美国学者乔治·霍兰·萨拜因在其名著《政治学说史》中曾经指出，俄国十月革命后建立的世界上第一个社会主义政权，"代表了未来的浪潮"，"代表了站在社会进步最前列的'日益崛起'的阶级的呼声"。④ 苏联的建立，改变了世界的政治版图，以一种崭新的发展道路和社会实践对世界的历史进程产生了深远的影响。这种影响自然也包括与之比邻的中国，作为第一个社会主义国家和马克思主义第一个践行

① 《毛泽东选集》第 2 卷，人民出版社 1991 年版，第 639—640 页。
② 《毛泽东选集》第 1 卷，人民出版社 1991 年版，第 15 页。
③ 同上书，第 136 页。
④ ［美］乔治·霍兰·萨拜因：《政治学说史》（下），刘山等译，商务印书馆 1986 年版，第 896 页。

者，它的指导思想、发展道路、社会规划和制度建设等方方面面所形成的"苏联模式"确实在影响着中国人的选择和探索。站在世纪之交，以历史主义的视角对新中国成立以来我国人文社会科学领域的各个学科的回顾和反思，都不能对苏联本身的具体情况及其所产生的影响避而不见。只有认识和把握了苏联在相应领域的真实情况并具体体察其所产生的积极或消极的影响，才能对学科经由特殊的发展脉络和知识谱系而发展至今的理论形态从源头上加以认识和理解，也只有这样，这种学术史的回顾、检视与思考才不是停留于表面化、感性的"外部性视角"，而是以"内部性视角"深入学科发展内部对学术研究的演进脉络和内在逻辑的深刻感悟。

新中国成立以来，历经 60 年的法学研究取得了举世瞩目的成就，它为中国的法律发展和社会进步作出了巨大的历史贡献。回顾法学发展的历史过程，着眼于该学科内在的演进脉络和内在逻辑，对于我们认识和把握法学学科和法制与社会发展的基本特点和历史规律，具有重大的历史价值和现实意义。而具体到本书所论述的法学阶级分析方法，对这一方法在法学研究的具体运用作一历史梳理和学术史反思，是整个法学学科学术史反思的重要组成部分，而一个完整的历史回顾和历史反思自然也就将苏联时期包括法学研究在内的社会科学研究中阶级分析方法的具体运用的演进和发展包含其中。

一　列宁法律思想中的阶级分析方法

十月革命的发生，尤其是在俄国这样经济、政治、文化发展水平比较落后的国家里发生，是马克思、恩格斯始料未及的。但是，当它作为一个不可争辩的历史事实，给予俄国人民和社会主义者的问题，恐怕就不是对俄国革命的爆发使之有别于马克思主义的理论设想的具体缘由进行探析，因为他们面临一系列更加紧迫的问题，即如何维护和巩固社会主义政权？如何确立这个国家的社会发展道路？如何确立这个国家基本的政治法律架构？列宁作为杰出的马克思主义者，始终坚持马克思主义的思想指导，将马克思主义的基本原理与俄国革命实践相结合，积极探索俄国社会发展的出路，努力寻求俄国特色的社会主义发展模式。

俄国是一个经济文化比较落后的国家，资本主义发展严重不足，农业经济和农村人口占据优势地位，整个社会处于贫穷和半野蛮状态。在此基础上的国家和社会的发展，政权的维护和巩固就显得更加困难，对此，列宁曾指出："一个落后的国家开始革命比较容易，因为在这个国家里敌人已经腐朽，资产阶级没有组织起来，但是要把革命继续下去，就需要万分谨慎、小心和坚忍不拔。"[①] 据此，列宁始终以务实的态度根据俄国的具体国情来摸索其社会发展道路。列宁始终强调，"只有不可救药的书呆子，才会单靠引证马克思关于另一历史时代的某一论述，来解决当前发生的独特而复杂的问题"[②]。最初，面对 14 个帝国主义国家的武装干涉和国内反革命势力的武装叛乱，列宁实行了"战时共产主义政策"，根据这个政策，苏联实行高度集中的计划经济体制，全盘国有化和经济垄断以及平均主义的国家配给在当时的历史条件下对维护和巩固革命的胜利果实确实起了非常重要的作用。但是，这种集权体制的弊端也随着战争的胜利而逐渐暴露出来，并最终导致了苏联 1921 年春天相继爆发的工人罢工、农民暴动。对此，列宁审时度势，开始以"新经济政策"取代"战时共产主义政策"，一改过去高度集中的经济政治体制，列宁认为，新经济政策的实质就是，在苏联这样一个经济文化落后的国家里，找到一条通过有计划地发展商品经济，逐步走向社会主义，建设社会主义的特殊道路。他说，虽然"这还不是建成社会主义社会，但这已经建成了社会主义社会所必需而且足够的一切"[③]。由此可见，十月革命后苏联社会主义事业的实践的顺利进行，是与列宁以求真务实的态度在长期的革命斗争和社会发展过程中坚持马克思主义思想的指导，同时坚持马克思主义的俄国化、民族化，以求开辟出一条具有苏联特色的社会发展道路的主导思想和社会实践密不可分的。

　　列宁在整个的探索中，坚决捍卫和发展马克思主义法学思想，深刻阐述历史唯物主义法学的基本原理，同时与苏联的社会主义法制实践相结

---

① 《列宁全集》第 34 卷，人民出版社 1986 年版，第 33 页。
② 《列宁选集》第 1 卷，人民出版社 1985 年版，第 162 页。
③ 《列宁全集》第 43 卷，人民出版社 1986 年版，第 362 页。

合，根据苏联的基本国情揭示其法权关系变动的规律性及其内在特征，形成对苏联对社会主义法治思想的独特认识和实践，这种思想和实践活动凝结着列宁的心血和智慧，由此形成的列宁主义法律观不仅坚定地确立了马克思主义法律观的指导地位，而且极大地丰富了马克思主义法学的思想宝库。

青年时代的列宁也曾攻读法律专业，1891 年，列宁以校外生资格在彼得堡大学法律系通过考试获得甲等毕业证书。自此，列宁更加广泛地投身俄国的革命活动，深入地研究马克思、恩格斯的经典著作，在学习和实践的过程中逐渐确立了列宁历史唯物主义法律观。例如，在批判自由主义民粹派分子米海洛夫斯基的"主观社会学"观点时，列宁始终强调马克思主义的基本思想"是把社会关系分为物质的社会关系和思想的社会关系范畴，思想的社会关系不过是物质的社会关系的上层建筑，而物质的社会关系是不以人的意志和意识为转移而形成的，是人维持生存的活动的（结果）形式"①，坚持将政治、法律和权利等作为社会上层建筑。列宁所具有的法律观念和法律素养影响和帮助了苏联日后的法制建设，使列宁仅仅用了七年的时间，就构建了社会主义的法律体系和法学体系的基本框架。这个框架是以马克思主义历史唯物论和唯物辩证法为基础的，也是列宁借助阶级分析方法等研究方法和分析工具解析苏联的法律现象而形成的。纵观了列宁法律思想中阶级分析方法的运用，列宁坚持了马克思主义阶级分析方法的基本要旨，坚持从阶级的观点和角度认识和理解法律现象，由此构成了与马克思主义法学理论一脉相承的知识体系。

（一）阶级分析方法经济维度的运用

苏联的法制建设是在社会主义历史条件下进行的，但旧俄国作为落后农业国的发展水平使法制建设缺乏先进的物质基础和阶级基础，列宁指出："看一下俄罗斯苏维埃联邦社会主义共和国的地图吧。在沃洛洛达以北、顿河岸罗斯托夫东南、奥连堡和鄂木斯克以南、托姆斯克以北这些一望无际的空旷地带，可以容下几十个文明大国。然而在所有这些空旷地带

———————
① 《列宁选集》第 1 卷，人民出版社 1985 年版，第 120—121 页。

上笼罩着的却是宗法制度、半野蛮性和十足的野蛮性。那么在俄国所有其余那些穷乡僻壤又是怎么样的呢？到处都是几十里几十里的羊肠小道，确切些说是几十里几十里的无路地区，这样就把乡村和铁路隔离了开来，即和那些连接文明、连接资本主义、连接大工业、连接大城市的物质脉络隔离了开来。"① 也就是说，俄国当时的基本国情，意味着将这个国家过渡到社会主义有着非比寻常的艰巨性，而在这个国家进行社会主义法制建设更是有着前所未有的复杂性。而在这个过程中，马克思主义理论求真务实、实事求是的理论品性幻化成阶级分析方法这一具体的认识工具和分析方法，帮助列宁认识到过渡到社会主义阶段和建设社会主义法制所必须具备的经济基础和物质前提。列宁也自觉地坚持在历史唯物主义的基础上科学地应用阶级分析方法，认识到苏联法制建设是在一种新的历史条件下进行的，法律"和任何政治的上层建筑一样（这种上层建筑在阶级消灭之前，在无产阶级的社会建立之前，是必然要存在的），归根到底是为生产服务的，而且归根到底是由该社会的生产关系决定的"②。因此，苏联法制建设的进行必须依托于一定的经济基础，而法律的制度构造也紧密地服务于社会主义经济基础的巩固和发展。

社会主义法制体现无产阶级的意志和利益，因此不仅无产阶级应该是社会的主导力量，在社会构成中占有很大比重，社会主义经济关系也应成为无产阶级法权的物质基础，但反观俄国的基本国情，俄国作为一个落后的农业国，不仅无产阶级只在社会的阶级构成中占有很小的比重，而且社会主义实现的物质条件也不具备。在这种情况下，如果俄国依照马克思、恩格斯关于社会主义社会的设想，依靠无产阶级革命后以"摧毁"和"剥夺"的办法来改造资本主义的生产关系，实行生产资料的全社会占有，消灭阶级和阶级差别等显然是不合时宜的。因为这样做，既不能够建立和巩固社会主义的经济关系，也不能建立社会主义所需要的工业基础。那么，如何才能在不发达的条件下使苏维埃俄国过渡到社会主义，并建立

---

① 《列宁全集》第41卷，人民出版社1986年版，第216页。
② 《列宁全集》第40卷，人民出版社1986年版，第276页。

社会主义社会法律、政治等上层建筑得以建立的物质基础呢？列宁形成了
"共产主义制度下的国家资本主义"① 这一重要思想。对于国家资本主义，
列宁在《大难临头，出路何在？》一文中指出，国家资本主义具有现代化
的工业体系，具有先进的生产手段和高效率的劳动生产率，因此，"国家
垄断资本主义是社会主义的最充分的物质准备，是社会主义的前阶，是历
史阶梯的一级，在这一级和叫社会主义的那一级之间，没有任何中间
级"②。国家资本主义作为一种社会生产形式，其本身并无可指摘，但是，
当它与资产阶级政权联系在一起，便成为资产阶级实现其阶级利益的有力
工具和手段。只有无产阶级控制了国家政权和国家资本主义，这一生产形
式才能实现无产阶级及全体人民的利益，"所以我们应该利用资本主义
（特别是要把它引导到国家资本主义的轨道上去）作为小生产和社会主义
之间的中间环节，作为提高生产力的手段、途径、方法和方式"③。而
"社会主义无非是国家资本主义垄断向前跨进一步。换句话说，社会主义
无非是变得有利于全体人民的国家资本主义垄断，就这一点来说，国家资
本主义垄断也就不再是资本主义垄断了"④。

列宁从俄国的具体国情出发，通过租让制、合作制、代销制、租借
制的形式发展国家资本主义经济。国家资本主义经济的发展不仅为社会
主义的过渡奠定了坚实的物质基础，也为社会结构的重构和改组奠定了
充实的社会基础。旧俄国是以农民经济、小商品生产和私人资本主义经
济为主导的，然而这三种经济成分与社会主义的发展趋势格格不入。列宁
则通过国家资本主义这一中间手段和途径将各种经济成分过渡到社会主
义。列宁指出，"工人阶级一经学会了怎样保卫国家秩序来反对小私有者
的无政府性，一经学会了怎样根据国家资本主义原则来整顿好全国的大生
产组织……社会主义的巩固就有了保证"⑤。以资本主义和资产阶级的改

---

① 《列宁全集》第 43 卷，人民出版社 1986 年版，第 83 页。
② 《列宁全集》第 32 卷，人民出版社 1986 年版，第 218—291 页。
③ 《列宁全集》第 41 卷，人民出版社 1986 年版，第 217 页。
④ 《列宁全集》第 32 卷，人民出版社 1986 年版，第 217 页。
⑤ 《列宁全集》第 34 卷，人民出版社 1986 年版，第 278 页。

造为例，列宁区分了不同的情况：对于愿意接受和实施国家资本主义，文明守法的自觉组织生产的资本家则通过租让制、租借和高薪等形式与之妥协；而对于那些继续从事投机倒把活动，不愿意接受和不组织生产的资本家，列宁要求司法人民委员会给予无情的惩治。通过国家资本主义的发展，确立了无产阶级为主导的社会结构体系和社会生产形式。

列宁对经济发展的众多举措，奠定了苏维埃俄国法律发展的经济基础。而法律作为调整社会经济关系的重要手段，也对社会生活和经济基础产生着能动的反作用。十月革命胜利以后，列宁领导的苏维埃政权为了发展国家资本主义而采取了国有化措施，1917年12月27日，列宁起草了《关于实行银行国有化及有关必要措施的法令草案》，根据列宁的意见，中央执行委员会通过《关于银行国有化的法令》和《关于检查银行钢制保险箱的法令》，宣布所有私营银行并入国家银行。而在《关于银行国有化及有关必要措施的法令草案》的开头，列宁就指出："粮食的紧张状况，投机倒把、资本家和官吏的怠工以及整个经济破坏所造成的饥荒威胁，使我们必须采取非常的革命措施来同这种祸害做斗争。"① 与此同时，苏维埃政权在列宁的领导下，还制定和颁布了一系列法律和法令，如土地法令、粮食税代替余粮收集制法令、新的合作社法令及其他一些法令。《土地法令》和《土地社会化基本法》的颁布，废除了封建的土地所有制，将地主的土地分配给无地或少地的农民。仅从1917年10月到1918年7月，列宁就亲自领导和制定了600多个法律文件，这些法律、法令的制定使俄国苏维埃初步形成了包括《俄罗斯联邦苏维埃共和国宪法》《苏维埃民法典》《苏维埃土地法典》《苏维埃法院组织》等重要法典在内的法律体系。

总而言之，列宁通过对阶级分析方法的经济维度的具体考量，深入阐释了法制建设与经济建设之间的密切联系，无产阶级法律制度建立在社会主义经济的基础之上，法与经济之间的辩证关系，又决定了法对社会主义经济基础的保障作用。因此，列宁主张社会主义经济建设与社会主义法制

---

① 《列宁全集》第33卷，人民出版社1986年版，第176页。

建设同步进行，社会主义法制是打击经济违法犯罪，保障社会生产力发展的有力武器。也正因如此，在集中力量发展社会经济的同时，不能忽视法制建设。新经济政策实施之后，他还特别提醒大家："以为实行新经济政策会终止使用恐怖手段那是极大错误的。我们还会重新采取恐怖手段，采取经济方面的恐怖手段的。"①

（二）阶级分析方法政治维度的运用

十月革命胜利后，围绕着政权问题不同阶级之间产生了激烈的争论。列宁以为，革命的根本问题就是国家政权问题。列宁运用阶级分析方法的政治维度将其焦点集中于国家政权，描述了社会主义革命胜利后，无产阶级基于其经济地位的变化所产生的权力诉求和政治属性，并系统地阐释了国家政权所具有的阶级属性。通过政治维度中阶级分析方法的具体运用，列宁形成了系统的国家与法的理论。列宁指出："一切革命的根本问题是国家政权问题，不弄清这个问题，便谈不上自觉地参加革命，更不用说领导革命。"② 正是为了弄清这个问题，列宁阅读和研究了大量马克思主义经典文献，1917 年 1 月至 2 月作了《马克思主义论国家》的笔记，即有名的《蓝皮笔记》，1917 年 9 月又完成了《国家与革命》一书。在该书中，列宁以马克思主义经典文献为基础，科学地阐释了国家与革命、政权与阶级等一系列重大问题。列宁指出，国家问题，是被历来的剥削阶级的哲学家、社会学家、法学家、政治学家有意无意地弄得混乱不堪的问题。③ 剥削阶级的思想家之所以不愿意也不敢公开宣布国家的阶级本质，是因为国家问题关系到统治阶级最直接的政治利益。因此，科学地揭示国家的阶级本质，"无论在理论方面还是在政治实践方面，都具有特别重大的意义"④。

对于国家政权的思考，列宁充分运用了阶级分析方法考量了无产阶级的政治属性和国家政权的阶级属性。在阶级社会中，如果只在经济上占据

---

① 《列宁全集》第 42 卷，人民出版社 1986 年版，第 196 页。
② 《列宁全集》第 29 卷，人民出版社 1986 年版，第 131 页。
③ 《列宁全集》第 37 卷，人民出版社 1986 年版，第 60 页。
④ 《列宁全集》第 31 卷，人民出版社 1986 年版，第 1 页。

统治地位，而不能在政治上也占据统治地位，该阶级的阶级利益不能得到有效的维护。因此，一旦剥削阶级成为经济上占统治地位的阶级，他们总要争取在条件成熟的时候夺取国家政权，变成政治上占统治地位的阶级。政治上的统治地位意味着夺取了国家政权，"由于国家是从控制阶级对立的需要中产生的，同时又是在这些阶级的冲突中产生的，所以，它照例是最强大的、在经济上占统治地位的阶级的国家，这个阶级借助于国家而在政治上也成为占统治地位的阶级，因为获得了镇压和剥削被压迫阶级的新手段"①。根据无产阶级革命的一般规律，无产阶级取得革命胜利后，便会掌握国家政权以维护本阶级的阶级利益和经济上的统治地位。

当国家政权与无产阶级相联系，其基本性质也发生了变化，1917 年 4 月列宁在《论两个政权》中指出："这个政府的政治性质怎么样呢？它是革命的专政，就是说，是这样的一个政权，它直接依靠用革命的方法夺取，依靠下面人民群众的直接的创举，而不依靠集中的国家政权颁布的法律。这完全不是欧美先进国家中迄今最常见的那种一般类型的资产阶级议会制民主共和国政权。""其基本标志是：（1）权力的来源不是议会预先讨论和通过的法律，而是来自下面地方上人民群众的直接的创举，用流行的话来说，就是直接的'政权'。（2）用全民的直接武装代替脱离人民的、同人民对立的机构即警察和军队；在这种政权下，国家秩序由武装的工农自己，即武装的人民自己来维持。（3）官吏、官僚，或者也由人民自己的直接政权取代，或者至少要接受特别的监督，变成不仅由人民选举产生而且一经人民要求即可撤换的官吏，处于普通的受委托者的地位；他们从占有能领取资产阶级高薪的'肥缺'的特权阶层，变成特殊'兵种'的工人，其报酬不超过熟练工人的一般工资。"② 为了详细地阐释无产阶级国家政权的基本特征，列宁更是进一步运用了阶级分析方法的比较功能将无产阶级的国家政权与资产阶级进行了对比分析。在这种分析中，苏维埃作为由无产阶级领导的社会主义的政权组织形式根本不同于资产阶级主

---

① 《列宁全集》第 31 卷，人民出版社 1986 年版，第 11 页。
② 《列宁全集》第 29 卷，人民出版社 1986 年版，第 131—132 页。

导的政权形式，列宁指出，无产阶级政权以新的民主制代替了资产阶级的民主制，这种民主制没有剥削者、官僚和剥削制度，人民代表机关"既是立法者，又是执行者和武装保卫者"，"其活的灵魂就是政权转归劳动者，消灭剥削和镇压机关"。① 而资产阶级的议会民主相较于封建专制制度有着较大的历史进步性，但是其改变的只是经济奴役形式，并没有从根本上改变这种奴役的实质。与社会主义政权的比较分析，列宁强调指出，只有"意识到了议会制的历史条件和历史局限性，意识到了议会制与资本主义（而且只是与资本主义）的联系，意识到了议会制与中世纪相比是进步的，和苏维埃政权相比是反动的"，才会意识到建立苏维埃制度即社会主义和人民代表大会制的必要性。

（三）阶级分析方法文化维度的运用

在列宁法律思想体系中，列宁除了运用阶级分析方法的经济、政治维度对法律进行经济和政治的解说，极力阐释法律与阶级存在的经济基础、政治诉求之间的内在联系之外，阶级分析方法文化维度的研究路径使列宁对各种资产阶级、小资产阶级及形形色色的社会主义者、无政府主义者的理论学说进行反思和批判，特别是对伯恩斯坦、考茨基等人故意曲解的马克思主义国家与法的学说进行纠正，在"对马克思主义的种种歪曲空前流行的时候，我们的任务首先就是要恢复真正的马克思的国家学说"②，从而极力消除其在社会主义运动中的恶劣影响。

马克思主义理论认为，"国家决不是从外部强加于社会的一种的力量。国家也不像黑格尔所断言的是'伦理观念的现实'，'理性的形象和现实'。毋宁说，国家是社会在一定发展阶段上的产物；国家是表示：这个社会陷入了不可解决的自我矛盾，分裂为不可调和的对立面而又无力摆脱这些对立面。而为了使这些对立面，这些经济利益相互冲突的阶级，不致在无谓的斗争中把自己和社会消灭，就需要有一个表面上站在社会之上的力量来抑制冲突，把冲突保持在'秩序'的范围以内；这

---

① 《列宁全集》第 34 卷，人民出版社 1986 年版，第 47—48 页。
② 《列宁全集》第 31 卷，人民出版社 1986 年版，第 4—5 页。

种从社会中产生但又居于社会之上并且日益同社会相异化的力量，就是国家"①。但是资产阶级思想家，特别是小资产阶级却歪曲了马克思主义的国家观，将国家看成是阶级调和的机关。具体而言，一方面是小资产阶级的观点，他们把国家看成是阶级调和的机关，"在小资产阶级政治家看来，秩序正是阶级调和，而不是一个阶级对另一个阶级的压迫；抑制冲突就是调和，而不是剥削被压迫阶级用来推翻压迫者的一定的斗争手段和斗争方式"②；另一方面是考茨基主义的歪曲，考茨基虽然不否定国家是阶级统治的机关，也不否定阶级矛盾不可调和，1908年，考茨基在《取得政权的道路》一文，预计革命很快到来，但是，避而不谈必须打碎资产阶级国家机器，代之以无产阶级专政的国家机器；没有提出民主的阶级性、民主与专政的相互制约性，以及无产阶级国家与资产阶级国家的原则区别，这是因为他忽略或抹杀了这一点，即"既然国家是阶级矛盾不可调和的产物，既然它是站在社会之上并且'日益同社会相异化'的力量，那么很明显，被压迫阶级要求解放，不仅非进行暴力革命不可，而且非消灭统治阶级所建立的、体现这种'异化'的国家政权机构不可"③。

阶级分析方法的文化维度使列宁认识到上述思想系出自资产阶级、小资产阶级对社会发展形势的基本认知，其经济地位、社会地位和政治属性的特殊性使其提出有别于马克思主义的理论学说。而马克思主义作为无产阶级的理论学说则纠正上述理论学说，列宁指出："如果阶级调和是可能的话，国家既不会产生，也不会保持下去。……在马克思看来，国家是阶级统治的机关，是一个阶级压迫另一个阶级的机关，是建立一种'秩序'来抑制阶级冲突，使这种压迫合法化、固定化。"④ "国家是阶级矛盾不可调和的产物和表现。在阶级矛盾客观上不能调和的地方、时候和条件下，便产生了国家。""国家的存在证明阶级矛盾不可调和。"⑤

---

① 《马克思恩格斯全集》第21卷，人民出版社1986年版，第194页。
② 《列宁全集》第31卷，人民出版社1986年版，第6页。
③ 同上书，第7页。
④ 同上书，第6页。
⑤ 同上。

二　20 世纪 30 年代苏联法学研究中的阶级分析方法

20 世纪二三十年代是苏联社会急剧变革的时代，在这个历史时期，苏联一方面在极力抵御连年不断的外国武装干涉和本国敌对势力的侵扰；另一方面则为新政权的稳固和发展奠定基本的经济、政治基础。列宁在这一时期结束了战时共产主义政策所倡导的单一的社会主义公有制的体制和模式，开始转向新经济政策所主张的国家监督下允许多种经济成分共存的市场导向的经济体制和模式。但这种发展趋势却越来越导向一种高度集中的政治经济文化体制，因此，一种相对宽松的经济、政治和文化环境的短暂性也在一定程度上决定了包括法学学科在内的苏联社会科学研究的整体面貌和基本风格。而第一代苏联法学家对该时期法律基本价值和功能等相关问题的理论思考和学术研究也受到了这种政治氛围的影响乃至支配，尤其是苏联法学家在阶级分析方法的应用中也凸显了这一历史时期的基本特点。对这一时期的苏联法学家研究活动和理论观点的整理和综述有助于我们认识阶级分析方法发展、演变的历史轨迹，更有助于我们厘清和纠正阶级分析方法的问题所在。斯图契卡是苏联著名的政治学家、法学家，1888 年毕业于彼得堡大学法律系，1918 年开始担任司法人民委员。作为苏联第一代法学家的斯图契卡在 1919 年编制的《俄罗斯联邦刑法指导原则》中，给法律下了一个定义："法律是符合统治阶级的利益并为这个阶级有组织的武力所保卫的一个社会关系的体系（或秩序）。"[①] 通过这个定义，我们看出斯图契卡法律定义中集中呈现出阶级分析方法运用的两个方面，一方面是对法律的政治分析，将法律与阶级的政治维度联系起来；另一方面则是阶级分析方法的定性功能，揭示了法律的阶级本质。

斯图契卡认为，原始社会由于没有阶级的存在，也就不存在法律。没有法律的存在，氏族之间的相互关系就依靠习惯和风俗来加以支配和调整，而这些习惯和风俗被认为是自然法的规则。[②] 无论什么地方，只要人

---

① 《苏维埃法律哲学》，哈佛大学出版社 1951 年版，第 20 页。转引自 [奥] 凯尔森《共产主义的法律理论》，王名扬译，中国法制出版社 2004 年版，第 78 页。

② [奥] 凯尔森：《共产主义的法律理论》，王名扬译，中国法制出版社 2004 年版，第 86 页。

类划分为不同的阶级，并且存在一个阶级对另一个阶级的统治，就会存在法律或类似法律的东西，因而法律只能是阶级的法律。与此相应，在共产主义社会由于阶级已经不存在了，也就没有法律存在的余地。因此，斯图契卡"否认在将来的共产主义社会中有法律，但肯定在无产阶级专政过渡时期却仍然有法律这个东西"①。由此可见，斯图契卡主张从阶级的角度认识和分析法律。从阶级的角度认识法律，法律被看作是符合统治阶级利益的一种秩序或一种社会关系的体系，也就承认了法律是统治阶级利益的反映。而法与阶级之间的密切联系所形成的法的阶级性必然导致强制或压迫成为法律的主要因素。凯尔森认为，斯图契卡所讲的有组织的权威就是国家。② 由此，斯图契卡强调了法律与国家的紧密联系，指出了法律的国家保护性或国家强制性特征。对法律的政治维度进行阶级分析，也就在法的定义中一定程度地指出法律的阶级本质，它有别于资产阶级法律理论把法律纯粹当作社会规范和正义体系而把法律看作是符合统治阶级利益的并受这个阶级武力所保护的社会关系体系，这就从性质上将两者区分开来。而只有从阶级的观点来加以理解，才能明确法律的性质，如果不明确法律的性质，则法理学不过是用词上的技巧而已。③

巴斯卡尼斯是苏联另一位十分重要的法学家，在他的理论研究中充分运用了阶级分析方法，但是在他的学术生涯中阶级分析方法的不同维度（经济和政治维度）的不同侧重却使他的学术观点发生了极大的转变。

在其学术研究早期，巴斯卡尼斯运用阶级分析方法对法律进行经济解释，从阶级的经济维度认识和分析法律现象，"在法理学范围内把法律现象归结为一般的经济现象，特别是归结为只能在以生产资料私有制的原则为基础的资本主义经济制度中存在的经济现象"④。因此，"在分析最简单形式的法律关系时，不需要从作为一个外部的具有权威的命令的规范这个概念出发，只要把一个'内容已由经济关系本身提供了的'（用马克思的

① ［奥］凯尔森：《共产主义的法律理论》，王名扬译，中国法制出版社2004年版，第79页。
② 同上书，第85页。
③ 同上书，第84—85页。
④ 同上书，第115页。

话）法的关系作为基础，在研究这个法的关系作为一个特殊事例时所采取的'法律'形式，这样就可以了"①。根据巴斯卡尼斯的分析，资本主义社会是以私有制和商品经济存在的社会，在这个社会中私人利益的存在和根本对立才使法律有了用武之地。资本主义商品经济是商品生产者通过市场平台进行商品流转以实现其利益的经济形态，这种经济形态契约是财产流转的重要方式，也是法律的中心概念和法律不可或缺的重要组成部分。法律的发达程度与商品经济的发展有着密切的联系，资本主义以前的社会市场还不发达，市场经济还没有主导的形式，因此，前资本主义社会的法律还是不发达和不完善的，只有资本主义社会的法律才是最为完整意义上的典型法律②。巴斯卡尼斯还进一步指出，私法之所以是私法，是因为在私法领域内存在私人利益的冲突，而只有当利益出现冲突和隔阂时，法律的因素才开始出现。③ 随着社会主义的完全建立，生产资料国有化的实现，因资本主义剥削而造成的阶级分化将不再存在，建立在生产资料私有制基础上的私人利益对立就不复存在了，由此，根据法律只存在于私人利益对立的资本主义社会的观点，巴斯卡尼斯推断，不仅未来共产主义社会中没有法律，而且在无产阶级专政的过渡时期也不可能有无产阶级的社会主义法律。资产阶级法律范畴的废除，将意味着在这些条件下一般法律的废除，也就是在人类关系中法律因素的逐渐消失。尽管在过渡时期，无产阶级为了自己的阶级利益，必须利用从资产阶级社会遗留下来的道德、法律和国家的形式，并把它们完全用尽。但是，无产阶级可能被迫利用它们，这件事毫不意味着它们能够朝着装入社会主义内容的方向而继续发展。④ 由此可见，巴斯卡尼斯利用阶级分析方法考察法律产生和发展的经济根源，根据经济基础的变化预测法律的发展趋势，从而将法律与特定经济关系联系起来。

---

① 《苏维埃法律哲学》，哈佛大学出版社 1951 年版，第 149 页。转引自［奥］凯尔森《共产主义的法律理论》，王名扬译，中国法制出版社 2004 年版，第 117 页。
② ［奥］凯尔森：《共产主义的法律理论》，王名扬译，中国法制出版社 2004 年版，第 119 页。
③ 同上书，第 121 页。
④ 同上书，第 134—135 页。

　　但是，1930—1931年，巴斯卡尼斯的学术观点发生了重大转变，而这一转变的原因则在于，巴斯卡尼斯运用阶级分析方法对法律现象的经济解释转向政治解释，从阶级分析方法的经济维度转向政治维度，从而全面地批判了自己过去认为苏维埃法律正在走向消亡的观点。根据阶级分析方法政治维度的分析和阐释，巴斯卡尼斯将法律同政治等同起来，根据这种分析，巴斯卡尼斯认为，法律是社会的上层建筑，是国家的政治形式，由此，法律的核心是"党的指示"，法律理论是"实践党的总路线的斗争工具"，"社会主义法是无产阶级政策的工具"。① 但我们也可以看出，阶级分析方法政治维度的侧重，将法律置于无产阶级的政治任务和无产阶级政党的政策之下，否定了法律存在的独立性，而片面强调法律的工具性和阶级性。同时，法律的国家强制性也被强调，认为"法律规范与强制机构是必要的，没有它们，法就什么也不是"②。

　　总体来说，这一时期阶级分析方法是法学家们进行法学研究的主导方法，但是这一认识工具和研究方法的使用仅仅侧重了其某一维度（经济的或是政治的），20世纪20年代末政治对国家与法的理论的绝对支配及舆论高度一致的文化专制主义，使一种对法律进行多角度、多层面的分析和阐释既不可能，也不允许。但是阶级分析方法的单一化、教条化的使用，把法律看作是阶级斗争和阶级统治的工具，"资产阶级法律是资产阶级用以压迫工人阶级和全体劳动人民的工具，社会主义法律则是无产阶级专政的工具"③，而"苏维埃法律是维护劳动人民利益，镇压剥削阶级反抗、组织社会主义经济、教育劳动人民的强大工具"④。这种分析思维和分析方式的延续实际上强化了法律与政治的密切关系，法律是实现一定政治需要和政治利益的工具，这种"反映统治阶级意志的法律，必然要具有政治的内容……如果法律离开了政治，那就不成为法律，不成其为统治

---

① 转引自杨心宇、李凯《略论苏联法对我国法学的影响》，《复旦大学学报》2002年第4期。
② 同上。
③ 吴大英：《社会主义法的概念和特征》，《法学基础理论参考资料》第3册，北京大学出版社1985年版，第46页。
④ 王勇飞：《法学基础参考资料》第1册，北京大学出版社1982年版，第535页。

阶级的统治和斗争工具了。所以法律就是政治，它是政治的手段，是国家政策的具体化、条文化"①。

三　维辛斯基法律思想中的阶级分析方法

维辛斯基是苏联著名的法学家和社会活动家，他的法学理论在苏联法学界居于主导地位，1913 年他在基辅大学法律系毕业后先后担任了苏联科学院法律研究所所长、《苏维埃国家与法》杂志主编、莫斯科大学校长、苏联检察长、外交部长和苏联驻联合国代表等职务，1939 年还当选为苏共中央委员。除了担任苏联党和国家的领导职务之外，维辛斯基还撰写了 200 多种学术著作，在《苏联大百科全书》第 2 版第九卷"维辛斯基"词条中这样评价："创造性地将他自己在马克思列宁主义国家和法的理论方面的著作与社会主义建设的实践结合起来。"连凯尔森也认为"苏维埃法学理论发展的第二个时期的主要法学家是维辛斯基"②。鉴于他在苏联法学界的重要地位和影响，对其法学理论和法学方法的梳理和反省自然成为法学阶级分析方法整体认识和反思不可或缺的部分和篇章。

维辛斯基运用阶级分析方法进一步阐释法律、阶级、国家之间的内在关联，阐释法律的统治阶级国家意志论的深厚基础。在他看来，马克思在《政治经济学批判》中指出，国家形式、法律关系以及法律都是建立在物质生活条件基础之上的，因而从法律自身或所谓的人类精神的一般发展来对法律进行研究，是绝对不可能有任何结果的，也是无法理解法律的本质的。因此，维辛斯基首先运用阶级分析方法对法律进行经济维度的解释，阶级据以产生的经济基础构成了维辛斯基认识苏联法律本质的基本路径。根据这种认识，法律的形成与发展是与一定时代的物质要求和社会要求有机联系着，社会物质条件的历史变迁形成不同阶级，而统治阶级的意志和利益构成了法律的内容和本质。在维辛斯基看来，"马克思列宁主义确定

---

① 王勇飞：《法学基础参考资料》第 1 册，北京大学出版社 1982 年版，第 535 页。
② ［奥］凯尔森：《共产主义的法律》，王名扬译，中国法制出版社 2004 年版，第 147 页。

资产阶级的法是奉为法律的资产阶级的意志，这一意志的内容是由资产阶级的物质生活条件决定"①。

那么。无产阶级通过社会主义革命取得了主导地位并建立了社会主义的经济基础，"社会主义的法是奉为法律的苏维埃人民的意志，即是在以布尔什维克为首的工人阶级领导下，建立了社会主义社会的苏维埃人民的意志"，"社会主义的法表现着构成苏维埃社会的工人、农民和苏维埃知识分子的利益"②。也正是通过经济维度的阶级分析，维辛斯基批判了巴斯卡尼斯等老一代苏联法学家的法学理论。针对巴斯卡尼斯等人认为苏维埃法律具有资产阶级性质的观点，维辛斯基给予了严厉的批判，认为这种观点是对苏维埃法律的社会主义性质最粗野的歪曲，这种反马克思主义的论调是极其有害的。③ 阶级分析方法对法律的经济阐释，突出了苏维埃法律与资产阶级法律制度性质上的差别，"马克思在指出过渡时期的法和资产阶级式的法的历史吻合点后，又强调指出，它们的原则和实践都还是不同，所以不能说过渡时期的法是道地的资产阶级式的法。显而易见，这里用'资产阶级式的法'一词只是相对的，只是从新旧法之间的历史继承关系上着眼的"④。苏维埃过渡时期的法律具有社会主义性质，突出了无产阶级国家意志的本质特性。

除此之外，维辛斯基还运用政治维度的阶级分析方法从法律与国家的联系来分析法律的本质，通过阶级分析方法的政治考量，维辛斯基认识到"法的问题是和国家问题有机地联系着的"⑤。只有取得统治地位、掌握国家政权的阶级才能把自己的意志用法律的形式固定下来，法律的规范性特征背后体现着强烈的国家意志性，"法不是社会关系的制度，也不是生产关系的形式，法是为国家政权批准的并由国家政权以强制方式加以保证的行为规则或规范，不仅仅是规范，而且还有风俗习惯和共同生活规则的总和"⑥。

---

① ［苏］安·扬·维辛斯基：《国家与法的理论问题》，法律出版社 1955 年版，第 202 页。
② 同上。
③ 同上书，第 202—203 页。
④ 同上书，第 97 页。
⑤ 同上书，第 201 页。
⑥ 同上书，第 100 页。

"苏维埃社会主义的法，是社会主义社会里经国家制定或批准的行为规则的总和。"① 在此基础上，维辛斯基特别使用了阶级分析方法的比较功能对社会主义法的本质和前社会主义法的本质进行了对比分析，这种分析的结果充分显示了建立在新的经济基础、阶级结构和国家政权的"苏维埃社会主义法，就其本质来说，是一种新的法，因为它所体现的意志——在社会主义建设时期是绝大多数人民的意志，而在社会主义胜利的条件下是全体人民的意志——在实质上是一种新的意志。苏维埃社会主义法，由于法律调整的性质、原则和目的在本质上都有了改变，所以，就其形式来说也是一种新的法。苏维埃社会主义的法承受、发展和丰富了许多世纪以来法律文化在法律形式方面所创造出来的那些精华，坚决地抛弃和新社会不相容的那些东西"②。正是在上述认识和分析的基础上，1938 年 7 月 16 日在全苏联苏维埃法律和国家科学会议上，维辛斯基给苏维埃社会主义法下了一个定义："法是以立法的形式规定的表现统治阶级意志的行为规则和为国家政权认可的风俗习惯和公共生活规则的综合，国家为了保护、巩固和发展对于统治阶级有利的和惬意的社会关系和秩序，以强制力保证它的施行。"③

第三节　当代中国法学研究中的阶级分析方法的问题与困境

21 世纪的今天，中国法学已经走过了 60 年的风雨历程，60 年来中国法学步履维艰，不断经历着曲折往复对法学学科的冲击和挑战，而中国法学人也身处其中，感受着这份曲折带来的涅槃般的痛苦，但过去的总归过去，过去的经历使中国法学在岁月的洗礼下如一个饱经沧桑的老人，逐渐走向成熟、走向理性，今天的中国法学开始直面全球化时代的中国改革与

---

① ［苏］安·扬·维辛斯基：《国家与法的理论问题》，法律出版社 1955 年版，第 514 页。
② 同上书，第 515 页。
③ 同上书，第 100 页。

发展，运用法律的方式思考中国的未来和明天。"中国法学向何处去"的疑问更是当下中国在选择以法治作为治国方略之后对国家发展走向的思考和憧憬。要想让这一负载着当代中国法学人情怀的"理想图景"得以实现，那这幅美好图景的描绘就必须建立在对往昔中国法学发展道路、发展历程的回顾和反思的基础之上，只有如此，这幅图画才因扎根于肥沃的社会土壤和深厚的生活根基而具有了实现的可能性。也正因如此，在世纪之交，中国法学界开展了形式多样的总结、回顾和展望活动，如《中国法学》《法学评论》等法学核心期刊开辟了专栏对此进行讨论，也出现了众多法学名家以回顾与展望为题的专题文章①，更有数次专题性的法学研讨会召开②和多本法学专著出版③……总而言之，中国法学界同仁希望通过努力使中国法学从 1949 年到 2010 年这 60 年间的演进轨迹得以呈现，使中国法学发展至今的基本样貌和态势得以展现。但客观地说，每位学者对这一主题的相关论述也都是中国法学 60 年发展历程的某一层面和某一维度的描述和把握，一种全面而客观的法学整体图景的描绘几乎是不可能的，我们所能做的也就是尽可能选择多重维度和多个视角展开对中国法学的历史描绘，只有法学发展的经线和纬线紧密交织，才能客观而真实地最终构筑出清晰的中国法学的整体图景。

　　在此，笔者选取了法学阶级分析方法作为编织法学图景的一根经线，希冀通过对阶级分析方法在法学场域中具体适用的基本状况的描述，揭示

---

① 主要文章有：张文显等：《中国法理学二十年》，《法制与社会发展》1998 年第 5 期；刘作翔：《多元的时代与多元的法学——迈向 21 世纪的中国法学走向》，《学习与探索》1995 年第 3 期；姚建宗：《主题变奏——中国法学在路上》，《法律科学》2007 年第 4 期；尤俊意：《恢复、发展和开拓：中国法学理论研究二十年》，《政治与法律》1998 年第 6 期；刘作翔：《我们需要什么样的法理学——比较、借鉴、革新》，《法学》1994 年第 8 期；张文显：《再论建构有中国特色的社会主义法学》，《中国法学》1997 年第 3 期；刘翰：《继往开来，建设社会主义法治国家》，《中国法学》1997 年第 5 期；等等。

② 1995 年 7 月在昆明举办的"走向 21 世纪的法理学"学术研讨会；1997 年 7 月在沈阳举办的"20 世纪中国法学的回顾与前瞻"学术研讨会；1998 年 10 月在西安举办的"世纪之交的中国法制建设与法学研究之展望"学术研讨会；1998 年 11 月在南京举办的"20 世纪中国法学与法制现代化"学术研讨会。

③ 文正邦主编：《走向 21 世纪的中国法学》，重庆出版社 1993 年版；李贵连主编：《20 世纪的中国法学》，北京大学出版社 1998 年版；李步云主编：《中国法学——过去、现在与未来》，南京大学出版社 1988 年版。

法学阶级分析方法。运用在中国法学发展历程中所形成的特殊的学术旨趣、思维方法和分析范式，从而使这种描述成为法学发展的缩影，折射出法学研究中的问题和担忧。具体说来，学者运用阶级分析方法强调了法律与政治之间的紧密联系，法律与政治的共生共存却使法学丧失了独立的品性，依附状态下的法学成为解读政治现象和政治事件的注脚；运用阶级分析方法集中关注了法律发展的宏大主题，对社会现象和社会事件的认识和把握始终围绕权力的争夺与保有，凸显了法律在社会历史变迁等重大事件时所具有的阶级斗争工具的价值和意义，而法律的生活立场却湮没在学者的视野中；运用阶级分析方法形成了法学研究的独特认知方式，它追随政治的足迹考量法律的历史演进和内在逻辑，法学学科的形成和发展建立在由"阶级""阶级性""阶级斗争"等概念所构建的理论背景、理论框架和概念体系中，从而形成了以"斗争哲学"为基础的"革命的法学"。而上述各个方面综合起来的法学学科的发展状况和发展程度则成为世纪之交的当代法律人不断批判和反思的对象，大家都认为正是法学阶级分析方法中的基本观点、思维方式等禁锢和束缚了当代中国法学的长足发展，而法学阶级分析方法也就成为当代中国法学滞后于世界领先水平的元凶和罪魁祸首。60 多年的中国法学史中存留的是整个法学界对阶级分析方法至深的误解和偏见，而使阶级分析方法在包括法学在内的整个社会科学研究仅具有"意识形态的正当性"，政治维度的偏爱使它在分析社会具体问题时不断遭遇"失灵"的困境。现有关于阶级分析方法的理论文章也多在政治层面对以往阶级分析的理论优势和方法特长进行再次演绎和补充说明，这让法学研究失去了对转型时期不同阶层的利益诉求、政治主张、心理认同等多方考量的现实关怀。但更为严重的是，中国法学界对阶级分析方法已形成了固定的认识和看法，且对这种片面的教条式理解是一种集体的"无意识"。这种认识阻碍了我们对阶级分析方法本真面貌的探析，更制约了阶级分析方法在社会科学研究中的意义和价值的发挥，从而在某种程度上扼杀了阶级分析方法的生命力。对此，我们必须首先以新中国成立伊始作为学术史发端的时间起点，对阶级分析方法在法学场域中的具体应用做一诊断和把脉，只有如此，才有助于拨开笼罩在法学阶级分析方法身上的迷雾，再现法学阶级分析方法的真实样貌。

新中国成立标志着中华民族进入了新的历史纪元，国家建设的基础在于肃清传统社会中与新中国成立与发展相异的因素和成分。在法制建设方面，由于"反动的法律与人民的法律没有什么'蝉联交代'可言……人民法律的内容，比任何旧时代统治者的法律要文明和丰富，只需加以整理，即可臻于完善"①。因此，1949 年 2 月，中共中央废除了国民党的"六法全书"，同时发布了《中共中央关于国民党六法全书的与确定解放区的司法原则指示》（以下简称《指示》），《指示》指出："法律是统治阶级公开以武装强制执行的所谓国家意识形态，法律和国家一样，只是保护一定统治阶级利益的工具。"② 在此，我国法制建设和法学研究就已经确定了基本的色彩和基调。但不能否认的是，这种基调的设定并非人们的主观想象，它是人们现实生活的真实情感和切实体验。血雨腥风的政治运动和你死我活的阶级斗争是革命政权确立和巩固的基本特征，强烈的阶级对立情绪迫使我们竭力从制度层次、思想意识形态等领域消除旧法的影响和痕迹，同时建立一种与革命形势相符合的革命的法学理论。此时，苏联法学为中国的法制建设指明了方向，对"苏联模式"的照搬使我国法学领域从法学研究、法学教育到法制建设都有了苏联的影像。苏联法学的借鉴和学习确实对我国产生了积极的影响，苏联的经验和示范使新中国在废除了旧法后迅速建立了自己的法律系统，但同时也存在某些消极的影响，如法律虚无主义、法的阶级斗争工具论、法的国家主义倾向等。但在这些现象的背后，更为严重和令人担忧的是，苏联法学非此即彼的二元式思维与中国的政治土壤的契合严重影响了中国法学的进程和步履，而这突出地表现在法学阶级分析方法的具体适用当中，即阶级分析方法的教条化、标签化、意识形态化和法的阶级斗争范式。

一　阶级分析方法使用中的教条化和标签化

中国法学的最初形象是人们运用阶级分析方法对具有法律意义的社会

---

①　董必武：《董必武政治法律文集》，法律出版社 1986 年版，第 46 页。
②　杜飞进、孔晓红：《转折与追求（上）——新时期法学论析》，《中国法学》1989 年第 1 期。

现象和社会事件的分析和阐释而形成，阶级分析方法的使用依循下列命题中所体现的基本逻辑："阶级分析是认识社会发展过程的最重要方式；阶级斗争是由社会的物质生活条件决定，与一定的生产力水平相适应；社会历史的一定时期必然会产生阶级划分和阶级斗争；阶级矛盾具有不可妥协性和对抗性；阶级斗争是历史进步的最主要动力；阶级斗争样式划分社会历史阶段的标准；国家是阶级斗争的产物，是阶级专政的工具；法律与国家权力直接相统一，是行使国家权力的工具；法律体现的是统治阶级的意志；法律与国家一起消亡；等等。这似乎形成一个完整的理论链条：社会经济基础——社会关系分裂——阶级划分——阶级斗争——阶级意志——阶级专政——国家意志——法律意志。这个链条所突出的是法的阶级意志性，并把它作为法的本质属性，也突出了法律对于国家的依附性。"① 上述认识是马克思主义法学富有真知灼见的基本观点，但是这种观点却在我们使用阶级分析方法过程中被僵化和教条化。这种教条化表现为它认可和肯定了阶级分析方法的政治维度，只强调了法律存在与发展与某些政治因素的关系，只努力在法与阶级、阶级性、阶级斗争、国家、权力等概念之间建立逻辑关系。政治维度的阶级分析框定了"阶级斗争"和"革命专政"作为法学研究基本的社会背景和学术背景，在该背景下纷繁复杂的社会生活和社会关系无论其具体形式如何，均被认定为主体所属阶级之间在社会各个领域的敌对和斗争关系，斗争的结果一定是某个阶级掌握了政权和国家权力，而法律也就被某个统治阶级所独占并成为其管理国家、进行社会控制的工具，成为国家机器的一种形式。人们以"阶级斗争"为线索的法学研究在阶级之间的斗争关系中认识法律、研究法律和分析法律，由此形成了带有浓厚"左"倾色彩的学术氛围。对此，姚建宗教授指出："法学界整体对法律的实践功能的理解几乎都是阶级斗争的工具，无论是国内法律还是国际法律都无一例外；对法律的学术见解也都是它们要么为无产阶级服务要么就是为资产阶级服务；法学的'学术'理论研究的主要关注点就是国际国内的政治形势与政治需求，这种法学理论研究

---

① 叶传星：《法学的阶级话语论析》，《法律科学》2006 年第 1 期。

的主要目的就是为现实的国际国内的政治路线斗争、政治方针的执行、具体政治政策的落实而提供理论论证与说明；在学术或理论性的论著中，其语言方面的最具有特色的不仅是'阶级斗争'式语言的流行并成为学术理论界和社会实践界的主流话语，而且绝对是'阶级斗争'的话语一统天下。"①

在这种氛围中，法学界教条式地运用阶级分析集中关注了法的概念、法的本质、法的功能等与"阶级斗争"形势相符合的法的本体论、价值论问题。众所周知，初期我们对法的基本认识来自苏联法学的引介，苏联法学尤其是维辛斯基的法学理论认为法是阶级斗争的工具，1938 年全苏法律科学工作者会议上，给法下了个这样的定义："法是以立法形式规定的表现统治阶级意志的行为规则和国家政权认可的风俗习惯和公共生活的总和，国家为了巩固、保护、发展对于统治阶级有利的、惬意的社会关系和秩序，以强制力保证它的施行。"这个概念不仅在苏联法学界有着广泛的影响，在新中国成立初期我国法学界更是将其奉为圭臬。但是这个概念广泛认可的背后是中国法学界在运用阶级分析方法时以"阶级斗争"思维所主导的法学研究，过分强调法律实施中的国家强制力和法律作为无产阶级专政的法律本质，以及法律整体功能上的工具价值。"自此以后，现实中一直过于紧迫的政治形势再加上人所共知的'右'倾思潮的泛滥，不仅维辛斯基关于法律的基本理论、关于法律的阶级性和国家意志性是法律的最基本的特征的观点得到一如既往的推崇；而且在反右扩大化运动和'文化大革命'中，由于阶级斗争被人为地白热化，维辛斯基的理论也在人为地催化中恶性地膨胀着。"②

法学界对法律作为阶级斗争工具的基本功能定位也导致了人们对法学学科的误解和轻视。法学研究作为一种特殊的学术生产方式，它不仅以浓厚的现实关怀和实践倾向关注社会领域的具体问题，同时还以"以人为本"的基本价值理念思考法律对人类命运和国家前途所可能具有的价值

① 姚建宗：《主题变奏——中国法学在路上》，《法律科学》2007 年第 4 期。
② 杜飞进、孔晓红：《转折与追求（上）——新时期法学论析》，《中国法学》1989 年第 1 期。

和意义，因此，中国法学就不仅要把法律作为一种社会管理方式而在法律调控过程中关注法律实践中的操作性、技术性的问题，同时还应深切把握涉及整个人类命运以及整个社会发展中重大理论和实践问题。但工具主义法学观只强调了法学本身的"工具性"："一方面强调法学必须为现实的那些得到官方认可的政治理论、经济理论、社会理论、文化道德理论提供来自法学的'理论'论证；另一方面强调了法学必须为现实的那些政治、经济、社会、文化、道德方面的实践措施尤其是为重大的政治与经济方面的路线、方针、政策和措施在法律方面的合法性和正当性作出理论证明。因此，法学在理论上也就是一种为社会的现实实践和现实理论服务的'工具'性学科，至于除了'工具'之外，法律本身对于社会民主、法治和宪政建设的更为积极的'价值'意义，以及相应地法学本身所具有的独立的学术与理论'价值'的意义并未被人们所认识和认可。"[①] 而法学的工具性凸显的背后是法学独立性的丧失和法学依附性的增强，法学研究不仅紧随政治运动的脚步亦步亦趋，政治的发展趋势和政策走向直接决定了法学研究的兴衰起伏。在此情势下，无论是法学研究还是法学研究人员，都通过无条件服从政治的需要以及对国家政策的法学注释来体现自身存在的意义和价值。而法学对政治的攀附，使自身湮没在轰轰烈烈的阶级斗争和急功近利的政治御用中，这亦成为中国法学难以承受的历史创伤。

当代中国法学在运用阶级分析方法的另一个特点就是标签化，这种标签化表明，阶级属性成为中国法学研究中学科范围的设定、研究对象的选择、学术资源的引介的基本标准和尺度，按照"阶级斗争"思维的基本逻辑，凡是资产阶级法学所研讨的论题和概念都要被祛除，凡是资产阶级学者的法学著述都要被拒斥，这就使改革开放以前的中国法学形成了如下特征：首先，阶级分析的教条式运用人为地将法学的学科范围缩小，法学的研究范围被严格地限制在能够服务于阶级斗争政治形势的法律部门。以法理学为例，法理学作为整个法学学科的基础理论、一般理论和方法论，它特有的反思和批判功能注定使法理学研究不仅单纯地关注法律本身的问

---

① 杜飞进、孔晓红：《转折与追求（上）——新时期法学论析》，《中国法学》1989 年第 1 期。

题，更要深入法律现象的背后深层挖掘导致某种法律现象出现的政治、经济、文化等方面的原因，由此在法理学内部形成法律哲学、法律政治学、法律经济学、法律文化学等交叉和边缘学科，但是在阶级分析的教条化和标签化使用，这种交叉或边缘的学术研究往往由于与资产阶级学术理论的某种联系而被禁止，因此整个法理学研究被局限于某些主题，正因如此，舒国滢指出："如果概括的划界，那么我们可以说：（20世纪）90年代以前，中国法理学的主要任务还是澄清一些理论是非问题。"① 这些问题集中表现为在阶级斗争形势下所衍生的法的本质问题、法治与人治的问题、法与政策的问题等，对这些问题的"极左"倾向的论述，使法理学研究所得出的某些主张不仅与中国经济政治发展形势不符，还往往成为束缚中国市场经济和民主政治推行的桎梏。其次，阶级分析的标签化表现为人为地设定了法学研究的基本对象，原本在法学视域中专门法律现象和法律问题由于被认为属于资产阶级的专利而被刻意和强行剔除，从而形成法学领域中的诸多理论禁区和集体失语。法律现象是法学研究的基本对象，而它之所以能够被称为法律现象，是因为它引起权利、义务的具体变化而使主体之间的社会行为和社会关系具有了法律意义。人权作为人就其本质而应当具有的基本权利，是人之为人的基本特征，本应属于法学研究中最基本、最关键的概念范畴和学术主题，但长期以来，我们一直对它持完全否定的态度。我们否认人权的普适性，强调人权是资产阶级的专利，它具有资产阶级的属性使其消失在法学研究的学术视野中。最后，阶级分析的标签化表现为法学研究中完全按照阶级划分所标明的政治正确与否引用学术资源，从而法学研究的学术资源极其有限和单一。以1979年初创刊的《法学研究》的征稿要求为例，该刊要求稿件必须完整地和准确地阐述和宣传马克思主义、列宁主义、毛泽东思想关于国家与法的理论，特别是毛泽东关于法制建设的思想，欢迎深入批判林彪、"四人帮"，批判现代修正主义、批判资产阶级，批判一切剥削阶级的法学思想的文章……作为中国法学研究的一个学术导向，它表征了中国法学研究中的一个基本事实，

---

① 舒国滢：《面临机遇与挑战的中国法理学》，《法学》1995年第9期。

即法学研究者对学术资源的引介并不是按照理论研究的学术需要和学术资源本身的理论价值，而是刻意地依附在某些被阶级分析标明政治正确的理论资源的注释和解说上。一方面，对国外非马克思主义的学术理论和学术著作，我们考虑到它在某种程度和某些方面体现的资产阶级的意志和利益，因此对它关注和使用完全停留在"反思"和"批判"的意义上；另一方面，中国法学的理论文章中大量充斥的是马克思、恩格斯、列宁、毛泽东等马克思主义经典作家的论述，这就使法学研究不能直面现实法律生活的具体问题，而完全将马列经典文献中关于国家与法的理论论述奉为法律世界中的唯一真理不容置疑和撼动。而且，"在很长的一段时间里，中国法学的主流和绝大多数的中国法学学者都体现的是这样的思维痼疾，检验一种理论主张是否正确可靠，人们所依凭的基本上都是看其是否能够从马克思主义经典作家的论著中找到原始的、可以作为其意思上的来源的那些语句以及这样的经典语句的数量多寡，如果谁对这样的理论主张提出疑问或者不赞同的意见，通常会被冠以违背甚至是反马克思主义的大帽子而受到压制，而通常情况下这种绝对真理的打压的确也具有极大的特别是政治上的优势，而即使是那些被打压的中国法学学者由于其本身依然是受到绝对真理观的思想控制，所以他们的申辩方式通常也同样是从马克思主义的那些经典作家的论著中去寻找理论依据甚至语句"[1]。

二 阶级分析方法使用中的政治意识形态化

阶级分析方法在具体使用中表现出的另一个问题就是被政治意识形态化。政治意识形态作为"解释一个社会的系统方法"，它是"一种维持或摧毁、维护或批判一种社会所采取行动的依据"。[2] 美国学者阿瑟·施莱辛格也认为，政治意识形态"是以系统的、僵硬的教条和信条，人们根据这些教条和信条试图了解世界，并试图保存或改变整个世界"[3]。在阶

---

[1] 姚建宗：《主题变奏——中国法学在路上》，《法律科学》2007年第4期。
[2] ［法］莫里斯·迪韦尔热：《政治社会学》，杨祖功、王大东译，华夏出版社1987年版，第9页。
[3] 王长江：《现代政党执政规律研究》，上海人民出版社2002年版，第296页。

级社会中，政治意识形态是经过阶级利益的滤镜所反映的社会存在的观念形态，它反映了阶级的根本利益，体现了阶级的社会目的和愿望及其对社会的态度和评价。而政治意识形态所形成的对社会的认识和评价并非凭空臆造，而是来源于阶级身处其中的物质生活实践。正因如此，马克思指出："所有的意识都以某种方式和在某种程度上由物质生活条件形成或决定，但是，在对社会现实提供正确说明的意识和没有对社会生活提供正确的说明意识因而是意识形态的意识之间还是有着明确的区分的。这不是简单的正确与错误之间的区分，也不是适合于现实的意识与不适合于现实的意识之间的区分。所有的意识都在某种程度上适合于现实，现实是它们的最终来源。"① 也就是说，政治意识形态的存在及变化，不是"从天上降到地上"，而是"从地上上升到天上"。

那么，要了解一个社会的政治意识形态，就必须清楚地认识和把握这个社会一定历史时期的物质生活实践。新中国成立为广大人民美好生活愿景的形成和实现奠定了制度基础，但我们却选择了阶级斗争作为实现这一愿景的基本路径。具体而言，新中国成立以来，国家建设和社会发展所全面展开的经济、政治、文化、伦理等各方面完全以政治为旨归，整个社会运转服务于政治权力的掌握和保有，而政治也就成为社会各阶级围绕国家政权而形成的一种关系，恰如列宁所说："政治就是各阶级之间的斗争，政治就是反对世界资产阶级而争取解放的无产阶级的关系。"② 换句话说，国家政治活动就完全蜕变成阶级斗争的舞台，社会主义制度的建立和完善依靠的是以暴力为手段、以资产阶级为对象的阶级斗争。基于这种认识，1957 年 4 月，中共中央发出了《关于整风运动的指示》，从此开始了全国范围的整风运动并逐渐演变成反击右派的政治运动。1962 年 9 月党的八届十中全会召开，毛泽东断言整个社会主义历史阶段资产阶级都将存在和企图复辟，阶级斗争的形势十分紧迫。随即中共中央决定，在农村和城市分别开展"四清"运动和"社会主义教育"运动。与此同时，意识形态

---

① 张秀琴：《马克思与阿尔都塞意识形态理论比较研究》，《北京师范大学学报》（社会科学版）2006 年第 4 期。
② 《列宁选集》第 4 卷，人民出版社 1984 年版，第 370 页。

领域也开展了一系列的政治批判活动。从 1964 年夏天开始，这种意识形态批判在哲学、经济学、历史学等诸多学科领域中大范围展开，经济学家孙冶方的经济思想，杨献珍的"合二而一论"，历史学家翦伯赞、吴晗的"非阶级观点"和"让步政策"论，周谷城的"时代精神汇合论"和"无差别境界论"等都在其各自所属学科内受到严厉的批判。对此，《关于建国以来党的若干历史问题的决议》中有一段专门谈及这场批判运动："在意识形态领域，也对一些文艺作品、学术观点和文艺界、学术界的一些代表人物进行了错误的、过火的政治批判，在对待知识分子问题、教育科学文化问题上发生了愈来愈严重的'左'的偏差，并且在后来成为'文化大革命'的导火索。"

在这种理论氛围中，法学这门与政治实践有着密切联系的学科自然也就表现出强烈的时代色彩，即法律的政治化和法学的意识形态化。法律的政治化和法学的意识形态化使法学研究偏离了法律的内在逻辑和理论脉络，"法律思维"的消隐最终使中国法学失去了独立的学术地位、独立的研究方法、独特的学术理论和实践功能。与此相应，法学学者学术人格的独立、学术研究精神的自由、学术研究态度的平等在中国法学学术场域中的销声匿迹。取而代之的是，以一种极端"左"倾的"政治思维"来观察、分析和研究法律现象和法律问题，"政治思维的逻辑和政治思维的定势根深蒂固，我国的法学学者在思考法律问题的时候，几乎是本能地从现实政治实践和现实政治需求的角度来认知、理解、分析、把握法律的现实实践问题和学术理论问题。可以说，长期以来，中国法学界的真实情况的确是'政治思维'对法学的绝对统治，有关法律的理论思维和实践思维都无一例外地被置于了政治思维的绝对支配下"。之所以如此，"是由于新中国建立以来的很长时期，我国实行的都是高度集中的政治经济体制，尤其是政治在我国社会生活中所具有的绝对优先性被强调到了无以复加的地步，所有社会生活的各个侧面和领域都唯政治马首是瞻，成为政治的奴隶，整个社会生活被全面政治化，人们生活中的每一个问题无一不是政治问题"①。

---

① 姚建宗：《主题变奏——中国法学在路上》，《法律科学》2007 年第 4 期。

　　法学场域的全面政治化不仅使法学研究缺乏独特的学术理论，更重要的是缺乏独立的法学研究方法，这一点，在法学阶级分析方法上表现得尤为突出。社会生产力发展的结果是导致阶级的产生和不同历史类型的阶级社会的更迭，然而，在某一具体的生活场域，阶级的存在由于它构成元素的人本身的丰富性而表现得极为多层多面，也就是说某一社会阶级的生存样态和实践方式都多元化、多样态的，它展现出来的社会阶级基于其经济地位所衍生出的经济诉求、心理特征、伦理关系、社会表征和政治主张等多重维度，因此，阶级分析方法也就不是单一的和一重的。但是政治意识形态下的阶级分析被极大地限制和缩小了研究视野和研究范围，留存的只是阶级分析方法的政治维度。在这一维度下，阶级分析方法对社会关系和社会现象的考量失去其所本应具有的多样性和复杂性，社会不同阶级的社会交往和社会关系经过阶级分析方法的扫描均被定性为敌对阶级在不同领域、不同空间的斗争关系。激烈的政治斗争使法学研究迷失了自我，对法学本身的学术担当和社会责任的理性思考被革命理想主义的斗争激情所冲击和消解。法学者们将阶级分析方法视为法学研究的唯一方法，运用这种方法为法学研究工作所具有的社会主义性质进行前期的铺垫和准备工作：它不仅对法学学者的身份属性进行甄别，以排除法学研究工作者中的"敌对分子"和"阶级敌人"来保证法学研究队伍的纯洁性和先进性，同时，根据社会主义意识形态的要求运用这种方法为法学研究选定研究主题和研究范围，从而在根本上构筑社会主义的法律体系和法学体系。而在具体的法学研究中阶级分析方法更被法学研究者贯穿始终，法律的产生、发展、更迭均被阶级分析者纳入研究视野而与"阶级"产生勾连，阶级分析的定性功能漠视了古今中外法学成果中所具有的超越时空，其具有普世价值的合理成分，往往因为其所产生的历史时期、体现特定的阶级利益而被批判和拒斥。社会主义法律制度的生成和发展均得益于阶级斗争，革命被认为是促进法律进步的最重要方式。"阶级之间的对抗以及作为对抗最高形式的社会革命或阶级革命被视为作为社会进步的最主要的甚至是唯一的动力……阶级对抗的结果就是最终导致无产阶级，阶级专政是社会进步的阶梯，是社会主义发展的必要环节。相应的，法律的进步和改造被认为是阶级冲突和对抗的结果，强化人与人之间的对立是促进法律的进步最佳方式。当法律被仅仅视为阶级革命和斗争的产物的时候，法律便失去了自己的历史，成为阶级斗争画面的一个注脚。"① 由此可见，"以阶级斗争为纲"的极"左"的政治环境和理论氛围造就了中国这一历史时期独特的"革命法学"，它将政治意识形态化色彩浓厚的阶级分析视为圭臬，阶级和阶级斗争几乎成为人们观察、认知、评价法律现象的唯一视角和思维定式，法学实际上成了"阶级斗争学"。

三 法学阶级斗争范式的形成及垄断地位

任何一个学科从建立之日起都在努力探索该学科所特有的概念范畴、话语系统、思维方式和理论体系，这不仅是该学科与其他学科的区别所在，也是该学科是否达到成熟的重要衡量标准。自美国科学哲学家托马斯·库恩在其《科学革命的结构》一书中提出了"范式"概念，人们更喜欢用"范式"概念来指称某一学科在长期的学术研究和学科建设中形成独特的思维模式、范畴体系和理论框架等该学科的综合状况，并通过对该学科范式的检视与反思来考量该学科的发展程度，如"产业范式""管理范式""社会范式"等。当"范式"一词被随意套用在任何一个想用的地方，我们就必须考虑"范式"一词的准确含义，以避免对它的误读、误用。但是，"范式"一词在库恩那里有许多模糊之处，英国的语言哲学家玛格丽特·马斯特曼在其《范式的本质》一文中对库恩的范式观做了系统的考察，他从《科学革命的结构》中列举了库恩在使用"范式"概念时指称的 21 种意义。由于范式概念是库恩整个科学哲学观的中心，他试图以此来概括和描述多个领域的现实科学，而不仅仅是对科学史和哲学感兴趣，因而从不同方面、不同层次和不同角度对范式概念作了多重的界定和说明。在此需要明确的是，我们在使用"范式"一词描述某一学科的系统整体时所指称的是一种理论体系，库恩指出："按既定的用法，范式就是一种公认的模型或模式，我采用这个术语是想说明，在科学实际活动

---

① 叶传星：《法学阶级话语论析》，《法律科学》（西北政法学院学报）2006 年第 1 期。

中某些被公认的范例——包括定律、理论、应用以及仪器设备统统在内的范例——为某种科学研究传统的出现提供了模型。"在库恩看来,范式是一种对本体论、认识论和方法论的基本承诺,是科学家集团所共同接受的一组假说、理论、准则和方法的总和,这些东西在心理上形成科学家的共同信念。

在法学研究领域中,法学工作者们也越来越意识到范式对于中国法学的价值和意义。新中国成立以来,我国法学研究逐渐经历了初建、幼稚、发展、完善的不同阶段,法学家们希望通过借助"范式"概念对中国法学 60 年来的法学发展和学科建设进行综合性的认识和把握,并希望通过"范式"的转换来考量法学发展过程中与时代变迁、社会转型和体制转换同步的法学本体论、认识论和方法论的具体变化。2000 年 11 月,由中国社会科学杂志社、《法学研究》编辑部和北京大学司法研究中心联合举办了全国法学研究"范式"转换专题研讨会,60 多名专家参与了这次学术讨论。而我国著名法学家张文显教授更是在 2001 年第 1 期《中国法学》上发表了《当代中国法哲学研究范式的转换》的文章,文章堪称我国法哲学范式研究的代表之作。文章指出,我国法学研究范式的意识已经不断强化,有关法学研究范式的探索正在进行,法学研究,特别是法哲学研究领域学术范式的转换已初见端倪。新中国成立以来,中国法学 60 年的发展历程可以用 1978 年党的十一届三中全会的召开作为时间分界线和分水岭,1978 年之前和之后的中国法学尽管都在探索中国法学和法治的发展之路,并不断经历着学科发展中的曲折回环,但是却已形成迥然有别的学术氛围。如果用"范式"的概念描述中国法学的这种转变,便是从阶级斗争范式转向权利本位范式。而权利本位范式作为当前中国法学场域中一种影响广泛的研究范式,它将引发中国法学研究的革命,推进新的法学理念、新的理论体系和新的法学思维方式,进而指导和促进中国法制现代化进程,有利于我国实行依法治国和建立社会主义法治国家。

阶级斗争范式的形成在某种程度上是与我们在法学研究中运用阶级分析方法的正确与否、适当与否等使用状况直接联系在一起的。阶级分析方法是马克思主义理论中一种重要的研究视角和分析工具,它以马克思历史唯物主义和辩证唯物主义为理论基础，它将视角放置在人的集体性存在方式——阶级之上，通过考量阶级存在的多重维度来全面地认识和把握社会生活的复杂性。而将阶级分析方法应用于法学研究中，则主要关注当前中国社会转型时期由于利益分化和结构调整所引发的不同阶级、阶层和社会群体在利益诉求和权利主张上所表现的新变化，而从社会公平和社会正义的角度来研究社会各个群体的利益保障和权利救济的法律问题。但是，我们却一味强调阶级的政治存在方式及阶级分析方法的政治维度，围绕权力的争夺和更迭来观察和研究法律问题，法律的存在和运作完全围绕政治权力并服务于取得政权的阶级的意志和利益，因此，新中国成立以来的法学场域充斥着浓厚的国家主义、工具主义色彩，法学渐渐失却了独立的品性而沦为政治的仆从和附庸。而新中国成立初期我国对苏联法学的推崇更对中国法学的这一趋势起到推波助澜的作用，1949 年 10 月 5 日刘少奇主席在中苏友好协会的成立大会上指出："我们要建国，同样也必须'以俄为师'，学习苏联人民的建国经验，苏联有许多世界上所没有的完全新的科学知识，我们只有从苏联才能学到这些科学知识，例如经济学、银行学、财政学、商业学、教育学，等等。"①"以俄为师"的思想迅速影响了包括法学在内的整个学术研究和学科建设。1949 年底至 1950 年底，苏联法学专家苏达尼可夫和贝可夫率先来到中国，为中国政法干部讲授了《苏维埃国家和法律的基础》的专题讲座，系统地讲授了马克思列宁主义的法学理论和法律制度。据统计，1950—1957 年，我国共聘请近百名苏联法学家帮助我们培训法科教师，编写法学教材，培养法科学生等，这其中影响最大的莫过于苏联法学家维辛斯基。维辛斯基在 20 世纪 30 年代所提出的"法的定义"不仅构成了苏联法学关于法的本体论的核心观点，更成为我国法学关于法的定义和本质的认识论基础。20 世纪 50 年代中期以后，我们对"八大"正确路线的背离，对阶级矛盾和阶级斗争的过分强调，使法学阶级斗争范式的形成和确立具备了相应的政治环境和社会氛

---

① 中央教育科学研究所：《中华人民共和国教育大事记 1949—1982》，教育科学出版社 1984 年版，第 4 页。

围，而这种范式的支配使这一时期的中国法学形成了具有鲜明特征的思维方法和理论建构。对此，张文显教授系统地阐述了法学阶级斗争范式的基本特征，即"阶级—阶级矛盾—阶级斗争"的公式成为法学的思维定式；国家理论主导和代替法学理论；把历史唯物主义原理（阶级斗争、社会革命、社会历史类型更替的理论）简单作为研究法律产生和发展规律的主线，法律自己的历史被完全抹杀；泛政治化；陷入规则模式论；陷入义务本位价值观。① 在笔者看来，"阶级斗争"既然作为法学研究的一种范式，它就必然会影响到法学本体论、认识论和价值论。

（一）阶级斗争范式下的法学本体论

在法学阶级斗争范式之下，法学研究的分析结构和观念模式是规则模式论，法律的构成要素中以"规则"或"规范"为核心要素，也就是说，法律被视为取得国家政权的阶级通过国家立法机关为社会广大成员制定的一套规则。该规则中"行为模式"的设计和构造体现和贯彻了统治阶级的意志和利益，最后国家暴力手段和暴力机关保证了统治阶级所期望的社会关系和社会秩序的实现。法律的制度设计中所浸透的阶级意志和阶级利益表明了阶级性是法律的本质属性，而对这种阶级性的认识和理解却是在"以阶级斗争为纲"的认识误区和"无产阶级专政下的继续革命"的错误方针指引下生成的，原本内容丰富的马克思主义法的本质理论被简单化、庸俗化处理，甚至被曲解用来为错误的政治路线和政治斗争服务。也就是说，我们仅仅从阶级斗争、阶级专政、革命镇压的角度对法的本质的认识不仅越来越与马克思主义法学的理论观点背道而驰，而且在理论和实践中造成极大危害。正因如此，张文显教授指出："用规则模式去观察和思考法律现象，法是凌驾于社会之上，凭借统治阶级的国家暴力支配社会成员的力量，是限制人的框框，控制人的绳索，制裁人的武器，人成为了纯粹的法的客体，而不是主体，法成为地地道道的异在，人们对法敬而远之，畏而避之。显然，规则模式论既忽视了人的生存和发展这一法的价值因

---

① 张文显、于宁：《当代中国法哲学范式的转换——从阶级斗争范式到权利本位范式》，《中国法学》2001 年第 1 期。

素，也忽视了法的运行依赖于立法者、执法者、司法者、法人和公民等法律主体的法律意识、法律素质和法律实践这一法的主体因素，因而是对法的主体和客体关系的颠倒。这种把活生生的法律现象描述为没有活性的、封闭的规则体系的研究范式，是对法律现象的极不适当的解释，尤其是扭曲了现代法律的精神和作用。"①

（二）阶级斗争范式下的法学认识论

在阶级斗争范式之下，我们往往强调了法律对国家权力的依附性，也就往往从国家的历史中来认识法律的产生和发展。阶级之间严重的冲突和对抗发展至最为激烈的形式——社会革命或阶级革命——推翻了旧国家并建立了新政权，随之会制定和认可新的法律规则，新的规则体系作为对经济基础的回应则表现出截然不同、迥然有别的制度体征。于是，我们所形成的法学理论被称为"国家与法的理论"或"国家与法权理论"，此种理论无视国家理论与法律理论在各自所属学科的鲜明特点和明显差别，将国家学说与法学理论合二为一，国家学说的主导地位使法学理论成为整个国家学说宏大理论叙事中的间奏或插曲。根据这种叙事，生产力的发展使社会发展经历了不同的阶段，每一个阶段由于特定的处于支配地位的阶级和阶级构成组成了相应的国家类型，如奴隶制国家、封建制国家等，在特定历史类型的国家中会产生相应的法律制度，相应地，就产生了"原始社会的氏族与习惯""国家和法的起源""奴隶社会的国家与法""封建社会的国家与法""资本主义社会的国家与法"和"社会主义社会的国家与法"。而每一种历史类型的法律制度也具有鲜明的法律特征，例如，奴隶制法律制度的主要特征是：公开保护奴隶制生产关系，用宗教迷信和极端野蛮而随意的刑罚维护奴隶主阶级的政治统治，公开确认人与人之间的等级划分与不平等地位。而资本主义社会法律制度是按资本主义市场经济和民主政治的本质要求而建立的法律体系，它的基本特征则体现为如下的法律原则：私有财产神圣不可侵犯原则、契约自由原则、法律面前人人平等

---

① 张文显、于宁：《当代中国法哲学范式的转换——从阶级斗争范式到权利本位范式》，《中国法学》2001 年第 1 期。

原则。由此，我们发现，对法律和法学的认识，尤其是法律史和法学史的认识和把握是把历史唯物主义原理（阶级斗争、社会革命、社会历史类型更替的理论）简单作为法律产生和发展规律的主线，而"阶级斗争"话语的一统天下和法学对政治斗争的附属地位使历史唯物主义的基本原理经由阶级斗争话语的简单注释蜕变成通俗甚至庸俗的历史唯物主义，而阶级斗争史中附带性的法律和法学发展的基本脉络也就完全抹杀了法律在其演进和发展过程中由其延续性和继承性所具有的相对独立性和历史复杂性。因此，姚建宗教授指出，这一时期"法学的基本理论已经基本上是简单地照搬和重复通俗哲学、通俗政治经济学、通俗政治理论（还谈不上政治学）的观点和主张。这一时期，法学的学术理论研究并没有、也根本就不需要把真正的法律现象纳入其考察和研究的范围。关注那些真正的法律现象的学术研究也往往被视为是迷失了最重要的学术研究方向，是没有深刻理解学术理论研究的社会服务功能的体现，这种对真正法律现象的学术理论研究通常被认定为是'为学术而学术'的缺乏'头脑'的研究，也是非常有政治危险的"①。

（三）阶级斗争范式下的法学价值论

阶级斗争范式下法律的存在的价值和意义被局限在社会政治领域，以夺取和捍卫政治权力为宗旨的阶级斗争完全遮蔽了法律对人们在现实生活和生活现实中的所寻求的"秩序性生活"的价值引导和制度规训，唯独彰显它作为阶级斗争的工具价值。工具主义视域中的法律体现了统治阶级的意志和利益，而被统治阶级的利益只有在符合统治阶级的长远利益和根本利益时才具有被法律吸纳的可能性，为了保证法律所固化的利益分配和资源配置得以实现，法律的国家强制性通过法庭、监狱等法律机关的冷峻形象和暴力手段所渲染和强化。在这种情势中，作为"工具"的法律也就并非是社会广大成员心悦诚服的行为准则，可以说是被迫套在身上的枷锁和推行强力的工具。而法律自身也就在整体的价值排序上突出强调了法

---

① 姚建宗：《主题变奏：中国法学在路上——以法理学为视角的观察》，《法律科学》2007 年第 3 期。

律义务的优先性，正是因为，法律既然是一种阶级统治的工具，统治阶级就会为了实现利益最大化而需要被统治阶级的配合和服从，而这种配合和服从是以被统治阶级的利益受损为前提的，因此，它就必须通过制定众多清规戒律并确立法律义务在价值序列中的主导性来满足其基本欲求。也就是说，在阶级斗争范式下由于把法的价值定位在阶级统治和秩序上，所以在关于权利和义务关系上，阶级斗争范式强调义务，主张的是义务本位。阶级斗争论的法学研究范式是与现代法律发展的基本趋势背道而驰的，对此，孙国华先生指出："权利是国家创制规范的客观界限，是国家创制规范时进行分配的客体，法的真谛在于对权利的认可和保护，不应当把法仅仅理解为是束缚人们手脚的绳索，而应该把法首先理解为是解放人们发展社会主义商品经济、发展生产力的重要手段。"① 而张文显教授更旗帜鲜明地主张，从法律的价值、法律的主体性、法律影响社会生活的方式，从反映时代精神的法学理论建构来建设社会主义法治国家，从发展社会主义市场经济、民主政治和社会文明等角度来解析权利和义务的关系。权利是更为根本的概念，是法哲学的基石范畴，无论是法学理论，还是法律实践，都应当以权利为本位。阶级斗争论的法学研究范式不仅颠倒了权利和义务价值上的主次关系从而阻碍法制现代化和法制改革的发展之路，更在一定程度上消解了法律信仰形成的文化氛围和社会基础，这是因为，法律信仰所表征的是社会全体成员对法律宗教般的虔诚和信服，但是阶级斗争范式强化了社会分化为不同阶级的悬殊感、同一阶级的归属感以及不同阶级之间的敌对感和仇恨怨愤感，并进而导致社会下层阶级对现行法律和法律秩序的反感和仇视。由此，社会上的某些人群会由于法律满足其利益诉求而选择对法律的忠诚和信仰，而另一些人群则相反，他们对法律的尊重则来自暴力压迫或意识形态的精神强制所形成的屈从，但法律信仰立基于普遍性信仰的社会基础在阶级对抗的社会氛围中是不可能建立起来的。

---

① 孙国华：《商品经济、民主政治的发展与法学的重构》，《法制日报》1988 年 7 月 13 日第 3 版。

第四章　法学阶级分析方法的现实主题转向

　　60 年的时光对于一个人而言实在是漫长，这段岁月往往构成了一个人全部的生命历程，但对于一个国家而言却是沧海一粟，但是这 60 年却凝结了一代代富有智慧的中国人对于共和国命运和前途的深切思考和艰苦探索，从而在理性思考和反复摸索之后为国家复兴之路确立了腾飞的起点。而这个起点无疑是在付出惨痛历史代价之后选择以法治作为治国模式和社会理想所构筑的，法治的昌明带来了法学的繁荣，但今日的繁荣却同样有着一段命运多舛、曲折往复的历史，因此世纪之交的中国法学引致众多学者对法学发展的历程作一回顾和总结。① 对于中国法学在 60 年的时间里所经历的客观而真实的状况和样态，学者们选择了不同视角和维度、设定了不同的路径和主题，希冀能够客观地呈现其发展的基本轨迹，从而准确地把握和探知法学学科的未来走向。"中国法学的走向完全是一个客观的而同时又饱含着其过去的历史沉淀和当前的现实境况的真实路径和清晰线索。"因此，"这个问题的恰当的思考路径只能是从中国法学的历史与现实的客观状况与境况出发，亦即中国法学（至少是新中国的法学，或者新中国近二十年的法学）的历史预示着其当前的现实状况，而中国

---

① 　对中国法学 60 年的发展历程进行总结的主要文章有：张文显等：《中国法理学二十年》，《法制与社会发展》1998 年第 5 期；姚建宗：《主题变奏：中国法学在路上——以法理学为视角的观察》，《法律科学》（西北政法学院学报）2007 年第 4 期；陈金钊：《"思想法治"的呼唤——对中国法理学研究三十年的反思》，《东岳论丛》2008 年第 2 期；王冠玺：《再论中国法学发展的"十字军现象"》，《比较法研究》2009 年第 2 期。

法学当前的现实状况又不言而喻地在某种意义上昭示了其未来的走向与发展路径"①。对此，库恩"范式"理论引入法哲学研究领域使人们"眼前豁然开朗"，借助库恩"范式"的概念工具对中国法学的学术历程予以描述和分析，张文显教授在 2001 年第 1 期《中国法学》上发表了题为"当代中国法哲学研究范式的转换——从阶级斗争范式到权利本位范式"的署名文章。针对中国法学在新中国成立之初至 1978 年党的十一届三中全会召开期间的法哲学研究，张教授将之概括为"阶级斗争范式"并对其形成过程和基本特征进行了系统的阐发。而文章的重点在于阐发自 20 世纪 80 年代以来在中国法学界初露端倪的一种法哲学研究范式，即"权利本位范式"。"权利本位范式"的形成和发展对身处社会转型时期的中国社会而言，既具有深刻的历史必然性，又具有重要的理论价值和现实意义，因此，权利话语成为法学独立的学科话语，权利范畴亦成为当代中国法学的基石范畴，而权利本位论经由张文显、郑成良等学者的充分论述也得到了法学界广大同人的普遍认同。

从"阶级斗争范式"到"权利本位范式"的法哲学研究范式的转换的确准确地把握了中国法学 60 年发展的学术轨迹和历史脉络，但对两种研究范式的对比分析却使我们将两者截然对立起来，一方面我们对"权利本位范式"表示赞同，认为它与中国市场经济、民主政治和多元文化的发展趋势相契合，权利研究和权利本位都顺应了中国社会这种深刻的历史转型并从理论上加以引导和规训；但另一方面，我们带着那段沉痛的历史记忆和浓厚的感情色彩对"阶级斗争范式"的认识和理解讳莫如深，阶级分析也在这种氛围中被教条化、标签化和政治意识形态化，由此被永久地尘封在法学的历史仓库中。对法学"阶级斗争范式"基本特征②的总结的确是我国法学学者在保持清醒而客观的学术立场和学术态度情况下对

① 姚建宗：《主题变奏：中国法学在路上——以法理学为视角的观察》，《法律科学》（西北政法学院学报）2007 年第 4 期。
② 张文显教授在《当代中国法哲学范式的转换》一文中对法学"阶级斗争范式"的基本特征表述如下：阶级—阶级矛盾—阶级斗争公式成为法学的思维定式、国家理论主导和代替法学理论、把历史唯物主义原理简单作为研究法律产生和发展规律的主线，法律自己的历史完全被抹杀、泛政治化、陷入规则模式论。参见《中国法学》2001 年第 1 期。

新中国成立以来至党的十一届三中全会召开这段历史时期中国法学发展历程和真实轨迹的检视和反思，也正是在此基础上我们摆脱了沉重的历史包袱让法学研究在"权利本位"的映照下有了继续前进和发展的内在动力，从而形成了"权利时代的理论景象"。但是问题是，我们在"阶级斗争范式"和阶级分析方法的关系问题上采取了逆向推理，倒因为果、倒果为因，认为新中国成立初期的法学的总体状态（"阶级斗争范式"）是由于阶级分析方法造成的，于是，"阶级分析方法"也就成了阶级斗争的方法并成为法学"阶级斗争范式"的元凶。列宁指出："马克思主义提供了一条指导性的线索，使我们能在这种看来扑朔迷离、一团混乱的状态中发现规律性。这条线索就是阶级斗争的理论。"① 然而，我们缺乏对马克思主义阶级理论，尤其是阶级分析方法的全面的认识和把握，更重要的是，我们局限于对阶级分析方法的认识误区和思想束缚中，不能充分发挥这一方法对包括法学在内的社会科学研究的科学价值和重要意义。因此，我们当下需要做的是，将马克思主义与时俱进的理论品质贯彻于阶级分析方法，尤其是在"权利本位"的引领下通过自身的完善与发展，特别是通过一些重大主题和风格的转换来应对社会转型时期的法学研究所呈现的新问题、新特点和新情况。

第一节　法学阶级分析方法主题转向的原因分析

阶级分析方法的历史轨迹形成了呈现于世人眼前的当代中国法学的学术风格和学术景象，也在一定程度上解答了"中国法学从何而来"的历史缘由。阶级分析方法与中国法学研究一路携手行走至今，"法学阶级斗争范式"已经蕴含了阶级分析方法现实使用和具体操作的思维方式和研究路径，也正是如此这般的运用过程，即阶级分析方法的教条化、标签化、意识形态化的现实处境无法回应和满足当代中国法学的理论所想和实

---

① 《列宁选集》第 2 卷，人民出版社 1984 年版，第 426 页。

践所需，因此，对其自身历史的固守可能使其不得不接受在当代中国场域中逐渐销声匿迹的现实命运。然而，作为一种以马克思主义为指导、以阶级理论为基础的分析工具和研究方法，阶级分析方法如何才能走出困境？正如马克思、恩格斯在《共产党宣言》1872 年德文版序言中所指出的："这些原理的实际运用，正如《宣言》中所说的，随时随地要以当时的历史条件为转移，所以第二章末尾提出的那些革命措施根本没有特别的意义。如果是在今天，这一段在许多方面都会有不同的写法了。"① 列宁也指出："在马克思主义里绝没有与'宗派主义'相似的东西，它绝不是离开世界文明发展大道而产生的故步自封、僵化不变的学说。"② 因此，唯有根据研究对象的巨大变化，即当代中国社会转型和当代中国法学的基本状况的改变来调整自身，以自觉调整和改变对法律世界所出现的新热点、新情况和新问题进行探索和解释才能增强其解释力和生命力。但是，首先要做的却可能是，对自身在那段特殊而漫长的历史过程中的所思所言、所作所为进行不断的反思和检讨。反躬自省的过程中，我们逐渐意识到阶级分析方法的问题在于，阶级存在被严格限制在经济、政治领域，阶级存在被妖魔化成为经济利益实现和政治权力享有而时刻呐喊和拼搏的斗争的"斗士"，阶级关系被片面化为时刻存在斗争、处处存在冲突的利益关系，阶级结构被简单化为单一的阶级主体和同质的利益诉求。而上述分析结论不断被鲜活的社会现实所证伪，阶级的现实存在的多样性、丰富性和复杂性不仅为阶级分析方法的自身改变和自我重塑找到了深层原因，也为其凤凰涅槃式的重生确定了自我实现的发展目标和实践主题。

一　阶级存在的妖魔化

阶级分析方法的核心是阶级，也就是说，阶级分析方法的分析路径是将对社会现象，尤其是法律现象的认识和解释归结于阶级这一人类集团性或群体性存在方式的现实存在，在法律现象等社会现象与阶级之间构成因

---

① 《马克思恩格斯选集》第 1 卷，人民出版社 1995 年版，第 248—249 页。
② 《列宁选集》第 2 卷，人民出版社 1984 年版，第 441 页。

果联系，不仅用阶级来描述、量化法律等社会现象，而且用阶级来解释、比较社会现象，从而以阶级的命运预测社会的发展趋势，因此阶级构成了法律世界形成和发展的基本主体，阶级存在（经济、政治、社会、文化）的多元性构造了法律世界的丰富性，这是阶级分析方法在具体使用过程中所具备的基本认识前提。

那么，长久以来，我国社会科学研究中阶级分析方法又是如何实践的呢？这取决于我们如何认识阶级，如何进行阶级划分。一份由江苏省委党校科学社会主义教研室编写的资料汇编《我国理论界讨论阶级和阶级斗争问题的主要观点简介》，对我国学术界在认识阶级和划分阶级上的基本观点进行了总结。关于阶级定义问题的观点主要有两种：第一种意见认为，"阶级仅仅是一个经济范畴。理由是：（1）阶级的存在是同一定的生产关系，特别是同一定的生产资料所有制相联系的。社会分裂为阶级的根源是生产资料的私人占有制。阶级差别的基本标志，就是他们对生产资料的关系不同。（2）阶级的本质就是在一定社会经济结构中处于不同地位的各个社会集团，根据列宁的阶级定义四条都是讲经济范畴。马克思也说过：资本家和地主'只是经济范畴的人格化'"。第二种意见认为，"阶级既是一个经济范畴，也是一个社会范畴。理由是：（1）阶级在一定的经济基础上产生以后，总要表现在政治关系上，并且，通过政治、思想对经济的反作用来维护和巩固它的经济基础……（2）正因为阶级是一个社会范畴，阶级斗争不仅表现在经济方面，而且是最集中地反映在政治方面，同时表现在精神生活方面"。而关于阶级划分也主要存在两种意见：第一种意见认为，"划分阶级除了经济标准外，要有政治思想标准。与此相联系，他们提出消灭剥削阶级应包括两个方面：一是变私有制为社会主义公有制，消灭剥削阶级赖以存在的经济基础；二是消灭作为剥削阶级的社会力量，镇压剥削阶级的反抗和对剥削阶级分子的改造"。第二种意见认为，"划分阶级只有一个经济的标准，消灭阶级也只能有一个经济的标准"[①]。上述理

---

① 刘钰等：《我国理论界讨论阶级和阶级斗争问题的主要观点简介（资料汇编）》，《江苏社联通讯》1982 年第 2 期。

论界对阶级和阶级划分的基本观点构成了我国社会科学研究中运用阶级分析方法的认识起点，其中比较有代表性的是焦英棠《划分阶级与阶级分析》，文中指出："划分阶级，只要是为了解决如何区别阶级的问题，它的标志只能根据经济，因为'阶级差别的基本标志，就是它们在社会生产中所处的地位，因而也就是它们对生产资料的关系'（《列宁全集》第6卷第233页）。而阶级分析，主要是对客观现况已经存在着的阶级如何观察和了解的问题，这不仅要看人们的经济地位，而且也要看他们的政治态度和思想表现。"①

由此可见，阶级的存在被严格地限定在经济和政治领域，阶级只是被当作一个经济和政治范畴，阶级分析方法的运用也仅仅局限于对阶级的经济地位和政治表现的分析。因此，我们所看到的阶级分析方法的主要内容包括如下两个方面：第一，分析各个阶级的经济地位和经济基础。"在进行经济分析时，必须深入地分析各个阶级所代表的生产关系，和在这种生产关系中的经济状况；分析它是代表反动的、落后的生产关系？还是先进的、同社会发展相一致的生产关系？是阻止和束缚生产力的发展，还是促进和代表新的生产力的发展？它占有什么生产资料？占有多少？如何使用；在生产中的相互关系如何；如何分配产品；以及由此而决定的经济利益和经济要求，等等。""对于各个阶级的经济地位，除了分析当前它的经济情况之外，还要分析它的经济发展要求和发展方向，以便既认识这个阶级的经济基础，又知道它应该和可能向哪个方向发展，引导它走上正确的道路，阻止它向错误的道路发展。"第二，要分析各个阶级的政治思想和对革命的态度。"取得统治地位阶级，为了保护它的经济地位和经济基础，它就需要有上层建筑，建立国家政权，形成代表它的阶级利益的政治思想。而被剥削被统治的阶级，为了谋得解放，也必然产生它的政治思想，而与反动统治阶级的政治思想进行斗争。同时，在同一个思想体系里面，还存在各种不同的政治思想和政治态度。"② 但是，上述的概念界定

① 焦英棠：《划分阶级与阶级分析》，《社会科学战线》1979 年第 3 期。
② 张江明：《论马克思主义的阶级分析方法》，《学术研究》1963 年第 5 期。

和方法使用极大地缩小了阶级概念的外延，阶级存在的社会、心理和伦理维度被极大地遮蔽了，用阶级分析方法对阶级的社会地位、生活方式、心理认同、伦理观念的分析也就被忽略甚至省略了。也许这还不是最严重的，最大的问题在于，当阶级现实的众多维度被删除，阶级只存在经济和政治领域中，我们也同样只在经济和政治领域中对阶级的身影进行整理，对阶级的活动进行描述，对阶级的行动进行解释等，但是如此搜集整理的阶级却是一个妖魔化的"阶级"，这个阶级只在经济上处于剥削或被剥削，政治上处于压迫与被压迫。因此，处于优势的阶级就成为经济、政治领域的"利维坦"无视一切。有学者在分析"阶级"概念的双重属性时指出："对于许多中国人，尤其是被划为'右派'的知识分子而言，是阶级概念的'激进'一面——发展为 1957 年反右运动和随后的 1966 年'文化大革命'的不断的阶级斗争——引发了一场名为'阶级斗争'实为派系斗争的难以想象、难以控制的混乱。……阶级概念'保守'的一面则以僵化的阶级分类进一步限制阶级斗争的受害者，配合出身论和血统论的单一性话语，创造出阶级决定一切的宿命论。"① 而"文革"语境中"阶级"无论是激进的一面还是保守的一面，都是从经济或政治维度对阶级的判定，是阶级现实存在的妖魔化，也是抹杀了人的真实情感唯独为政治为斗争而存在的生活场景中的妖魔。

然而，阶级是综合的概念，它是人类群体性或集团性的存在方式、生活经验和生存体验的总和。经济地位的差异在人们之间形成巨大差异，它不仅将人们归入不同的群体和集团，并以这个群体为单位生成和感受一种特殊的消费习惯、生活习性、心理认同、伦理观念和政治实践。因此，阶级绝不仅仅是一个经济范畴、政治范畴，它更全面地包含着经济、社会、心理、伦理和政治等多重维度，而经济、社会等因素也成为阶级的构成要素，阶级分析方法的使用也应该包含或至少包含对一个阶级经济、社会、政治、心理、伦理维度的分析。西方学者的理论研究在接受马克思主义阶级理论的具体内容的同时，否认阶级产生的经济根源，否认阶级与生产资

---

① 潘毅、陈敬慈：《阶级话语的消逝》，《开放时代》2008 年第 5 期。

料占有之间的密切关系，强调政治、意识形态、文化在阶级形成过程中的决定性作用。例如，李普赛特指出："经济的决定作用下降，而社会和文化因素的重要性上升；政治已经较少围绕阶级来组织，而是围绕其他方面的忠诚；社会流动已较少由家庭决定，而更多地取决于个人的能力和受教育情况。"① 卢卡奇则在《历史与阶级意识》一书中特别强调了阶级意识在阶级斗争中的决定性意义。他指出："在每一次阶级斗争中，最根本的问题在于：哪一个阶级在历史的决定性关头具有这种能力和这种意识，这并不排除使用暴力。这并不意味着阶级利益注定要占优势，从而注定这种阶级利益支撑起的作为整体的社会利益，可以保证其自动的胜利。相反，这种政权的更迭只能经常是由于最残忍地使用武力才引起的（例如，资本的原始积累）。但它的实际情况是，在这种暴力不可避免，阶级斗争处于你死我活的情况下，阶级意识的问题被证明是具有决定性意义的。"② 希腊学者普兰查斯则强调政治和意识形态对于阶级的决定性作用，他说："根据马克思主义的理论，什么是社会阶级呢？它们是由社会承担者所组成的集团，这些承担者的思维主要是由他们在经济领域内的地位决定的，但是政治和意识形态也有同样重要的作用。马克思、恩格斯、列宁和毛泽东无论什么时候在分析社会阶级时远远不是把自己仅仅局限于经济标准，他们都明确谈到政治标准和意识形态标准。"③ 英国学者米克·考克斯则强调了阶级产生的文化根源和阶级存在的文化意义。"阶级还不仅是一种政治现象，它现在更多的是一种文化现象和意义，是更为广泛的社会学范畴。而马克思认为的工人阶级是集体性的、政治性的，同统治阶级之间有着深刻的阶级矛盾，这种阶级定义过于简单化。实际上在今天，马克思所说的那种工人阶级集体意识，以及工人阶级同统治阶级之间的那种矛盾，是不存在的。"④

---

① ［英］戴维·李、布赖恩·特纳：《关于阶级的冲突——晚期工业主义不平等之辩论》，姜辉译，重庆出版社 2005 年版，第 52 页。

② ［匈］卢卡奇：《历史与阶级意识》，杜章智译，商务印书馆 1992 年版，第 59—60 页。

③ 转引自蔡声宁、王玫《当代发达资本主义国家阶级问题》，河北人民出版社 1987 年版，第 61—62 页。

④ 转引自何秉孟、姜辉《阶级结构与第三条道路——与英国学者对话实录》，社会科学文献出版社 2005 年版，第 53—54 页。

在我国的社会科学研究中，学者充分借鉴和吸收西方学者的研究成果，不再僵化地认识和分析阶级，不只是局限于经济和政治领域对阶级进行认识和分析，阶级的构成要素中的社会、伦理和心理成分对阶级本身和社会整体的意义和价值也逐渐被人们所意识和关注。其中，比较有代表性的是康文龙的《马克思阶级概念的多重阐释》，该文指出了在定义阶级时的标准问题上的几种主要观点：多元决定论的阶级定义、基于"个人选择"的阶级定义、根据"剥削"定义的阶级定义、基于"禀赋—行为"的阶级定义、政治实践决定的阶级定义、经济—社会文化决定的阶级定义。[①] 周穗民教授的文章《20 世纪西方主流学术界的阶级与社会结构理论述评》集中介绍了 20 世纪西方主流学术界最具有代表性的 12 个理论家和主流学派关于阶级和社会结构的理论。该文对西方阶级和社会结构理论的考察，涉及了从 20 世纪初的卢卡奇、桑巴特，20 世纪 50 年代的米尔斯、阿隆、达伦多夫，20 世纪六七十年代的加尔布雷斯、贝尔、古德纳，到布迪厄、李普赛特、吉登斯等在世纪末仍居主流地位的多位社会学家、经济学家、哲学家和政治学家。尽管他们的研究政治倾向不同，理论千差万别，概念差异重大，但仍有一些共同或相似之处。其中，他们在定义阶级概念时，除了经济和政治维度的考量，都加入了物质经济之外的社会、文化、生活方式等多维解释，而他们对阶级的分析和解释也从经济或政治单一维度转为多重的、全面的角度。[②]

二 阶级关系的片面化

阶级是依据人们经济地位的悬殊而划分的人类集团，生产关系中的不同地位不仅决定了人们在物质资源分配中所获得的数量和质量，也决定了人们生活方式、社会心理、伦理观念和政治诉求的巨大差异。因此，"阶级"这一集合概念不仅将在上述几个方面具有一致性或相似性的人们加以聚集，也将在上述几个方面具有差异性和悬殊性的人们加以界分。但无

① 参见康文龙《马克思阶级概念的多重阐释》，《学术论坛》2006 年第 3 期。
② 参见周穗明《20 世纪西方主流学术界的阶级与社会结构理论述评》，《当代世界社会主义问题》2007 年第 2 期。

论是人的聚集还是界分，总是存在于人们在经济、政治、文化等领域的相互交往的关系模式中，社会个体现实的相互作用和相互关系即成为以阶级为单位和主体所型构的阶级关系的缩影和特性的表现形式。个体活动的多样性和丰富性也进一步表征了阶级关系的复杂性，这意味着阶级关系不仅在形式上包含阶级间的经济、政治、心理、伦理关系等多个维度，也在实质上包含着阶级间的冲突与斗争和妥协与合作。阶级分析方法作为以阶级为研究对象的分析方法，无论是其对阶级整体活动的描述与解释、比较和预测，还是对阶级集体行动的定性和定量分析，都始终是围绕阶级关系而展开的，因此，阶级关系的阐释构成了阶级分析方法的题中之意。

那么，阶级分析方法又是如何分析阶级关系，或者说，它又是如何看待阶级关系的呢？在马克思的眼中，阶级关系无论是历时性发展，还是共时性存在，都以冲突和斗争为构造主题，马克思在《共产党宣言》中开门见山地指出："到目前为止的一切社会的历史都是阶级斗争的历史。自由民和奴隶、贵族和平民、领主和农奴、行会师傅和帮工，一句话，压迫者和被压迫者，始终处于相互对立的地位，进行不断的、有时公开有时隐蔽的斗争，而每一次斗争的结局都是整个社会受到革命的改造或者斗争的各个阶级同归于尽。"① 无独有偶，毛泽东也概括指出："阶级斗争，一些阶级胜利了，一些阶级消灭了。这就是历史，这就是几千年的文明史。拿这个观点解释历史的就叫做历史的唯物主义，站在这个观点的反面的是历史的唯心主义。"② 在马克思主义者眼中，阶级斗争是社会发展的动力源泉。把马克思阶级斗争作为人类社会中一种普遍的社会现象，进而对阶级斗争的根源进行了深入的阐释。马克思认为，阶级斗争就是"一部分反对另一部分人的斗争，就是广大无权者、被压迫者和劳动者反对特权者、压迫者和寄生虫的斗争"③。而阶级之间的冲突和斗争之所以可能，马克思认为，这源于生产资料所有制关系

① 《马克思恩格斯选集》第 1 卷，人民出版社 1995 年版，第 250—251 页。
② 《毛泽东选集》第 4 卷，人民出版社 1991 年版，第 1487 页。
③ 《列宁全集》第 7 卷，人民出版社 1985 年版，第 169 页。

所决定的对立阶级之间经济利益和政治利益的冲突。"人们奋斗所争取的一切，都同他们的利益有关"①，"土地占有制和资产阶级之间的斗争，正如资产阶级和无产阶级之间的斗争一样，首先是为了经济利益而进行的，政治权力不过是用来实现经济利益的手段"②。恩格斯也同样指出："迄今为止在历史著作中根本不起作用或只起极小作用的经济事实，至少在现代世界中是一个决定性的历史力量；这些经济事实形成了现代阶级对立所产生的基础；这些阶级对立，在它们因大工业而得到充分发展的国家里，因而特别是英国，又是政党形成的基础、党派斗争的基础，因而也是全部政治历史的基础。……不是国家制约和决定市民社会，而是市民社会制约和决定国家，因而应该从经济关系及其发展中来解释政治及其历史……"③

当阶级的斗争关系占据了阶级关系的主导地位甚至遮蔽了其他，阶级分析方法就成了分析阶级斗争的方法。首先，运用阶级分析方法研究阶级之间的经济斗争。分析着眼于不同阶级的经济地位，财产关系中的占有关系的不平等构成了阶级冲突和阶级斗争的直接根源。在资本主义社会中，工人创造的全部剩余劳动即剩余价值，都被资本家阶级无偿占有。于是，"工人生产的财富越多，他的产品的力量和数量越大，他就越贫穷。工人创造的商品越多，他就越变成廉价的商品。物的世界的增值同人的世界的贬值成正比"④。"可见，即使我们停留在资本和雇佣劳动的范围内，也可以知道资本的利益和雇佣劳动的利益是截然对立的。"⑤ 通过从经济维度对阶级关系的分析，使我们认识到，阶级斗争这种"阶级对立是建立在经济基础之上的，是建立在迄今存在的物质生产方式和由这种生产方式所决定的交换关系上的"⑥。其次，运用阶级分析方法研究阶级之间的政治斗争。分析着眼于不同阶级的政治诉求，任何阶级要争取实现和维护巩固

---

① 《马克思恩格斯选集》第 1 卷，人民出版社 1995 年版，第 82 页。
② 《马克思恩格斯选集》第 4 卷，人民出版社 1995 年版，第 250 页。
③ 同上书，第 192 页。
④ 《马克思恩格斯全集》第 42 卷，人民出版社 1986 年版，第 90 页。
⑤ 《马克思恩格斯选集》第 1 卷，人民出版社 1995 年版，第 354 页。
⑥ 《马克思恩格斯全集》第 5 卷，人民出版社 1986 年版，第 533 页。

本阶级的经济利益，必须将政治权力的享有作为工具和手段。因此恩格斯指出："一切政治斗争都是阶级斗争，而一切争取解放的阶级斗争，尽管它必然的具有政治的形式（因为一切阶级斗争都是政治斗争），归根到底都是围绕着经济解放进行的。"①

阶级分析方法对阶级在经济和政治维度的阶级斗争的阐释，构成了马克思主义历史唯物论的主要内容。但是，对阶级关系中的斗争维度，即阶级斗争的片面强调，尤其是只注重阶级间的政治斗争，就使阶级分析方法的多种功能出现蜕化，多种价值变得单一，诚如毛泽东在《论中国社会各阶级分析》一文中所指出的，阶级分析方法的唯一目的便是区分"谁是我们的敌人？谁是我们的朋友？"而这种对阶级斗争的误解和误用，导致人们盲目追逐和迷信阶级斗争，甚至通过人为地制造对立面而强化阶级斗争，脱离实际地坚持"以阶级斗争为纲"，不仅使阶级分析方法有着浓厚的"阶级斗争情结"，也产生了"革命情结"、暴力崇拜等副产品。不仅如此，对阶级关系的片面化以及由此所造成的对"阶级斗争"的片面强调，造成了我国社会生活中长期存在的"左"倾幼稚顽症，而这给我国的社会实践造成了严重的后果。1957年的"反右"扩大化、1964年的"四清"运动和十年浩劫的"文化大革命"，便是将阶级关系片面化、阶级关系斗争化的直接后果。而"文化大革命"结束后，在文艺界、理论界和教育界的几次风波，也都直接或间接与此有关。

但是，阶级关系不仅包含阶级冲突和阶级斗争的一面，也包含阶级妥协和阶级合作的一面。马克思主义阶级理论是一个内涵丰富的理论体系，马克思主义创始人根据人类历史发展经验和自己所处时代的特点强调了阶级关系中的阶级矛盾、阶级对立和阶级斗争，然而马克思、恩格斯从未否定过阶级合作，阶级斗争和阶级合作的双重的历史谱系才构成了马克思主义阶级理论的本真面貌。

马克思主义的历史唯物主义与"旧的、还没有被排挤掉的唯心主义历史观不知道任何基于物质利益和阶级斗争，而且根本不知道任何物质利

_____

① 《马克思恩格斯选集》第 4 卷，人民出版社 1995 年版，第 251 页。

益；生产和一切经济关系，在它那里只是被当作'文化史'的从属因素
顺便提一下"①。所不同的是，一切阶级斗争都是基于物质利益的，正如
恩格斯指出的："这两大阶级的起源和发展是由于纯粹经济的原因。而同
样明显的是，土地占有者和资产阶级之间的斗争，正如资产阶级和无产阶
级之间的斗争一样，首先是为了经济利益而进行的，政治权力不过是用来
实现经济利益的手段。"② 然而，各个阶级除了自己的特殊利益，共同利
益和社会分工体系的存在则构成了阶级合作的基础。这种合作一方面体现
在经济上合作，马克思主义经典作家认为阶级首先是经济范畴，它描述的
是人们在生产中结成的特定的历史关系，因此这种合作主要是从分工的维
度而言。处在历史上的一定社会生产体系中的一些阶级，彼此之间存在着
一定的符合经济规律的社会分工。这种既定的社会分工，便在一定程度上
造成了这些阶级在社会实践中互为前提、相互依存（同时相互对抗）的
关系，进而也必然导致彼此的阶级利益在一定程度上相互依存（同时也
相互对抗），进而历史上对立的基本阶级利益之间这种一定程度的相互
依存关系便奠定了阶级合作的现实物质基础。另一方面这种合作体现在
政治上，政治上的合作是经济上合作的延续。以中世纪的英国为例，建
基于封土制基础上的英国封建社会存在着贵族阶级、僧侣阶级、农民阶
级、骑士阶层等众多社会群体，生产力水平的低下和社会资源的有限使
不同阶级、阶层之间存在尖锐的利益冲突和矛盾，正因如此，英国社会
政治动荡，不同阶级之间展开了长期的、高频率的斗争，然而最终各阶
级在斗争的激情消退之后能够在理性的考量之后做出让步和妥协。这一
行为本身不仅有极强的政治价值，同时具有深远的法律意义，《自由大
宪章》《克拉伦敦宪章》《人身保护法》等重要的法律文件均是上述妥
协的产物，也正是这些文件构成了西方法律传统和西方法治实践的制度
基础和政治基础。

　　改革开放以来，我们开始客观而审慎地认识和处理我国现阶段真实存

---

① 《马克思恩格斯选集》第 3 卷，人民出版社 1995 年版，第 365 页。
② 《马克思恩格斯选集》第 4 卷，人民出版社 1995 年版，第 250 页。

在的阶级关系，随着这种认识的逐渐深化，社会各个领域中长期存在的
"阶级斗争为纲"的错误理论和实践得以更正和肃清。但是，改革开放过
程中，我国社会不同阶级阶层之间的利益关系发生了剧烈的变化，不仅原
有阶级内部发生分化而逐渐形成新的社会阶层和社会群体，他们彼此之间
也由于社会转型时期所出现的资源分配不公、劳资关系紧张、贫富差距拉
大等问题呈现出利益关系的失衡化和利益矛盾的复杂化。然而，这种冲突
有别于资本主义社会的阶级斗争，社会主义制度的确立和改革开放以来社
会生产力的长足发展为各阶级、阶层的利益妥协和合作奠定了制度基础和
物质基础，阶级关系的主要形态也从阶级斗争转向阶级、阶层合作，对
此，我国理论界的部分学者也有所关注。① 因此，阶级分析方法对阶级关
系的分析必须客观地描述其真实全貌，从物质利益关系的角度解释各阶
级、阶层间存在的利益矛盾和冲突，从而寻求合理的利益协调机制和利益
冲突的解决机制，以保证在利益冲突的合理协调和理性解决中的阶级妥协
和阶级合作。

三 阶级结构的简单化

阶级是阶级分析方法的主要研究对象，通过对不同的阶级现实存在的
客观描述以及对不同阶级的量化，一个以阶级为基本单位所型构的阶级结
构和社会结构全面地呈现出来。很多学者正是通过阶级分析方法的使用，
尤其是阶级分析对阶级结构的量化来认识和研究基本的社会构成和阶级结
构的。例如，刘祖云认为，改革开放以前中国的社会结构主要有两个阶级
（工人、农民）和一个阶层（知识分子）②；季建国认为，"三大改造"完
成后，中国除了工人阶级和农民阶级所构成的二元结构之外，还包括由转

① 此类文章主要包括：李杰：《马克思主义社会理论不适用了吗——从现实社会结构进化理论
与实践看与此相反的结论》，《云南行政学院学报》2007年第1期；张兴茂：《马克思主义阶
级合作理论微探》，《探索》2007年第4期；宋朝光：《马克思和谐社会思想的历史、逻辑和
方法》，《云南行政学院学报》2007年第1期；姜怀忠：《马克思主义阶级关系理论与构建社
会主义和谐社会》，《河南大学学报》2009年第1期；黄利秀：《阶级合作的历史回溯及现实
启示》，《经济与社会发展》2007年第6期。
② 参见刘祖云《社会转型与社会分层——20世纪末中国社会的阶层分化》，《华中师范大学学
报》（人文社会科学版）1999年第4期。

业军人、工人和农民中的积极分子所组成的管理阶层①；陈云彬则认为，我国社会由工人阶级、农民阶级和资产阶级所构成②；王汉生、张新祥提出"四阶级论"，即我国社会由工人阶级、农民阶级、城市小资产阶级和民族资产阶级构成。③张宛丽提出"三阶级与三阶层论"，即包括工人阶级、农民阶级、个体劳动者阶级和知识分子阶层、雇主阶层、管理干部阶层。④

　　尽管我国学者对社会构成问题众说纷纭，但社会生活物质条件和经济政治体制共同塑造的社会结构决定了社会发展的不同时期有着鲜明的特点和特征。1949 年新中国成立，新政权的建立并不意味着经济基础和社会上层建筑的改造可以一蹴而就，因此，在旧的阶级结构中所存在的官僚资产阶级、民族资产阶级、买办资产阶级、地主阶级、城市小资产阶级与工人阶级、农民阶级同时存在。过渡时期的社会主义改造实现了生产资料所有制的转换，社会结构逐渐发生深刻的变化：土地改革的顺利进行，到 1952 年取得全面的胜利，彻底消灭了地主阶级和封建剥削制度；官僚资本和买办资本的没收及转化为社会主义国有经济，也随之消灭了官僚资产阶级和买办资产阶级。生产资料的社会主义改造完成之后，中国社会结构出现了工人阶级、农民阶级、城市小资产阶级和民族资产阶级并存的局面。随着对苏联模式高度集中的经济政治体制的仿效和施行，农业的集体化、农产品的统购统销和城乡分割的户籍制度的实施也逐渐使城市小资产阶级和民族资产阶级被改造而消失了原有的阶级属性。一个由工人阶级、农民阶级和知识分子阶层共同塑造的社会结构正式形成，而这种结构在我国延续了很长时间，直至改革开放才发生了松动和改变。也正是在这种社会结构中，工人、农民、知识分子构成了我国社会的基本利益主体，不同的阶级、阶层有着自身独立的利益诉求和实现阶级利益的独特渠道。但是社会主义改造之后，国家通过计划经济体制将社会资源完全控制在手中，

---

① 参见季建国《现代化：中国社会阶层结构的调适》，《社会科学》1991 年第 6 期。
② 参见陈云彬《目前我国社会阶级和精神状况研究概述》，《理论学习月刊》1989 年第 4 期。
③ 参见王汉生《解放以来中国的社会层次分化》，《社会学研究》1993 年第 5 期。
④ 参加张宛丽《近期我国社会阶级、阶层研究综述》，《中国社会科学》1990 年第 5 期。

根据自己的政治需求和政治意愿对社会资源进行配置、对利益进行支配。分配的过程要满足社会主义国家建设高积累的经济、政治需要，加之国家意识形态的鼓动和宣传，个人服从集体、集体服从国家，从而把个人意识和个人利益、阶级意识和阶级利益完全抹杀。

　　阶级分析方法对"两阶级一阶层"的社会结构进行扫描和透视，其结果是该社会结构所建立的生产资料的社会主义公有制确认了社会两大阶级一个阶层之间利益的高度同质化，不同阶级的社会成员之间不仅没有尖锐的利益矛盾和冲突，而且宏大的社会理想化作现实国家意识形态控制影响甚至支配个体成员毫无顾虑地舍弃和牺牲个体利益。因此，这一时期的阶级分析方法完全忽视甚至漠视不同阶级、阶层所具有的阶级利益，转而进行政治意识形态分析和政治理想分析。然而，在计划经济体制下，工人阶级、农民阶级和知识分子阶层同样存在着明显不同的利益诉求，彼此之间也存在较大的利益差别和利益冲突。新中国的成立和社会主义改造的完成，工人阶级和农民阶级的经济地位、政治地位发生了根本改变。工人阶级摆脱了受剥削的地位，从原先单纯地雇佣劳动者转变为社会主义公有财产的拥有者，也从被压迫的被统治阶级转变为国家的领导阶级，工人阶级地位的颠覆性改变决定了他们作为一个整体在工资、住房、医疗等物质待遇方面有着独立的利益诉求。在社会主义工商业改造后期，由于工人阶级的利益没有得到妥善的处理，产生了一些罢工和请愿事件。据全国总工会的不完全统计，1956 年一年中就发生了 29 起罢工事件和 57 起请愿事件。天津市反映，1956 年 10 月到 1957 年 6 月的 8 个月间发生 110 起共有 3683 人参加的工人罢工事件。广东省反映，1956 年全年共发生 136 起工人罢工事件。[①] 而农民阶级在农业的社会主义改造中也同样遭遇了相似的情况，农业集体化、合作化的过程中，合作形式的简单划一、经营管理的混乱和制度改革的操之过急，使农民阶级的利益受到了一定程度的侵害，因此产生了一些群体事件。"在农村地区，不少地方发生了农民闹事事件。1956 年 11 月，河北省反映，合作化以后，农村干群关系紧张，在秦皇岛

———————

① 参见胡绳主编《中国共产党七十年》，中共党史出版社 1991 年版，第 68 页。

市郊范家店村，因区乡干部不民主，酿成了 60 多人到市农林局请愿的群体性事件。……与此同时，在农村、农民与国家之间因基建占地、矿山占地、国营农场占地、国营渔场占湖等原因，也出现了种种矛盾和纠纷。"①两大阶级内部不仅存在着清晰可辨的整体性的阶级利益，两大阶级之间也存在着尖锐的利益矛盾和冲突。毛泽东在党的七届二中全会上提出建立独立完整的工业体系，模仿苏联的经济模式确立了重工轻农的发展战略。在优先发展重工业的过程中，农业构成了工业化建设所需的原始积累的来源，农民阶级承担了国家工业化原始积累的成本。具体而言，农产品和工业品进行交换时，农产品和工业品的价格分别低于或高于它的价值，两者的不等价交换，使农民阶级所创造的一部分价值被无偿转移到工业。由此可见，我国的利益结构发生了严重的倾斜，农民阶级的利益受到了极大的损害，农民阶级的生产积极性和农业自身的积累能力都被严重挫伤。不仅如此，改革开放之前的社会二元结构经由一系列制度（住宅制度、教育制度、就业制度、户籍制度、粮食供给制度、副产品与燃料供应制度、医疗制度、养老制度、就业制度等）被不断强化和固定。由此观之，两大阶级在资源分配和福利待遇等方面也同样存在较大的利益差别和利益冲突。

改革开放以来，生产关系的持续调整使原有的阶级结构发生松动和改变，不仅社会结构内部的不同阶级群体发生了分化，产生了不同的社会阶层，同时社会各阶层之间的利益关系也发生了一系列变化。

党的十一届三中全会以后，经济体制改革的进行，多种所有制经济的共同发展，竞争的社会环境鼓励和促进了社会个体在较大的空间内寻求自我价值和自我利益的实现。社会成员的个体之间逐渐形成较大的利益差别、贫富差距和观念差异，原有"单位制"和"公社制"的解体促使工人、农民和知识分子内部分化、重组，原有社会阶级内部分化出不同的社会阶层，社会结构、阶级结构正在朝着细密化方向发展。根据社会学家陆学艺教授主持的中国社会科学院课题组的研究成果，由社会科学文献出版社出版的《当代中国社会阶层研究报告》指出，1992 年以来，我国社会

---

① 李培林等：《社会冲突与阶级意识》，社会科学文献出版社 2005 年版，第 2 页。

形成了十个阶层：国家和社会管理者阶层、经理人阶层、私营企业主阶层、专业技术人员阶层、办事人员阶层、个体工商户阶层、商业服务员阶层、产业工人阶层、农业劳动者阶层、城市无业、失业者阶层。以笔者主要关注的工人阶级为例，工人无疑是生产单位的主体，但一致的阶级身份和政治属性却不意味着这个群体内部的社会成员享有完全一致的物质待遇和社会评价。原有企业中的领导者、管理者、普通工人虽共处于工人阶级群体之中，但是他们之间的差别已经形成。企业家阶层拥有较多的企业股权，在收入上与普通职工差距悬殊，对企业生产经营活动享有较大的控制权，在企业职工的人事、收入等方面享有较大的支配权；而作为企业管理阶层的技术人员和管理人员，他们比较靠近权力中心，对政策方案的制订和执行享有一定的影响力，同时对生产资料和普通工人也享有一定的支配力，因此，其愿望、主张和利益比较容易实现；普通工人阶层占工人阶级的绝大多数，与之形成鲜明对比的是非公经济职工阶层，这个阶层虽然比普通工人阶层的收入水平高，但是在政治地位和社会保障方面却远不及前者。最后，就是低收入职工阶层，这个阶层主要是企业转轨改制中的下岗和失业职工，他们分担了改革的成本，生活质量低下，构成了需要整个社会关心的弱势群体。①

工人阶级内部的阶层化的发展态势已经成为中国改革的一个缩影，它不仅表明了处于转型时期的中国社会的社会结构从简单转为复杂，同时表明社会利益主体从单一转为多元，不同阶层能够在错综复杂的利益关系中提出和主张自身的利益诉求，并能够为自身利益诉求的实现寻求常规化、制度化的渠道。对此，我国学者有着清晰的问题意识和强烈的现实关怀，不仅主张从阶级分析转向阶层分析，同时也主张关注社会分层中的利益分化与重组。② 正是阶级分析方法这种逐渐转向对社会阶层的分析，对阶层

---

① 参见陆学艺《当代中国社会阶层研究报告》，科学文献出版社 2005 年版，第 256 页。
② 此类文章包括：杨供法：《从阶级分析到阶层分析》，《学术论坛》2002 年第 6 期；刘凤祥：《从阶级分析到阶层分析——社会分层方法的转换与意义》，《前沿》2003 年第 1 期；吴忠民：《从阶级分析到社会分层研究》，《学术界》2004 年第 1 期；刘保国：《从阶级分析到阶层分析》；郭春生：《阶级分析与阶层分析：〈共产党宣言〉的历史价值与当代价值》，《理论研究》2009 年第 6 期，等等。

利益的分析才能从社会关系的不同侧面，多方位、多视角地区分和考量各个阶层特殊的利益诉求，诸如政治态度、价值观念、社会心理、生活方式等方面的差别，合理配置社会资源以协调不同阶层的利益冲突，促进社会生产力的发展。

第二节 法学阶级分析方法的观念更新与主题转向

阶级分析方法使用过程中的问题在当代社会科学研究中逐渐暴露，对阶级存在的妖魔化、阶级关系的片面化和阶级结构的简单化认识不仅在理论上产生了诸多问题，同时这种认识也随着社会发展的脚步被不断证伪。当人们能够正视阶级分析方法使用过程中的问题所在，并能够结合不断发展的社会现实寻觅到自身新的研究主题，确定自身新的研究旨趣，阶级分析方法才真正找到重新焕发其生命力的切入点。

一 由单一的政治意识形态分析到综合的社会分析的转变

一直以来，阶级分析方法的具体运用始终追随政治的脚步，根据社会政治形势的走向和社会政策的基本态度所设定的逻辑和框架展开了该方法对法学等社会科学的具体研究，方法本身及其研究成果的价值和意义也就体现在对政治的服务和附和中，也就是说，阶级分析方法的应用过程完全表现为单一的政治意识形态分析。新中国成立伊始，现代化建设构成了国家社会发展的工作重点和中心任务，1956 年中共第八次全国代表大会提出："国内的主要矛盾，已经不再是无产阶级和资产阶级的矛盾，而是人民对于经济文化迅速发展的需要同当前经济文化不能满足人民需要的状况之间的矛盾。"但这一主要矛盾的正确把握却随着时间的推移被推翻，时隔一年后，毛泽东就推翻了"八大"的提法，认为"无产阶级和资产阶级的矛盾，社会主义道路和资本主义道路的矛盾，毫无疑问，这是当前我国社会的主要矛盾"[1]。

---

① 《毛泽东选集》第 5 卷，人民出版社 1977 年版，第 475 页。

1958 年"八大"二次会议正式确定了毛泽东的这一观点。1959 年 8 月庐山会议召开，会议上彭德怀等同志的意见被视为"反党反社会主义"，从而受到了错误的批判。紧接着，毛泽东在《机关枪和迫击炮的来历及其他》中指出："庐山出现的这一场斗争，是一场阶级斗争，是过去十年社会主义革命过程中资产阶级与无产阶级两大对抗阶级的生死斗争的继续。在中国，在我党，这类斗争，看来还得斗下去，至少要斗二十年，可能要斗半个世纪。总之要到阶级完全消亡，斗争才会止息。旧的社会斗争止息了，新的社会斗争又起来。总之，按照唯物辩证法，矛盾和斗争是永远的，否则不成其为世界。"① 1962 年，毛泽东更进一步认为，阶级斗争必须年年讲，月月讲，天天讲。这一时期党忽视了经济建设的重要性，仍然坚持以阶级斗争为纲，极度夸大了意识形态领域的阶级斗争。而阶级分析方法依附于政治意识形态对社会政治形势的观念想象，已经完全不能客观、真实地对社会阶级进行描述和解析，尤其是在中国社会历史更迭中社会不同阶级发生了变化，在极端附和政治的情况下，阶级分析坚持认为，"作为经济剥削的阶级容易消灭，现在我们可以说已经消灭了；另一种是政治思想上的地主阶级跟资产阶级，不易消灭，还没有消灭"。而"经济上消灭阶级，不等于政治上消灭阶级"，"作为政治上思想上的地主阶级跟资产阶级，这个东西还存在"②。有了这样的理论预设，阶级分析方法始终坚持着这样的信条，即阶级、阶级矛盾、阶级斗争在社会主义社会仍然存在，社会主义道路和资本主义道路的斗争及资本主义复辟的危险也仍然存在，无产阶级专政下的阶级斗争，就是资产阶级要推翻无产阶级专政，而无产阶级则要巩固无产阶级专政。

单一的政治意识形态的阶级分析是一种充满"革命"气息的分析方法和研究方法，这种研究用于新民主主义革命和社会主义革命时期有其合理性和优越性，但是在社会主义建设时期，仍然坚持"革命"的逻辑，不仅凭空或简单地制造出"阶级敌人"，还要彻底清除"资产阶级敌人"

---

① 《毛泽东选集》第 5 卷，人民出版社 1977 年版，第 246 页。
② 同上书，第 428 页。

和革除"资产阶级余毒",那无疑就是开历史倒车。

党的十一届三中全会以来,确立了"以经济建设为中心"的时代主题,党和国家的主要视线和精力重新投向社会经济领域,希冀通过发展市场经济、提高社会生产力,建设有中国特色的社会主义。而阶级分析方法单一政治意识形态的分析只强调阶级斗争和煽动阶级仇恨,只注重以暴力革命的方式谋求发展的基本思维和路径明显不符合当时当下的社会情势。市场经济模式对计划经济模式的替代,为多种所有制经济的共同发展提供了广阔的平台和空间。经济形式变化总归会以阶级、阶层这些人格化的形式表现出来,江泽民同志指出:"改革开放以来,我国的社会阶层构成发生了新的变化,出现了民营科技企业的创业人员和技术人员受聘于外资企业的管理技术人员、个体化、私营企业主、中介组织的从业人员、自由职业人员等社会阶层。"① 新的社会阶层的出现表征着我国"两个阶级一个阶层"的社会结构正在发生着激烈的分化重组,原有阶级结构的解体与新型阶级结构的再造和新的社会阶层的产生意味着社会关系并非仅仅是以"斗争"和"革命"为指向的,也并非只是人们生产关系的性质和经济地位的改变。在这一历史过程中,我们看到的是,市场经济的繁荣下社会经济成分、生产方式、生活方式、就业方式、就业岗位的多元化、多样化,与之相伴的是人们的经济地位、利益诉求、价值取向、伦理观念、政治主张所发生的变化和改变。因此,阶级分析方法要以全面的社会分析取代单一的政治意识形态分析。

全面的社会分析就是要对社会不同阶级、阶层的存在空间进行全方位、多角度的分析和研究。以社会转型时期农民阶级的内部变化为例,中国的社会转型大致可以通过两方面的变化加以描述:一是从传统封闭、半封闭的农业社会向开放的工业社会的转变;二是从计划经济体制向现代市场经济体制转轨。在这个过程中,社会流动性明显增强,中国农村大量劳动力脱离了原来的土地和农业生产向非农产业转移。研究表明,这部分转移至非农产业的农民在工作条件、工作收入等方面明显低于城市工人,他

---

① 江泽民:《论"三个代表"》,中央文献出版社 2001 年版,第 169 页。

们平均每周工作 56.6 小时，比城市工人每周工作 47.9 的劳动时间多 8 个小时，有 81.4% 的人劳动时间超出法定的每周 40 小时，有约 34.0% 的人每周工作在 60 小时以上。① 经济地位的变化使这部分农民在城市的生活中也明显低于城市工人的购买能力和消费水平，也使他们传统的道德观念被都市生活中的物质主义、拜金主义所冲击等。农民在改革中的种种变化为我们全面地社会分析提供了良好的社会素材，对这一群体真实情况的全面把握为我们正确制定路线方针奠定了良好的社会基础。

二 由纯粹的理想分析到现实的利益分析

阶级分析方法所具有的"斗争"情结或是"革命"情结并不是偶然的，是由于该方法在具体运用过程中将马克思主义阶级理论教条化、片面化，往往是对马克思主义阶级理论的只言片语的片面理解和理论语境的僵化固守而造成的，但阶级斗争和暴力革命本身并不是论者反复强调的目的所在，唯物史观中阶级斗争的历史背后蕴含着社会生产力水平的不断提高和人类物质生活条件的显著改善，其发展最终指向"理想生活图景"中的现实生活和生活现实。马克思将这一"理想生活图景"在其共产主义理论中详尽地表述出来，马克思认为，共产主义是人类自由的王国，"在共产主义社会高级阶段，在迫使人们奴隶般地服从分工的情形已经消失，从而脑力劳动和体力劳动的对立也随之消失之后；在劳动已经不仅仅是谋生的手段，而且本身成了生活的第一需要之后；在随着个人的全面发展，他们的生产力也增长起来，而集体财富的一切源泉都充分涌流之后，——只有在那个时候，才能完全超出资产阶级权利的狭隘眼界，社会才能在自家的旗帜上写上：各尽所能，按需分配！"② 马克思理论中这个理想的社会和理想的生活是极具诱惑力的，它不仅吸引了社会理论家构想其实现的现实路径和操作方案，更驱使众多的革命家为其前仆后继、舍生取义。因此，共产主义的政治理想作为一种价值指引和社会愿景在影响甚至支配着

---

① 李培林、李炜：《农民工在中国转型中的经济地位和社会态度》，《社会学研究》2007 年第 3 期。

② 《马克思恩格斯选集》第 3 卷，人民出版社 1995 年版，第 305—306 页。

阶级分析方法的具体使用，甚至可以说，在某种程度上，阶级分析就是一种纯粹的理想（政治理想）分析，为了达致共产主义的"理想图景"阶级分析必须将视线转向生活现实和现实生活。而生活的现实是残酷的，现实的生活立基于有限的社会生产力之上，生产力的发展水平构成了阶级阶层产生和形成的经济根源，"社会分裂为剥削阶级和被剥削阶级、统治阶级和被压迫阶级，是以前生产不大发展的必然结果。……这种划分是以生产的不足为基础的，它将被现代生产力的发展所消灭"①。"这些阶级是由于什么而产生和存在呢？是由于当时存在的粗鄙的物质条件，即各该时代社会借以生产和交换必要生活资料的那些条件。"② "那些阶级是什么样子，那要看生产的发展阶段。"③ 生活现实和生活理想之间的巨大差距并不会自动消弭，马克思认为，为了共产主义的实现，应当"把生产发展到能够满足所有人需要的规模；结束牺牲一些人的利益来满足另一些人的需要的情况；彻底消灭阶级和阶级对立；通过消除旧的分工，进行产业教育、变换工种、所有人共同享受大家创造出来的福利，通过城乡的融合，使社会全体成员的才能得到全面的发展"④。由此，我们发现，阶级分析方法带着人类美好生活的期许从彼岸的"理想图景"返回此岸的现实生活并努力寻找连接和沟通两岸的渠道和桥梁，这个桥梁便是发展社会生产力和提高经济水平，但阶级分析者往往将阶级作为经济形式的人格化载体，阶级的消失不仅意味着物质生活条件的改进，更是迈向共产主义的表征。由此，阶级分析方法注重社会不同阶级阶层的对立和冲突，阶级间的仇恨和矛盾促使阶级斗争和暴力革命的发生，势不两立、你死我活的斗争逻辑和非此即彼的两极思维极易忽视该方法对社会现实客观真实的描述功能，并逐渐以极端"左"倾的有色眼镜来认识和把握现实的生活。

　　不能否认的是，阶级分析方法所内含的理想分析为社会的进步和文明的发展指出了前进的方向，因此具有巨大的现实意义，就连著名的社会理

---

① 《马克思恩格斯选集》第 3 卷，人民出版社 1995 年版，第 632 页。

② 同上书，第 334—335 页。

③ 《马克思恩格斯选集》第 1 卷，人民出版社 1995 年版，第 238 页。

④ 同上书，第 243 页。

论家吉登斯也认为，社会主义和共产主义对于现实世界具有极其重要的价值和意义，因此"不能简单地放弃推动他们前进的那些价值和理想，因为这些价值和理想中有一些是为我们的社会和经济发展所要创造的美好生活必不可少的"①。但是，人类美好生活的达致绝不是通过社会各个领域、不同层面的阶级斗争实现，而是通过现实生活场域中不同利益关系的协调和利益格局的均衡来实现的，因此，阶级分析方法必须从纯粹的理想分析转向现实的利益分析。

阶级分析向现实利益分析的转向在转型时期的中国社会显得尤为重要。人们往往用从传统社会转向现代社会、农业社会转向工业社会、陌生人社会转向熟人社会等特征来描述当代中国的社会转型，但这些表象的背后最为根本的是整个社会利益结构所发生的变化。所谓利益结构是指"社会成员之间以及社会成员与社会之间利益关系的一定模式"②。利益结构的变迁蕴含着中国社会利益格局变革中每一个社会个体在利益的生产和承受中所产生的切身体会，而社会成员以个体为单位参与社会分配往往是不现实的，作为以群体形式存在的人，个人利益的实现要通过阶级或阶层来实现。因此，阶级分析方法通过对不同阶级或阶层在社会整个利益格局中的位置变化，通过不同阶级或阶层获取利益和实现利益的具体方式的改变就可以认识和把握从新中国成立以来中国社会利益结构的变迁，从而更加深刻地理解社会转型的内涵及意义。

近代以来，中国社会利益结构的严重失衡导致了社会矛盾的日益复杂。新中国成立后以政治手段对原有社会结构进行了根本性的调整、再造，从而确立了阶级、阶层全新的社会地位和社会角色，并进而重构了社会的利益结构。在这一结构中，工人、农民和知识分子构成资源配置和利益分配的基本单位。工人阶级、农民阶级和知识分子阶层由于社会地位和社会角色的差异在利益获取的途径（"单位制"和"公社制"）和形式上（经济利益、政治利益、社会利益）形成较大差别，但劳动阶级内部却并

---

① ［英］安东尼·吉登斯：《第三条道路——社会民主主义的复兴》，郑戈译，北京大学出版社2000年版，第2页。

② 李景鹏：《中国政治理论发展研究纲要》，黑龙江人民出版社2000年版，第31页。

无较大差异而成平均化态势。利益源泉的单一化、利益主体的简单化和利益水平平均化导致了单一、同质和僵化的社会结构和利益结构，而一个高度同质的社会环境使阶级分析方法失却了用武之地，除了以极其敏锐的政治嗅觉和以"斗争"的方式对社会共同体中存在的具有异质性的分子和阶级加以肃清仿佛别无他用。而绝对平均主义和追求实质平等的资源配置和利益分配严重阻滞了社会发展的动力和活力，因此一场旨在加速经济发展的经济体制改革势在必行。改革开放促进了原有社会阶级的分化重组，原隶属于一定阶级的内部成员经由市场经济的洗礼，因其职业、技能、声望等不同而分化成不同的利益群体。以农民阶级为例，20 世纪 80 年代伊始，我国社会学者就开始广泛关注农民阶级内部所出现的分化重组，我国学者陆学艺教授就指出，农民在改革开放中已经分化出农村社会管理者、农村知识分子、乡镇企业管理者、乡镇企业工人、农村个体工商户、农业劳动者、雇工和农民工这八个阶层。① 改革作为我国利益结构的重新调整和社会资源的再分配过程，它打破了僵化的利益格局并实现了其根本性变革，但变革中亦导致部分社会成员相对剥离感和幸福指数降低的心理状态，形成了社会分配不公、贫富差距拉大等利益结构失衡现象，并进一步诱发了社会发展中潜在风险的形成并影响了社会的稳定发展。对此，阶级分析方法必须首先从客观的立场考察改革过程中所发生的内部分化，分化重组后不同的阶级、阶层和利益群体形成彼此相异的利益诉求，彼此交叉甚至相互冲突的利益关系型构的利益关系网络所隐含的风险和隐患导致的利益格局的失衡。而阶级分析对以阶级、阶层为单位所获取的资源及相互关系中利益矛盾和冲突的利益考量，从而在民主和法制基础上建立公平、合理的利益分配制度。同时，在寻求利益结构稳定化的基础上建立一系列持久的利益整合机制：包括利益诉求与表达机制、利益分配机制、利益沟通与协商机制、利益补偿机制、利益纠纷解决机制等，从而从制度化途径寻求利益平衡的长治久安。

---

① 陆学艺：《当代中国社会阶层研究报告》，社会科学文献出版社 2002 年版，第 97 页。

三　由片面的权力分析到包含权力在内的全面的权利分析

根据唯物史观的基本观点，阶级的形成根源于经济领域，"它们的物质利益和需要使得它们进行你死我活的斗争"①，而这种斗争不仅体现在具体的生产领域和工作场所，同时表现在以权力运转为中心的政治场域，虽然两者之间存在决定与被决定的因果关系，但"阶级反对阶级的任何斗争中，斗争的直接目的是政治权力"②。对此，马克思指出："每一个力图取得统治的阶级，即使它的统治要求消灭这个旧的社会形式和一切统治，就像无产阶级那样，都必须首先夺取政权，以便把自己的利益又说成是普遍的利益，而这是它在初期不得不如此做的。"③ 因此，政治权力成为阶级分析方法对阶级、阶级关系、阶级斗争具体考量的最终落脚点，或者可以说，长久以来，阶级分析方法所沿袭的就是一种片面的权力分析。马克思将权力分析应用于阶级社会的任何形式的阶级斗争，在阶级社会，任何剥削阶级对自身剥削地位的巩固都依赖于政权的保持和巩固，而任何被剥削阶级要从根本上推翻剥削制度也依赖于政权，因此，阶级斗争都围绕政治权力而进行。对此，恩格斯一再重申"在全部纷繁复杂的政治斗争中，问题的中心仅仅是社会阶级的社会的和政治的统治，即旧的阶级要保持统治，新兴的阶级要争得统治"④。综上所述，围绕着权力，阶级分析方法所进行的权力分析始终关注如何夺取政治权力并有效地加以维护，如何有效地利用国家权力对社会主体的行为加以约束和对社会秩序加以控制。也正是阶级分析方法所进行的片面的权力分析，"我国从理论界到实务界都把法律定位于社会控制的工具，法律存在的关键性理由在于通过国家强力的运用而建立和维护一定的社会秩序，法学也就理所应当然地被认可为是国家权力即国家强制力操控社会生活的有效手段的理论学说……因此，法学的所有主题和法学的学术研究的根本目的，基本上都是为着国家

---

① 《马克思恩格斯选集》第 4 卷，人民出版社 1995 年版，第 161 页。
② 《马克思恩格斯全集》第 19 卷，人民出版社 1986 年版，第 284 页。
③ 《马克思恩格斯选集》第 1 卷，人民出版社 1995 年版，第 252 页。
④ 《马克思恩格斯选集》第 3 卷，人民出版社 1995 年版，第 334 页。

权力对于生活的干预的合法性与合理性而进行理论论证，法学的学术研究也就必须时刻想到为这个社会的国家权力的运作提供服务。如果我们把这种理论定向下的中国法学称为'权力'法学，那么这种'权力'法学很明显具有强烈的国家主义意识形态指向，明显地具有政治优位取向，明显地具有工具主义的倾向，也明显地具有权力依附品格"①。

　　无产阶级政权的建立确立了社会主义制度，社会主义制度的巩固和社会主义优越性的发挥绝不是通过不分时间、地点的阶级斗争和暴力革命来实现的，而是依赖于社会主义国家主导的体制改革和改革开放所推动的社会发展和取得的经济成就。如前所述，改革的过程不仅是社会内部分化、重组后新型的社会结构和阶级结构的形成过程，也是资源配置方式和利益分配方式调整与转变后新的利益结构的再造过程。两者的相互结合，使我们看到的是，不同的阶层和群体在社会转型时期的利益关系发生重大改变并分别成为改革的利益受益者和受损者。在社会学者的视野中，部分利益受损阶层被纳入社会弱势群体的范畴中。如有的学者认为，目前我国的弱势群体主要由贫困农民、农民工阶层、城市中下岗失业的贫困阶层构成。② 还有的学者认为，弱势群体主要包括：农民工、下岗职工和失业者及从未在国有企业工作的零工、临时工和孤寡老人。③ 由此观之，改革已经不是对社会体制细枝末节的修修补补，而是关系包括社会每一个成员在内的社会整体的深刻变革，他们的经济地位、政治诉求、伦理观念、思想意识、生活方式等方方面面均在改革中发生着变化，但个体存在方式和生存样态的改变始终身处社会转型和体制改革这一利益重组的过程之中。社会不同阶层（尤其是被纳入社会弱势群体的阶层）因为分摊了不同的改革成本而分享了不同的改革成果，由此社会贫富差距不断拉大，社会公平和社会正义已经不是一个纯粹的理论问题，它已经在国人日常生活的瞬息

---

① 姚建宗：《主题变奏：中国法学在路上——以法理学为视角的考察》，《法律科学》（西北政法大学学报）。

② 参见孙立平《我国弱势群体的形成和特征》，http：//www.chinablog.com/display/27044，2011-12-24。

③ 参见赵宇霞、王成亮《试析入市对中国弱势群体的影响》，《当代世界与社会主义》2002 年第 6 期。

万变中成为人们普遍关注的现实问题。

社会转型给中国社会带来的种种变化，尤其是社会结构、阶级结构和利益格局的改变为阶级分析方法重新焕发其生命力奠定了坚实的社会基础。使用阶级分析方法关注社会结构和阶级结构所发生的变化，重点关注那些利益暂时受损的社会阶层（社会弱势群体的一部分）的综合状况，这些阶层处于社会结构的底层，他们较其他阶层承受着更多经济利益、生活质量和社会承受力等方面的负担和压力，更在心理上承受着绝对贫苦和相对贫苦的双重困惑。这一部分阶层的现实变化和真实状况经由阶级分析的视野观察被纳入法学的范围，重点则体现在对这些阶层（即社会弱势群体）的权利保障和权利救济的研究和分析上。其中，阶级分析对弱势群体所使用的权利研究，将对他们的权利保障视为人权保障，因为从某种意义上讲"人权首先指涉的社会弱势群体的人权"①。只有从人权的高度对弱势群体的权利保障加以把握，才能使其摆脱任何形式的社会救济出于人道主义同情和怜悯而给予社会生活弱者的施舍，转而以普遍性、权威性的行为规则体系改善社会弱势群体的生存状态。因此，阶级分析对弱势群体的权利研究有助于设立稳定的制度化、规范化的社会福利分配机制和基本生活保障机制帮助弱势群体摆脱其弱势地位，提高其生存能力，从而构建社会公平和社会正义的制度体系。而将弱势群体的权利视为基本人权，将其权利保障视为包括生存权、发展权、劳动权等一系列人权的制度设计，阶级分析自然也就不能忽视人权保障中的权力研究以考察弱势群体保障中公共权力的合法性与合理性。国家作为人权的义务主体，对公民权利的平等尊重和保障，是（国家）政府不可推卸的道德义务与责任、政治义务与责任和法律义务与宪法责任。杰弗里·赖曼认为："尊重和保护人类所享有的基本权利是作为一个正当政府的最主要条件。如果一个正当的政府能够持续而有效地监控其正当性条件，那么它就能不断对'人民实际上拥有什么权利'这一问题做出回应，并在其实践中确立这一问题的答案。"据此，赖曼强调说："这意味着，与其把合法政府理解为在既定

---

① 齐延平：《社会弱势群体的权利保护》，山东人民出版社 2006 年版，第 1 页。

限制内运行的政府，不如说我们需要在更为动态的角度上思考合法的政府，即把它理解为连续和有效地监督自己正当性的政府。……一个合法的政府是这样的政府：它包括一种制度安排，该安排是通过把宪法作为活的东西这一途径而创立的，我们根据对权利的最好的理解来解释该安排，而权利是人民拥有的权利并且是我们理解政府所必需的权利。"① 阶级分析方法对改革中利益受损阶层等弱势群体的关注，将其人权保障的权利研究与国家义务结合起来，其权力分析考察（国家）政府对弱势群体摆脱劣势地位的激励机制和保障机制，从而在终极意义上对公共权力进行考量和评价。

四　由简单的阶级对抗和阶级斗争到复杂的阶层差异和阶层合作的转变

长期以来，我们始终坚持阶级分析方法在马克思主义法学方法论中的基础性和正统性，与此同时，我们认为阶级分析方法就是"阶级斗争"的方法，就是用于研究社会不同阶级在整个利益体系中彼此斗争激烈交锋的方法。诚然，社会共同体成员由于经济地位的差异被划分为不同阶级并具有大致相同或相似的行为举止、生活品位、心理暗示和政治诉求等外在表现，从而使某一阶级就其内部而言具有整体性和一致性。但从外部而言，不同阶级的成员阶级属性的差异使其在上述各方面表现悬殊，由此，使同居于社会空间的各阶级在彼此交往和相互联系中关系错综复杂。在复杂的阶级关系中，不同的阶级的经济、政治、文化等多方面的利益诉求往往会存在交叉并进而表现出不同程度的矛盾，因此也就表现为阶级关系中的冲突面相。马克思将不同阶级之间的冲突纳入其学术视野，从而形成了以冲突为主题的观察社会运行和历史发展的政治经济学和历史哲学。任剑涛教授指出："马克思将冲突视为解释人类历史的一把钥匙，他创立的剩余价值理论，就是用冲突的观点通览资本主义的理论。而他创立的历史唯物主义理论，也就是用冲突的眼光通观人类历史的理论。"② 经由马克思

---

① ［美］杰弗里·赖曼：《宪法·权利和正当性条件》，载［美］阿兰·S. 罗森鲍姆《宪政的哲学之维》，生活·读书·新知三联书店 2001 年版，第 178—179、188—189 页。
② 任剑涛：《从冲突理论视角看和谐社会建构》，《江苏社会科学》2006 年第 1 期。

主义政治经济学和历史唯物主义的阐释，人类历史发展的图式似乎变得相对简单，即社会划分为统治阶级和被统治阶级，一方利用其所享有的生产资料所有权完全支配和剥削另一方的劳动成果（或剩余价值），由此，马克思在《共产党宣言》中开门见山地指出："到目前为止的一切历史都是阶级斗争的历史，自由民和奴隶、贵族和平民、领主和农奴、行会师傅和帮工，一句话，压迫者和被压迫者，始终处于相互对立的地位，进行不断地、有时公开有时隐蔽的斗争，而每一次斗争的结局都是整个社会受到革命的改造或者斗争的各个阶级同归于尽。"① 而具体到马克思生活其间的资本主义社会，他指出："我们的时代，资产阶级的时代，却有一个特点：它使阶级对立简单化了。整个社会日益分裂为两大敌对阵营，分裂为两大相互对立的阶级：资产阶级和无产阶级。"② 而无产阶级与资产阶级之间存在着严重的对立和激烈的冲突，这是因为"工人们没有选择的余地：不是饿死，就是斗争"③。马克思不仅对阶级斗争这种普遍而客观的社会对抗现象加以描述，同时十分重视阶级斗争所具有的功能，认为阶级斗争是社会发展的直接动力，以至于恩格斯后来回忆道："将近四十年来，我们非常重视阶级斗争，认为它是历史的直接动力，特别是重视资产阶级和无产阶级之间的阶级斗争，认为它是现代社会变革的巨大杠杆。"④

新中国成立以来，我们始终坚持马克思主义的理论指导，始终坚持运用阶级分析方法分析社会政治形势。从某种意义上说，新中国成立以来社会主义制度建立和完善的过程，同时也是将敌对势力和敌对分子从人民群众内部不断剔除和肃清的过程，而阶级分析对阶级关系中斗争维度的强调完全与这一历史时期的政治形势相契合，它不仅简单地根据社会成员的所言所行来教条地、僵化地判定其阶级身份和政治属性，还轻率地将阶级关系中所具有的矛盾和冲突不断扩大化甚至辐射化，由此，阶级分析方法的基本认识和具体运用都沉浸在"斗争哲学"的笼罩之中。毛泽东在 1964

① 《马克思恩格斯选集》第 1 卷，人民出版社 1995 年版，第 250—251 页。
② 同上书，第 281 页。
③ 同上书，第 398 页。
④ 《马克思恩格斯全集》第 19 卷，人民出版社 1986 年版，第 189 页。

年中央工作会议上点名批评了时任中央党校校长的杨献珍提出的"合二为一"思想，他认为："一分为二"是辩证法，而"合二为一"是修正主义、阶级调和论，"有阶级斗争才有哲学……不搞阶级斗争，搞什么哲学？"由此可见，"斗争哲学"只看到了统一中的对立面，而不能看到对立中的统一面，只讲"斗争"不讲"统一"，只讲"冲突"不讲"合作"。需要指出的是，"斗争哲学"并非马克思主义的"辩证唯物主义"或"唯物辩证法"，甚至是对马克思主义的背离，确实在一定历史时期、一定程度上造成了严重的"左"倾错误。在"斗争哲学"指导下的阶级分析方法受到极"左"思潮的严重影响和束缚，它坚持"阶级斗争为纲"，把政治问题作为对待一切问题的基本前提和出发点，而任何问题都习惯性地首先被提升至政治层面和斗争格局中；它坚持两极对立的思维方式并具有非此即彼的简单化、机械化倾向，一方面它无视人民群众内部不同阶级之间的差异，而完全将其想象为一个具有高度同质性的共同体，但同时，它又始终坚信人们内部隐藏着部分"阶级敌人"并始终存在势不两立的敌我对抗；它拘泥于由"两个阶级"（无产阶级和资产阶级）、"两条道路"（社会主义和资本主义）、"两条路线"（马克思主义和修正主义）所构造的不可调和的斗争格局，通过先验定性、无限上纲、简单划线的方式方法，使那种斗争狂热、政治激情和阶级义愤充斥在人为设定的阶级斗争场域中。

当今社会已发生了重大的历史变革，这种变革突出表现在自党的十一届三中全会以来我国经济、政治等领域所发生的巨大变化，改革开放的深入和市场经济的推行，我国"一大二公三纯"的局面被逐渐打破，城乡二元结构的瓦解和多种经济成分的并存以及经济全球化对我国产业结构的重大影响，共同塑造了我国社会转型时期的经济格局。经济结构的变化也随之影响了我国自新中国成立以降近30年所形成的社会结构和阶级结构，计划经济体制下的单位制、行政制、身份制在市场条件下难以为继，原有的"两阶级一阶层"（工人阶级、农民阶级、知识分子阶层）内部也发生着细微变化。在某一阶级内部更分离出不同的阶层，而收入、职业、教育水平等因素在阶层的分化和阶层归属感的形成中日益增强，而诸如管理阶层、专业阶层等群体也逐渐从原先所属阶级的一体化的集体行动的整体视野中浮出水面，并发出体现本阶层意志和利益的声音和主张。根据大量的调查研究，中国社会科学院"社会结构变迁"课题组按照经济资源、文化资源和组织资源①在各阶级中的占有量及其程度，将现阶段中国的社会结构划分为五大社会等级和十个阶层，具体包括社会上层、中上层、中中层、中下层和底层这五个等级和国家与社会管理者阶层、经理人阶层、私营企业主阶层、专业技术人员阶层、办事人员阶层、个体工商户阶层、商业服务员工阶层、产业工人阶层、农业劳动者阶层、城乡无业、失业、半失业者阶层这十个阶层。这就意味着，经过 30 多年的改革开放，我国社会新的阶层已经形成并正在发展，而我国的社会分层结构也变得更加复杂多变。

面对处于现代化进程中的中国市场社会，仅仅利用阶级分析方法对社会阶级的重点关注是不够的，它需要更加细密化的理论触角将其延伸至社会阶层，从而对越来越复杂的社会分层现象做出更加细致、具体的描述和解释。其中需要着重指出的是，当社会阶层虽隶属于一定阶级群体，但却存在较大的差异时，当社会分层打破原有僵化的身份阻隔而保持较高的社会流动性时，当社会各阶层共处于社会共同体之内并为满足自身需要而相互交往和彼此联系时，就意味着不同阶级阶层之间关系是相互交织、错综复杂的。对诸种阶层关系的认识和把握，也就不能教条式地遵从马克思对资本主义工业化早期所阐释和预见的那样，把阶级关系认为是社会两个对立阶级之间你死我活式的冲突和斗争，最后把一方消灭而寻求唯我独尊的存在与发展。现阶段我国社会各阶级阶层之间固然存在资源争夺和利益博弈中矛盾和冲突，但公有制和社会主义制度的确立和发展，使阶级（阶层）关系中的合作成为历史发展的主流。现代化建设已经构成在全球化时代寻求国家生存与发展的东方大国的时代主题，需要调动社会各阶级阶层的力量，在社会不同阶级阶层彼此交往过程中降低社会交易成本和减少

---

① 该课题组认为，经济资源是指对生产资料的所有权、使用权和经营权；文化资源是指对社会所认可的（证书或资格认定）知识或技能的拥有；组织资源包括行政组织资源和政治组织资源，是指依据国家政权组织和党组织系统而拥有的支配社会资源的能力。

社会冲突频率，最大限度地增进各阶层之间的合作就成为当下阶级分析方法现实主题转向的重要部分。

五 阶级分析方法与其他方法的结合运用

法学是人们对法律现象进行认知、评价并进而寻找法律精神的知识体系，对同一法律现象选择不同的研究方法和观察路径往往会形成不同的研究结果和知识产品。新中国成立以来的法学研究，始终坚持马克思主义的理论指导并形成了马克思主义方法论。马克思主义法学方法论在哲学层面以辩证唯物主义和历史唯物主义作为理论基础，并且以阶级分析、价值分析等方法作为法学的具体方法。阶级分析方法作为用阶级和阶级斗争的观点去观察和分析阶级社会中各种社会现象的方法，已经被广泛地应用于各门社会科学和人文科学，在法学研究中也占有重要的地位。

阶级分析方法作为法学研究的基本方法，有独特的研究视角，对法律现象的认知形成了许多富有真知灼见的结论，如"法的统治阶级意志论""法的本质学说""法律发展的五阶段论"等，因此，其独特的理论功能和工具价值受到法学界的广泛认同。但过去我们的方法论是僵化保守的，阶级分析方法被视为唯一的、排他的方法，而其他与之不同的理论和方法却被视为非科学的谬误，该方法的教条化和绝对化导致了思想和观念的禁锢，由此出现了阶级分析方法代替一切方法的愚昧和独断。而阶级分析方法的过度使用是在新中国成立以来至改革开放前期这一历史阶段社会整个的理论氛围中形成的，这一阶段我们只承认马克思主义哲学是唯一的科学方法论，无视非马克思主义的社会科学研究，否认社会科学研究方法的多样性或多元化；我们把马克思主义哲学视为一成不变的东西，机械地照搬照用，而没有把它同具体的法律实践（包括法律技术性实践）紧密结合起来。①

法学研究的基本对象是存在于现实生活中的法律现象，它是人们通过自己的感官就能够直接辨别和发现的法律的现实承载体或者承载媒介，也

---

① 参见吕世伦、文正邦《法哲学论》，中国人民大学出版社 1999 年版，第 615 页。

就是法律的内容、意义、价值、功能和作用的外显方式和物化形式。因此，对法律现象的认识和把握，对于我们深刻理解法律的概念、法律的精神、法律的价值观念、法治的内涵、理解法律的实际运作等，都是有帮助的。然而法律现象的复杂性、全面性和系统性使全面而深刻的认知绝非易事，加之现代社会中法律现象本身又与经济、政治、社会、历史传统、道德观念等有着千丝万缕的联系，这就决定了作为认识工具的法学方法绝不能是单一甚至唯一的，只有多元的、综合的法学方法才能突破单一的认识模式，形成法律现象的科学认识。我们的时代是一个"立法者没落、阐释者兴起"① 的时代，这个时代法学理论表明：建立多元、综合、系统化的法学方法是历史发展的必然趋势。事实上，从 20 世纪 80 年代伊始，我国法学学者也在为此付出诸多努力："第一，他们是在坚持原有的法学方法论理论框架的基础上丰富其内容与层次，法学方法论表述的对象多了法学基本方法这一层次；第二，他们从西方引入的法学方法论，主要是在西方已发展得十分成熟的三大主流法学流派的方法论，如在价值法学领域主要引入的是西方自然法学派的道德哲学理念与理性思辨的基本研究方法；在事实法学领域主要引入的是西方分析法学派与社会法学派的实证主义哲学理念，以及逻辑分析与经验分析的基本研究方法。也就是说，他们并不注重当前在西方非常时兴、前沿，但尚非主流法学流派的方法论，如后现代主义法学。第三，有一部分学者也不完全是教条地运用唯物辩证法，而是将其与法学研究结合起来，提出了诸如阶级分析法、经济分析法、历史考察法等马克思主义法学的特殊方法论，并努力将之与引入的西方法学方法论调和起来。"② 上述情形表明，这一时期我们法学学者在方法论原则层次上明确了马克思主义辩证唯物主义和历史唯物主义的理论指导，并进而坚持将实事求是的思想路线、社会存在决定社会意识的观点、社会现象的普遍联系和相互作用的观点和社会历史的发展观点用于法学理论研究。同时，马克思主义开放的理论品格，使其以开放的理论姿态和广阔的学术

---

① ［英］齐格蒙·鲍曼：《立法者与阐释者——论现代性、后现代性与知识分子》，洪涛译，上海人民出版社 2000 年版，第 148 页。

② 季涛：《法学方法论的更新与中国法学的发展》，《浙江社会科学》2000 年第 5 期。

胸怀广泛借鉴西方主流法学流派的研究方法，构造了多元的法学方法体系。20 世纪 90 年代初，张文显教授出版的《法哲学基本范畴研究》一书中坦陈他在使用传统法学与马克思主义一脉相承的诸种研究方法的同时，如阶级分析方法、价值分析方法、历史考察方法，重点对肇始于维特根斯坦为代表的语言分析哲学的语义分析法加以推介，该方法的独特功能被用于法学理论中的重要概念的厘定和分析，从而以其翔实充分的论证确立了"权利本位论"在当代中国法学中的地位和影响。

尽管我国学者对基本法学方法的构成还存在众多争议[1]，但是法学学者对法学方法之于法学理论的观念更新和理论发展的价值和意义已经有了明确的意识，即"法学的研究方法，同时也是法理学的研究方法，任何一门科学的发展，都和它的研究方法是否正确有密切的联系"[2]，而且"没有成熟、科学的研究方法，是不会产生成熟、发达的法理学"[3]。法学阶级分析方法与其他法学方法的优势互补、相得益彰，法学方法体系的开放性、综合性和协调性的建构，才能真正使中国法学摆脱幼稚走向成熟，才能全面认识和理解中国法治实践中的问题从而推动中国法制改革的历史进程，也才能以具有浓厚"东方色彩"和"中国特色"的法治理论和法治实践为世界法学发展作出应有的贡献。

---

[1] 有人认为基本法学方法包括社会调查的方法、历史考察的方法、分析和比较法律的方法、词义分析的方法及社会效益和经济效益分析的方法，参见沈宗灵《法理学》，北京大学出版社 2000 年版，第 24—28 页；有人认为应该包括经济分析、阶级分析、价值分析、历史分析和实证分析这五种方法，参见徐显明《法理学》，中国政法大学出版社 1994 年版，第 11—15 页；有人认为应该包括语义解释的方法、比较分析方法、经济分析方法、历史考察方法和社会调查方法，参见孙笑侠《法理学》，中国政法大学出版社 1996 年版，第 9—14 页。

[2] 李步云：《法理学》，经济科学出版社 2000 年版，第 14 页。

[3] 葛洪义：《法理学》，中国政法大学出版社 1999 年版，第 29 页。

第五章　当代中国法学研究阶级
分析方法的科学应用

　　法学作为一种知识体系,其客观基础在于人们"法律的生活"和"生活的法律"彼此交融互动而形成的由众多现实的、活生生的法律现象所构成的法律世界,而人们基于相对客观的立场、运用自身的理性能力对这一法律世界进行观察、认识、理解和逻辑分析,进而对其历史发展和现实运作中的客观规律进行归纳、总结,才最终使这一知识体系得以形成。然而,面对这一错综复杂的法律世界,人类理性能力必须借助某种方式、手段、途径、方略等,即方法,才能把作为主体的人与作为客体的法连接起来并进而探知法律世界中的奥秘。也正因如此,"方法"一词从古希腊起源伊始就意味着沿着正确的道路前进的意思,① 而法学方法也就成为人们认识和解释法律世界的手段和路径,成为研究者与法律世界彼此沟通的桥梁和纽带。研究者通过法学方法确立了法学的研究对象和研究范围,形成了法学理论和观点,从而使法律世界的某一维度得以展现出来。阶级分析方法作为马克思主义法学研究中的一种基本方法,它运用阶级和阶级斗争的观点去观察和分析阶级社会中的法律现象和法律社会中的阶级现象。这一方法的运用,成为法学理论建设避免走入唯心主义误区的必要指南,成为探索法律制度和法律思想历史演变规律的基本线索,成为古今中外法

---

① 　参见吴云梁《科学方法论基础》,中国社会科学出版社 1984 年版,第 1 页。

律制度定性分析的有力工具,成为法制实践确立和坚持我国法制根本宗旨的重要理论参照。①

自 20 世纪 50 年代以来,阶级分析方法在我国法治理论的历史演进中由于其所具有的"意识形态"的正确性而备受推崇,曾经盛极一时。但过度地渲染和推崇往往会在阶级分析方法的具体应用中造成种种错误倾向,如以教条主义的态度来理解和运用阶级分析方法,把法学片面归结为"阶级斗争之学"和"对敌专政之学",或是以虚无主义的态度对待阶级分析方法,有意或无意地贬低、轻视甚至否认阶级分析方法的理论意义和认识价值。纵观新中国成立以来 60 年的法学研究,中国社会的巨大变迁中以阶级为焦点的社会结构考察证实了阶级分析方法的适用过程恰恰犯了上述错误。即以中国改革开放为时间点,中国社会具有历史延续性的社会发展过程被截然分割为"阶级斗争社会"和"无阶级社会",理论想象中的"历史的断裂"让阶级分析方法始终围绕着质疑和批判,乃至该方法在包括法学研究在内的整个社会科学研究中被逐渐淡化甚至消声匿迹。但事实是,"阶级"作为一个描述性概念,阶级分析作为一种分析工具,在社会科学研究中具有较大的理论价值和实践意义,进而产生了"重返阶级"的呼声。在这一讨论中指出,我国社会主义市场经济体制改革就其基本取向而言,仍然是社会主义根本制度框架内生产资料所有权的再生再造,社会生产关系的资本职能和劳动职能在市场机制下被相对完整地构造起来,"阶级分析方法基于所有权关系,强调阶级的利益冲突和对政治结构的深刻影响以及由所有权关系造成的阶级之间不平等的不合理性,它关怀的是阶级的命运"②。因此,"阶级话语"本质上是社会不平等的逻辑表达,阶级分析在法学场域中的使用,通过考量所有权关系、阶级利益等宏观结构因素对不同阶级、阶层的个体成员的经济、政治、社会地位的影响,从而以权利、义务的角度解析所有权关系导致的利益的制度性剥夺并进而给予利益补偿的权利保障和法律救济,从而构建体现公平正义的制度

① 参见张文显《法理学》,高等教育出版社 1997 年版,第 27—28 页。
② 彭恒军:《重返阶级:"世界工厂"的必然逻辑》,《兰州学刊》2008 年第 6 期。

体系。但过去相当长的一段时间内，由于受教条主义思维方式的影响，人们在理解和运用这一马克思主义的方法时，往往是只留心抽象的结论而舍弃了丰富、具体的分析过程，只注重可为现行政策作注脚的个别观点而忽视了理论的整体联系，只记住了作为分析工具的范畴和术语而忘记了使这些范畴和术语的运用免于片面和极端的前提条件。实践证明，以这种非科学的态度对待阶级分析方法，只会给我们的法学发展和法制建设带来灾难性的影响。因此，当代中国法学研究中阶级分析方法的科学应用便成为一个亟待解决的问题。

第一节　当代中国法学研究中阶级分析方法的地位和意义

　　长久以来，身处当代中国法学场域的中国法学者们心中无不萦绕着些许困惑和压力，这多少源于我们设身其中且将其作为事业和信仰的中国法学却在自评和他评中皆成为"幼稚"的学科，多少年来，中国法学研究者为了摆脱法学幼稚的困境，不断地进行反思和自省以实现艰难的突围和变革。当中国法学研究者以高度的理论自觉试图描述、理解和反思中国法学发展的历史轨迹，"法学缘何幼稚"的答案已经呈现于眼前：一方面是法学方法的贫乏；另一方面是法学研究对象的迷失。① 两个原因的相互交织告诉我们，中国法学要想摆脱"幼稚"的困境实现法学的发展和勃兴，就必须以科学的法学方法解析中国法学的研究对象。

　　对于前者，人们一般认为"法学的研究方法，同时也是法理学的研究方法，任何一门科学的发展，都和它的研究方法是否正确有密切的关系"②，而且"没有成熟、科学的研究方法，就不会产生成熟、发达的法理学"③，"从法的历史发展看，法学的研究方法是与法学的发展同步进行的，而法学的发达又与方法的发达与否密切相关，一般的科学方法论和其

① 参见陈金钊《研究对象的迷失——对我国法学理论研究的一点看法》，《法学》1999 年第 3 期。
② 李步云：《法理学》，经济科学出版社 2000 年版，第 14 页。
③ 葛洪义：《法理学》，中国政法大学出版社 1999 年版，第 14 页。

他学科专有的方法论往往被法学所吸收，或者进行过滤、加工和改造变异出带有法学性质的方法"。因此，很多学者将法学方法的研究视为法学转向契机的观念已经成为当今潮流，"方法论在目前的发展既迅速又成功。或许可以毫不夸张地说，在我们的时代，人们研究方法论的热情是前所未有的"①。然而，法学方法的研究热情不应只是盲目地集中于自然科学、其他社会科学研究方法的引进、吸收，更应该关注原有法学方法（如价值分析、实证分析等法学方法）的重新评定和全新定位。本书论述主题的阶级分析方法，在很长一段时间，由于我们对它的误读、误用，被误读为仅仅研究阶级斗争的方法，被误用于仅仅研究经济和政治领域中作为"斗士"的阶级和仅仅是存续于冲突和斗争中阶级关系，这样的研究方法及相应的研究过程不仅失却了自身的本真和意义所在，也造就了中国法学中的教条主义、虚无主义、工具主义。但是，通过前面的论述，阶级分析方法得以"正名"，正名之后的阶级分析方法经过了全面认识和综合评定显然已经做好了理论准备来迎接当代中国的法学的机遇和挑战。对于后者，法学研究者必须时刻保持清晰的头脑和理论的自觉，既要明确法学研究的对象是在"社会"这一整体结构及其所有结构成分当中"法律"这一特殊成分与除法律之外的"其他"结构成分之间的关系，又要明确研究对象的中国特征和中国属性，即它确确实实是发生在当代中国这个特定时间和空间的并对这个时空内的社会结构调整和社会秩序维系产生作用和影响。

改革开放以来，人们关于法学研究对象的观点众说纷纭，② 但总体来

---

① ［美］鲍亨斯基：《当代思维方法》，童世骏等译，上海人民出版社 1987 年版，第 143 页。

② 关于法学研究对象的观点主要包括：1. 法学研究对象就是法或法律。参见陈守一、张宏生主编《法学基础理论》，北京大学出版社 1981 年版，第 4—5 页。2. 法学是一切专门以法律现象为研究对象的学科总称，"一切法律现象或总称为法律现实。这是一个综合性、概括性的概念。法律意识、法律规范、法律关系、法律行为（包括合法行为和违法行为）等，都是法律现象，都是法律现实的组成因素，都是法学研究的对象"。参见孙国华主编《法学基础理论》，中国人民大学出版社 1987 年版，第 1 页。3. 法学是一门社会科学，它以法这一特定的社会现象作为研究对象。参见沈宗灵主编《法理学》，北京大学出版社 1996 年版，第 1 页。4. 法学是研究社会中的法律和法律现象及其规律的简称。参见王勇飞、王启富《中国法理纵横》，中国政法大学出版社 1996 年版，第 11 页。5. 法学研究对象是社会法律现象及其发展规律。参见卢云主编《法学基础理论》，中国政法大学出版社 1994 年版。

说，我国法学理论界关于法学的研究对象主要包括：法或法律、法律现象、法和法律现象。运用阶级分析方法进行法学研究，将法律视为统治阶级进行阶级统治的工具，法律的本质被定性为统治阶级意志的体现。不可否认的是，阶级分析方法在一定程度上作为本质主义的认识论工具能够在纷繁复杂的法律现象背后看到事物的本质，这正是阶级分析方法的理论优势所在。然而，正如陈金钊教授指出的："法律是统治阶级意志的体现，这一定义可称为放之四海而皆准的真理，不管法学理论界研究什么问题，只要一遇到法的阶级本质问题，许多问题似乎都不用再研究了。无论多么复杂的法律现象和法律问题，只要一赋予其阶级性的内容，问题就算是搞清楚了。同时，法学的阶级性还是衡量一切法学成果是否属于马克思主义法学的最后评判标准。不管学者们的研究得出什么样的结论，只要与该标准不同，就可能被扣以不同时期的不同的政治帽子。我们认为，把法学研究的对象界定为法律，而关于法律又有一个恒定不变的本质，如果循着这一思路，法学就没有必要再研究下去了。因为科学的认识就是透过现象看本质，本质已经有了，并且不用透过现象，只须在经典著作里找几条语录就行了，法学研究还有什么必要。"① 需要指出的是，法律的本质并非唯一的，只有从不同的视角、不同的层次全方位地综合研究和探索法律，才能真正透过法律现象看到法律的本质。从内部的视角研究法律，研究者深入法律的内部体系，从法律的内在运行机制中对法律现象的特征、作用及运行规律等进行探寻，由此获知法律或是人们行为的规则体系，或是法官据以判案的程序，或是法官的行为。也正是这一内部视角，揭示了法律内部通过权利义务的调整机制实现利益的协调与整合，并进一步将法律自身的价值负载通过具体个案的法律调整得以实现；而从外部的视角观察和研究法律，研究者将对法律现象的考察与其他社会现象联系起来。法律现象作为在现实社会中人们通过自己的感官能够直接辨别和发现的法律的现实承载体或者承载媒介，不仅在不同国家和社会中表现形态千差万别，而且与社会不同现象存在的联系也亲疏远近有别。在一个社会的整体结构中，

---

① 陈金钊：《研究对象的迷失——对我国法学理论研究的一点看法》，《法学》1999 年第 3 期。

除了"法律"之外的经济、政治、文化现象也同样构成了人们生活和活动的主要领域和主要方面，它们与法律之间的彼此互动共同构造了社会的有机整体。经济、政治、文化等社会现象及其发展不仅制约着法律的性质、内容和形式，实际上也决定和制约法律的发展，与此同时，法律则通过其价值整合与秩序维护功能，保障着这些社会现象健康有序地发展，并尽力制约和消解这些社会现象及其发展所产生的对于人类而言的消极甚至有害影响。综上所述，运用阶级分析方法研究法律现象时，法学研究对象的复杂性、丰富性远非阶级分析方法所能统摄，阶级分析将法律与阶级，尤其是统治阶级联系起来，将法律以权利义务的制度安排与统治阶级的意志和利益联系起来进行考察时，必须同时注重考察法的历史文化的复杂性和现实的复杂性。

行文至此，阶级分析方法作为马克思主义法学方法论中的具体研究工具并未彰显其独特性，尤其是在中国法学场域中的不可替代性。但是需要指出的是，阶级分析方法是法学研究的一种重要工具，但更应具体化为是当代隶属于中国、具有中国特质的法学研究的重要认识工具。而作为当代法学存在和发展的宏大背景的中国属性或中国特质便是"转型中国"，转型时期中国法学研究中阶级分析方法的命运又将如何？在当代中国社会科学研究中，重返"阶级分析"的呼声①在一定程度上表征了这一方法之于包括法学研究在内的中国社会科学研究具有或可能具有的重要价值和意义。

社会转型是对当代中国社会正在发生的历史性变革的归纳和总结，对于这种变革，人们常常用以下三种转变来描述，即从传统社会向现代社会的转变、从农业社会向工业社会的转变、从熟人社会向陌生人社会的转变。但仅仅这些是无法全面而深刻地领悟和理解这场变革的内在机理和外部影响的，因为它不是社会某个领域或者某项制度措施所发生的变动和修改，而是引起和触发全社会领域包括机制转轨、结构转变、利益调整和观

---

① 此类文章可以参见彭恒军《重返阶级："世界工厂"的必然逻辑》，《兰州学刊》2008 年第 6 期；《重返阶级分析正在成为一种呼声》，《当代社科视野》2008 年第 12 期；冯仕政《重返阶级分析——论中国社会不平等研究的范式转换》，《社会学研究》2008 年第 5 期。

念更新在内的整体性变动。马克思曾启发我们这样认识社会的变迁，他说："一切社会变迁和政治变革的终极原因，不应在人们的头脑中，在人们对永恒的真理和正义的日益增长的认识中去寻找，而应当在生产方式和交换方式的变更中去寻找；不应当在有关时代的哲学中去寻找，而应当在有关时代的经济学中去寻找。"① 因此，诱发这场变革的内在动因也应当是存在于经济领域的，只有对经济领域的历史考察才能帮助我们认识和理解转型对这个国家和民族的生存与发展所具有的意义和价值。

在现代社会，市场经济在整个资源配置中起到基础性调节作用，是当今世界主流的经济运行模式。但是，这种体制却并非与中国的社会机体具有天然的亲缘性，市场经济所奉行的主体平等、理性自律和普遍主义在中国传统社会缺乏生存和适用的社会土壤。中国传统社会是一个以自然经济为基础的农业社会，个人主义的生产方式使社会个体之间缺乏广泛的生产协作和社会交往，血缘关系、地缘关系构成了人们行为的内在指引和行动逻辑，人们围绕血缘和地缘所形成的圈子（家族）生存和生活，而在这个圈子内部其成员之间并不具有平等、独立的人格和地位，而是依照等级有序的儒家伦理所赋予自身的地位和角色来处理彼此之间的社会关系。费孝通先生形象地将我国传统社会结构称为"差序格局"，他说："在我看来却表示了我们的社会结构本身和西洋的格局不相同的，我们的格局不是一捆一捆扎清楚的柴，而是好像把一块石头丢在水面上所发生的一圈圈推出去的波纹。每个人都是他社会影响所推出去的圈子的中心。被圈子的波纹所推及的就发生联系。每个人在某一时间某一地点所动用的圈子是不一定相同的。在这里我们遇到了中国社会结构的基本特性。我们儒家最考究的是人伦，伦是什么呢？我的解释就是从自己推出去的和自己发生社会关系的那一群人里所发生的一轮轮波纹的差序。"② 在这种传统社会结构中，尊卑上下的等级差异的不断再生产使这种差序格局得以维系，而这种再生产是通过伦理规范、资源配置、奖惩机制以及社会流动等文化观念制

---

① 《马克思恩格斯选集》第3卷，人民出版社1995年版，第307页。

② 费孝通：《乡土中国　生育制度》，北京大学出版社1998年版，第26—27页。

度实现的。差序格局否定了人格平等的可能性，不承认权利义务之间的平衡，最终导致差序人格的产生。① 差序人格的形成使形式的和实质的权利平等失去了基本前提，权利蜕变为特权，阶级蜕变为等级。

新中国成立以后，生产资料公有制的主导地位确立，国家依据高度集中的计划经济体制对整个社会资源进行支配和统筹，并对社会事务进行管理。根据马克思主义的阶级划分标准，考量广大社会成员与生产资料的具体关系，整个社会形成由工人阶级、农民阶级和知识分子所组成的阶级结构和社会结构。不同阶级的社会个体被严格限制在其固有的生活场域，频繁的社会流动被计划经济体制下的社会管理制度所阻隔，因此，这种"两阶级一阶层"的社会结构具有明显的刚性和封闭性。具体而言，不同阶级之间鲜明的资源获取和利益分配的差异与生产和生活领域的界分主要依赖以下几种社会管理制度：第一，户籍制度。新中国成立以来，我国奉行严格的户籍制度，广大公民被划分为农业人口和非农业人口；出于当时的战略需要，国家对城乡产品实行"剪刀差"的价格定价，以使农民阶级的利益受损来加快国家工业化进程，由此使城乡居民之间在经济水平上形成较大差异。除此之外，城乡居民依凭其户籍在教育、卫生、医疗、保险等各方面都享受不同的福利和待遇。因此，农民阶级与其他阶级之间在整体的生存状态上表现出巨大分野。第二，身份制度。改革开放以前，在城市中就业的劳动者被划分工人和干部两个身份群体。一般而言，干部的工资收入等福利、待遇高于工人，而工人编制转变为干部编制就如同农业户口转变为非农业户口一样十分困难，干部身份有较强的凝固性和不易改变性。第三，单位制。在计划经济体制下，广大劳动者从事生产活动大都隶属于一定的单位，单位本身的结构分化和功能扩展决定了单位不只单一地向劳动者支付工作报酬，同时还为劳动者本人及家庭提供全方位的生活服务和生活保障。因此，单位制使劳动者的生活待遇和福利水平得以固化。上述三种与计划经济体制相适应的社会管理体制使整个社会的流动速度明显缓慢，工人、农民、知识分子之间界限分明、壁垒森严。

---

① 阎云翔：《差序格局与中国文化的等级观》，《社会学研究》2006 年第 4 期。

　　与此相适应的是整个社会僵化的经济结构和单一化、趋同化和板块化的利益结构，公有制经济的基础地位使国家具备较强的宏观经济的支配和驾驭能力，国家本位主义的资源配置和利益分配方式服从国家发展规划，倾斜性地向不同阶级的社会成员配置福利待遇，因此社会整体的资源配置和利益分配也在三者之间形成天壤之别，但阶级内部成员之间却有着较高的心理认同，阶级群体自身具有较高的同质性。

　　1978 年是中国历史上一个里程碑式的年份，自这年伊始的经济体制改革逐渐使刚性的社会结构得以松动，社会机体自身的活力和社会成员的主动性、积极性得以释放和调动，中国社会在市场转轨的内在推动下开始进入快速发展的社会转型期。我国学者倪伟志以市场转型理论[①]分析了当代中国发生和正在发生的社会转型，他认为，市场经济体制使我国社会经济利益、社会地位和社会机会等都从计划经济体制下的经济与社会的组织系统和管理系统转向了市场，市场为广大社会成员提供了平等的获取资源和利益的平台。因此，计划经济体制下单一、格式化的分配模式经动态、博弈的市场机制所触动而开始动摇和瓦解，这直接引发了社会结构和阶级结构的变动。

　　其基本特征表现为原有阶级内部的分化和阶级之间的分化，具体而言，包括如下的几个方面：第一，工人阶级的内部分化。改革开放以来，经济结构的调整和国有企业的改革为工人阶级的内部分化奠定了物质基础。一方面，我国经济结构由单一的公有制结构向以公有制为主体、多种经济成分并存的混合所有制结构转变，这种转变使工人开始从原来的体制内单位即全民所有制和集体所有制的国有单位向体制外的单位如个体、私营、外资等非公有制经济单位流动。另一方面，国企改革按照现代企业制度对整个企业的产权关系、人力资源、管理制度等各方面进行再生再造，

――――――――――

[①]　我国学者倪志伟根据塞勒尼关于社会主义再分配经济的相关研究及自己的经验研究，形成了市场转型理论，该理论主要包括市场权力、市场刺激和市场机会这三个基本论题，其核心思想在于，国家社会主义从再分配向市场经济的转轨，将有利于直接生产者而相对不利于再分配者，有利于市场资本、人力资本、文化资本持有者而不利于政治资本的持有者。换成两个一般性命题，就是市场转型将降低政治权力的经济回报，以及市场转型将提高对人力资本的经济回报。

企业的工人也随着改革的推进被分岗分流，原有企业工人的生活和命运发生了重大改变。

上述改革使原来具有高度同质性的工人阶级在工资收入、生活状态、福利待遇等各方面都表现出巨大差异，工人阶级也分化出不同阶层，不仅有在不同所有制企业的工人，还包含初始意义上工人、企业的管理人员、下岗工人等多种形式。

第二，农民阶级的分化。1978 年以来，农民阶级的分化速度、规模和范围都发生了十分显著的变化。原来把土地作为基本生产资料和生活来源的农民随着改革开放的不断深化而"离乡离土"，农民发生了如下的分化：农村农业劳动者阶层、农村基层管理者阶层、农村集体劳动企业的劳动者阶层、农村集体企业的管理者阶层、农村雇佣工人阶层、农村私营企业主阶层、农村个体劳动者阶层和城镇农民工阶层。[①]

社会转型使整个社会的人、财、物都处在改革的旋涡中按照一种新的方式重新排列组合，其结果是不同的个体与一定的资源相匹配从而在宏观上形成以阶级、阶层为基本单位的分层排列。而这个分层排列的实质便是利益的分化与整合，利益的分化使不同阶级内部分化出来的不同阶层形成了较强的群体意识，能够提出比较明确的利益诉求。"在短短的 20 年时间里，我国已经从一个平均主义盛行的国家，转变为超过了国际上中等不平等程度的国家，贫富差距在这样短的时期内迅速拉开，这样巨大的变化在全世界也是不多见的。"[②] 中国用二十几年的时间走完了欧美国家耗费了几百年的时间所实现的利益分化，与此同时，中国利益结构重构过程中的内在矛盾也不断凸显：贫富分化加剧，阶层分化严重，不同阶层之间的利益矛盾、冲突日益突出，城乡、区域、阶层和行业的收入差距进一步拉大；政府调控政策明显滞后于利益分化的速度，政府调控收入分配失衡的权威性削弱，社会不同群体在利益博弈中严重失衡，由此可见，利益结构的过度分化及其不平衡性成为经济社会发展中的突出矛盾。在此背景下，

[①]　参见刘祖云《社会转型与社会分层——20 世纪末中国社会的阶层分化》，《华中师范大学学报》（人文社会科学版）1999 年第 4 期。

[②]　李培林等：《中国社会分层》，社会科学文献出版社 2004 年版，第 22 页。

一些学者提出了"重返阶级分析"的呼声，使阶级分析方法的意义和价值重新焕发出来。冯仕政教授的研究指出，[①] 主张重返阶级分析的学者的观点大致包含以下几种：第一，沈原教授认为，社会转型规模的宏大构成了重返阶级分析的重要理由，只有运用阶级分析方法才能发现和解析当代中国社会转型过程中的"真问题"，而这个所谓的"真问题"便是中国正处于两次大转变的历史交汇点上，转型的速度之快，作用范围之广，影响之深刻令人瞠目结舌，因此，这种转变就不是社会生活细枝末节的改变，而是整个社会的生计模式、基本的社会安排和社会框架以及阶级、阶层结构都在发生变化和进行重构，要理解基本的社会安排、社会框架方面的变化，我们应当重新引入阶级这种能够反映宏观社会结构变化的视角。第二，仇立平教授等人认为，社会变革的剧烈程度，即所造成的社会局势的紧张构成了重返阶级分析的理由。之所以提出重返阶级分析，是因为在我国向市场经济转型之后，出现多种经济成分，资本的力量再次出现，犹如马克思所讲的资本将为自己强行开辟道路，这正是社会发展的"紧张时期"，需要运用阶级分析方法解释社会的"深层结构"，即"是怎么得到的"的问题。第三，孙立平教授则认为之所以要重返阶级分析方法，是因为社会结构已经定性为"断裂社会"——在这样一个社会中，阶层之间的边界和阶层内部的认同比较清晰，阶层之间很少流动，对此，阶级分析是比分层研究更加可靠的模式。

综上所述，阶级分析方法之所以能够在逐渐衰落后重新返场，学者们的观点集中于一点便是中国发生和正在发生的"社会转型"，所不同的是，学者们依循不同的观察视角对这场剧变所强调的侧重点有所不同。在社会转型中，阶级结构的变化，阶层群体和阶层利益的再形成以及利益结构的重构所产生的新的社会不平等，从根源上讲，仍然是由所有权关系的宏观结构性因素对社会个体的经济、社会、政治地位的影响所形成的。阶级分析方法基于所有权关系的基础性地位，着眼于阶级、阶层的利益冲突

---

① 　冯仕政：《重返阶级分析——论中国社会不平等研究的范式转换》，《社会学研究》2008 年第 5 期。

和对政治结构的深刻影响以及由所有权关系造成的阶级、阶层之间不平等的合理性考量，就在当代社会转型时期的社会科学研究中具有独特的价值和意义。

　　具体到法学研究，当代中国法学研究中阶级分析方法的勃兴，并非要回归"血雨腥风"的阶级斗争，阶级斗争只是特定历史条件下阶级关系的一重维度和处理阶级利益矛盾和冲突的特殊方式和手段，法学阶级分析方法的使用就是要将所有权关系作为社会生产关系再生产的基础和重要机制，分析以产权制度改革为基础的经济体制改革中产生的新的阶级、阶层的利益诉求，建立对话和协商的沟通机制，以促进阶级关系的缓和与合作，在不同阶级、阶层的利益博弈中构建制度正义。对此，一种和谐的法律秩序的建构就必须珍视社会转型时期的阶级关系背后利益冲突的双重影响。如何才能对由于社会转型所造成的不同阶级、阶层之间的利益紧张和冲突因势利导、趋利避害，并最终建构和谐的现代法律秩序呢？

　　首先，现代法治秩序的基础是利益均衡，是不同阶级、阶层在利益分配和财富获取中保持动态的平衡。需要指出的是，平衡不等于平均，计划经济时代的资源配置和利益分配方式虽然使社会成员之间享有相同或相近的物质资源而没有明显的差异和区别，但以低生产力为基础的平均主义所建立的社会秩序只能是依赖强制性规范，法律义务和法律责任的设置为这种法律秩序奠定了规范基础，政治宣传中理想主义和国家强制下的暴力威慑成为公民守法的基本保证，因此，这种法律秩序只能因缺乏不断扩展的动力源泉而僵化、停滞。而市场经济体制改革的推行使整个社会的分层结构由封闭走向开放。开放的社会结构使社会成员能够在不同阶级间流动，同时促使原有社会阶级不断阶层化，社会成员在不同阶级、阶层间的自由流动势必对法律秩序产生影响。一方面，市场机制使广大社会成员获得了平等参与市场竞争的主体资格，他们凭借自身能力打破原有的阶级归属在整个社会分层体系中获致一定的位置。不同阶级、阶层的产生呈现出多种需求和多元利益，利益争夺的竞争性和利益关系的互动性使不同阶级、阶层之间的利益关系呈现一幅动态而复杂的画面。另一方面，民商事法律规范为市场主体的市场行为和交易活动奠定了制度基础，主体的逐利活动被限制在既有法律规范所设置的法律边界和活动程序中，只有在法律许可下，利益获取的数量和形式才能得到认可和保护，从而达致安全性、稳定性的利益关系。这种利益关系的动静结合，就形成"一个有联系的交往形式的序列"①，这即是现代法律秩序赖以为基础的利益均衡。

其次，利益均衡的核心是表达和博弈。体制改革使不同阶级、阶层的内部成员敢于撕下原有的身份标签，勇于表达其不断增长的需求和愿望。在一定程度上，这种表达权利的行使能够使社会底层成员，如农民工、城市下岗人员等由于利益诉求得不到满足或利益受损而产生的不满情绪得以宣泄，使其获得心理上的满足和平衡，从而可以起到缓和、分解甚至消除矛盾与对抗，避免大规模的集体行动。对此，黑格尔深刻地指出："现代世界的基本原则要求每一个人所应承认的东西，对他显示为某种有权得到承认的东西。此外，每一个人还愿意参加讨论和评议。如果他尽了他的职责，就是说，发表了他的意见，他的主观性就得到了满足，从而他会尽量容忍。在法国，一直显得言论自由要比默不作声危险性少得多，因为后一种情形，怕的是人们会把对事物的反对意见扼在心头，至于论争则可使他们有一个出口，而得到一方面的满足，何况他又可使事物更容易沿着本身的道路向前推进。"② 然而，表达权利的赋予势必使利益的声音嘈杂而混乱，对于不同阶级、阶层的利益诉求的合理性、正当性必须通过相应的制度渠道使之上升为法律权利，法律主体资格的获取致使其能够拥有平等的自由权利进入公共领域进行评价和讨论。讨论的过程不是人们以自身的主体性排斥他人并使之客体化，把他人当作实现目的的工具理性的实践过程，而是人们在互为主体的基础上进行交往、互动和沟通的过程，是彼此寻求相互承认和理解的过程，更是沟通理性彰显的过程。对此，昂格尔也曾论述过，多元利益的存在是法律秩序即法治出现的一个基本条件。欧洲

---

① 《马克思恩格斯选集》第 3 卷，人民出版社 1995 年版，第 81 页。

② ［德］黑格尔：《法哲学原理》，范扬、张启泰译，商务印书馆 2009 年版，第 335 页。

历史上君主官僚政治、贵族特权、第三等级即中产阶级之间的利益冲突与妥协对西欧法治的发展的重要意义即是明证。① 利益博弈中的冲突与妥协在现代法律秩序中的扎根，使我们"可以预测，法律秩序将会具有某种自治性，它将表现为对立集团的妥协，而不是体现一个特定集团的利益和理想"②。在此基础上型构的现代法律秩序确立了合作的基本取向，庞德说："一种文明的理想，一种把人类力量扩展到尽可能最高程度的思想，一种为了人类的目的对外在自然界和内在本性进行最大限度的控制的思想，必须承认两个因素来达到那种控制：一方面是自由的个人主动精神、个人的自发的自我主张；另一方面是合作的、有秩序的、组织起来的活动。"③ 因此，合作是人类通向有序的理想生活的必经之路，在一定程度上，它内生于现代法律秩序内部。现代法治一方面将主体的正当利益和需求转化为权利，使私人领域主体的利益诉求得到保障；另一方面，在公共领域中，正当程序的确立使主体的利益冲突进入法律预先设定的解决步骤，按次序进行商谈和沟通，最后经由重复博弈使利害关系和利益冲突得以协调。

最后，建立容纳利益表达机制的制度安排和程序保障是关键。对于不同阶级、阶层的利益诉求所产生冲突和矛盾必须设置相应可以容纳利益表达机制的法律程序，从而使利益关系中的冲突得以化解，以利益均衡为基础的法律秩序得以建构。我国行政听证制度的普遍实行为利益表达机制建立了制度雏形和发展起点，近几年来对于火车票、自来水水价等问题的行政听证为其完善、储备了丰富的实践经验。由此所建立的容纳利益表达机制的制度安排能够正视不同阶级、阶层所发出的利益主张并通过法律程序设置将其吸纳，不同的利益诉求以一定的标准经由程序引导对其正当性进行评价，不同阶级、阶层代表的磋商和商讨在法律程序的安排下自由民主

---

① 参见［美］昂格尔《现代社会中的法律》，吴玉章、周汉华译，译林出版社 2001 年版，第 75 页。

② ［美］昂格尔：《现代社会中的法律》，吴玉章、周汉华译，译林出版社 2001 年版，第 172 页。

③ ［美］罗·庞德：《通过法律的社会控制》，沈宗灵、董世忠译，商务印书馆 1984 年版，第 70 页。

地对利益冲突的形成原因和处理方式各抒己见，其中，重要的是不同群体之间的妥协和制衡。它意味着对于利益冲突所涉及的各方当事人，利益纠纷的处理方式不被不同阶级、阶层所拥有的暴力手段和强度，即阶级利益对比关系中的强势阶级或阶层所支配，其处理结果也并不是某一阶级或阶层利益获致排他性的完满实现。它是也只能是不同阶级、阶层的代表经过理性思考和反复磋商，各方作出必要牺牲和适当妥协后获得共识。

第二节　法学阶级分析方法的科学应用

阶级分析方法作为法学研究中具有本质主义倾向的认识工具和分析方法，它能够在纷繁复杂的法律现象背后将我们的视线焦点自然投射到现实社会生活中的社会分层、利益结构之上，使法律权利义务分配的具体方案与经济、政治上占优势地位社会集团（阶级）的利益诉求和集体行动产生关联。然而，法律制度的生成和法律现象的产生并非只与阶级构成简单的直接对应关系，法或法律作为"使人类的行为服从规则治理的事业"（富勒语）扎根于生活现实和人们真实生活的土壤中，因此，法学研究密切关注现实的人的日常生活，尤其是作为"阶级"成员的人的具体的经济、社会、政治、文化生活的具体场景。阶级分析方法对法律和法律现象的分析和研究，更应该深刻体味现实的人以"阶级"这一群体方式存在所衍生的现实存在的丰富性和复杂性。

一　注重研究对象的历史与文化传统的复杂性

法是法学的研究对象，这是无须讨论的。但进一步地追问，"什么是法？"或"法是什么？"时看似简单的问题却变得极为复杂。把阶级分析方法用于法学研究，"法是什么"的问题在阶级社会考察中有了明确的答案和定义。苏联法学家使用阶级分析方法得出了与之相符合的法律概念，如苏联法学理论巨匠斯图契卡指出，"法是符合统治阶级利益的社会关系（或秩序），并受统治阶级有组织的力量的保障"。著名的苏联宪法法学家马里茨基则指出，"法是社会关系的秩序，是由统治阶级为着自己的阶级利益规定的，并受该阶级有组织的暴力所维护"。而将法律的概念与阶级、阶级利益勾连起来并产生巨大影响的莫过于时任苏联总检察长的维辛斯基，他指出："法是经过立法程序制定的体现统治阶级意志的行为规则以及国家认可的生活习惯和规则的总称，这些规则的运用以国家的强制力为保证，其目的在于保护、巩固和发展有利于和适合于统治阶级的社会关系和秩序。"① 而使用阶级分析方法进一步分析法的形成、发展等法律现象：法作为体现阶级意志和阶级利益的规则体系，是阶级社会所特有的现象。在人类历史的早期，人类孱弱的生理能力和恶劣的自然环境迫使其必须归于一定的群体并以群体性生活寻求自我保存和发展。在原始社会，人们归于以血缘关系为纽带、以原始民主制为基本运行机制的亲属群体，即氏族，而氏族成员在长期共同生活中形成的体现本"氏族"平等的全体人的共同利益和愿望的"习惯"成为维系正常社会秩序的基本的社会规范。但社会生产力的发展以致产生了私有现象，社会成员之间激烈的利益冲突和尖锐的社会矛盾使"氏族"这一社会组织和"习惯"这一社会规范难以为继，陷于崩溃。这时，社会自然产生了重建再造新的"社会组织"和"社会规范"以维持社会秩序的基本需求。这一"社会组织"便是阶级统治的工具——国家，而这一"社会规范"便是体现阶级意志和利益的法律。对此，马克思、恩格斯在《共产党宣言》中有着著名的论断："你们的法不过是被奉为法律的你们这个阶级意志一样，而这一种意志的内容是由你们阶级的物质生活条件决定的。"② 而列宁也同样认为，"法律就是取得胜利、掌握政权的阶级的意志的表现"。③ 由此，我们发现，法的形成和发展经由阶级分析的考量，与国家、阶级、权力等因素不可分割地联系起来，法律成为国家凭借其具有的合法统治权力为人们设计

---

① 转引自杨心宇《略论苏联法的一般理论及对我国法学的影响》，斯图契卡《斯图契卡选集》，莫斯科1931年版，第58页；马里茨基《苏维埃宪法》，哈尔科夫1924年版，第27页；维辛斯基《苏维埃社会主义法科学的基本任务》，莫斯科1938年版，第37页。

② 《马克思恩格斯选集》第1卷，人民出版社1995年版，第268页。

③ 《列宁全集》第13卷，人民出版社1986年版，第304页。

的行为规范，它的直接目的在于引导和约束人的行为，使人们的行为符合法律规范所设定和表达的行为模式的基本要求，从而使社会中占据优势的支配地位的统治阶级的意志和利益对社会生活产生全面影响，以建立起符合统治阶级需要的社会关系和社会秩序。

阶级分析方法将法的概念定位于阶级意志的制度性表达，历史发展导致的社会更迭产生了不同历史类型的具有显著特征的法律制度。但是，法除了表征一定的阶级意志和阶级利益而具有阶级性之外，法律与历史和法律与文化之间的密切联系是我们在法学研究中除了强调法律与阶级之外同样需要加以重视的问题，法律存在于一定的由历史和文化共同构造的空间中，因此，具有浓厚的历史与文化传统的复杂性。

19 世纪的法理学的基本特点是以关注历史为取向的，历史法学派的存在及其理论主张促使人们重新关注历史在法律中的重要影响。作为历史法学派的奠基人的萨维尼，遵循其历史主义的研究进路强烈抨击立法者以专断刻意的方式所制定的法律，法律被认为同一个民族的语言、举止一样，是"民族精神"的体现。萨维尼指出："每个民族都逐渐形成了一些传统和习惯，而通过这些传统和习惯的不断运用，他们逐渐地变成了法律规则。只有对这些传统和习惯进行认真的研究，人们才能发现法律的真正内容。法律，就其本意来讲，乃是同一个民族关于公正与正义的看法相一致的。"[①] 历史法学派对法律制度的历史洞察表明，"法律的含义和权威来自该民族作为法律的过去历史，来自该民族的习惯、制度方法的民族精神、历史价值和先例的理论"[②]，每个民族拥有自己独特的历史，还拥有超越民族现有成员道德及其外部历史事实的神秘本质和价值，因此，尽管某一具体的国家处于相同或相似的历史发展阶段并在社会结构和阶级结构上完全相同或相似，但是该民族独特的历史个性和民族精神必然使作为"民族精神"的外化和制度化的法律显得截然不同。

法律不仅存在于民族生活之中，同时还存在于一定的文化传统中。任

---

① ［美］E. 博登海默：《法理学——法律哲学与法律方法》，邓正来译，中国政法大学出版社 2004 年版，第 93 页。

② ［美］伯尔曼：《法律与革命》，贺卫方等译，中国大百科全书出版社 1993 年版，第 15 页。

何国家的法律都不可能凭空产生，它必然具有一定的文化基础，正如马克思曾指出的："权利决不能超出社会的经济结构以及由经济结构制约的社会的文化发展。"① 众所周知，西方法律制度和法治理论的形成都植根于基督教文化之中，尤其是基督教文化中的"原罪"意识影响了西方人和西方国家精神层面的思维方式和世俗层面的组织架构。在基督教教义中，"原罪"致使人性败坏，人性中的贪婪、情欲、激情、权欲等因素明显占了上风并使人趋于腐败和堕落，人性的本恶使人不得不运用理性去设计各种各样的方法和制度来应对这一情况，于是国家、法律、政府等作为罪恶的产物应运而生。而人的现实存在及围绕人的一切事物所构成的"地上之城"都是不尽完美的，终有一天将被"天上之城"所替代。但是，在迈向"天上之城"的过程中，国家的治理也不能寄托于具有优良品质的"明君良相清官忠臣"，而依托法律的制度设计来排除人性之恶以寻求社会秩序和国家运转的良性发展；而"世俗法律必须努力满足永恒法的要求。如果世俗法律的某些规定明显同上帝之法相悖，那么这些规定就不具有任何效力，并应当被摒弃"②。上述思想中我们看到了西方宪政和法治理论的历史渊源，西方法治观念的形成始终是与基督教教义中人性之恶相联系的，因此，基督教文化构成了西方法律制度和法律文化的底色。

二　注重研究对象的现实复杂性

法的阶级分析将法律视为阶级统治的一种方式和工具，该工具实现了统治阶级的意志和利益，维护了统治阶级所期望的社会关系和社会秩序。在法的阶级统治的工具主义认识论下，法律的制定完全是以统治阶级的需要为出发点，对其政治统治的维护需求使法律与权力的关系被完全颠覆，由此，"人治"与"法治"、刑法与民法、法律运行的国家强制与社会调节、违法的法律制裁与合法的法律引导、义务与权利的关系也同样被本末倒置式地倾斜和颠覆。而上述结果便是以浓厚的"左"倾意识和斗争思

---

① 《马克思恩格斯选集》第 3 卷，人民出版社 1995 年版，第 305 页。
② ［美］E. 博登海默：《法理学——法律哲学与法律方法》，邓正来译，中国政法大学出版社 2004 年版，第 29 页。

维运用阶级分析方法于法学研究造成的，在一定的历史时期，法律确实是
统治阶级意志的体现，但同时我们绝不能止步于此，法学的研究对象，即
法除了具有明确的阶级性而成为阶级统治的工具之外，法还有高度的现实
复杂性。这种复杂性指示，法既是政治工具，又是社会控制工具；既是技
术工具，又是价值工具。

　　把法律作为一种政治工具是实证主义法学区别于自然法学、历史法学
的显著特点之一，英国法学家边沁就把法视为"一国之中权威者的意志
的表达"，并明确提出实定法的命令概念——法是国家权力处罚犯罪的威
吓性命令。分析法学派的奠基人约翰·奥斯丁也将法律视为"主权者的
命令"，他认为："任何一种实在法都是由特定的主权者对其统治下的某
个人或某些人制定的。"① 奥斯丁将法律作为政治命令的工具，并描述为
保证社会进步的关键因素。在现代社会中，法律明确地存在于人们的政治
实践和政治生活之中，它与政治权力产生的合法途径、政治权力的合法化
形式、政治意志表达的正当化机制、政治权力运作的正当化路径有着密切
的内在关联。"对于政治权力而言，法律的作用首先是工具性的，'借助
于法律的这种工具功能，国家权力部门的规范获得了制定具有法律约束性
的决定的能力'。法律帮助政治权力形成了二值权力代码，法律赋予政治
权力以法律的形式，因此谁掌握了国家权力，谁就有权发号施令并要求别
人的服从，法律成了政治权力的组织手段。法律对政治权力更为重要的作
用在于，法律可以赋予政治权力以其必需的合法性。在这个意义上，法律
对政治权力的作用是构成性的。'政治权力只有通过一种以基本权利形式
而建制化的法律代码，才能发展起来。'具有集体约束力的决定之所以具
有集体约束力，其实是来自这些决定所具有的法律形式，至少在法治国家
中，政治权力必须以法律为前提。'法律与政治力量的同源构成和概念交
叉要求进行一种范围更广泛的合法化，也就是说要求国家的制裁权力、组
织权力和行政权力本身必须通过法律的渠道。'"②

---

① 转引自张文显《二十世纪西方方法哲学思潮研究》，法律出版社 1996 年版，第 126 页。
② 季金华：《政法法学的基本范畴初探》，《政治与法律》2008 年第 10 期。

　　把法律作为一种社会控制工具是社会法学派的理论主张，他们认为法扎根于社会生活，与社会中的各种事物有着密切的联系，而法律的作用在于"以最小的牺牲，满足社会全体的最大欲望"。因此，他们"坚决主张，法律秩序乃是社会控制的一个方面，因此，除非把法律秩序置于社会现象的背景之中加以理解，否则它就不可能为人们理解"①。美国社会法学的代表人罗斯科·庞德 1942 年出版了《通过法律的社会控制》一书，书中指出人类具有为自己欲望驱使的反社会性和互相合作的社会性这双重属性，现实的"社会生活乃是人们原有的各种矛盾的本能的斗争，也就是'侵略'本能与'社会'本能的斗争"，而人类理想的文明生活就在于人类自身的反社会性被抑制所形成的普遍合作，对此，他说："我总觉得，承认合作及那些在各方面建立合作的新观点，是在通向某种理想的一个步骤。这种理想包括人类有组织的共同努力和自由的个人主动性。而且，我认为在文明的思想中，一定能看到上述的理想。"② 为了实现人类的理想生活，就要对人类的本性进行"社会控制"，法律就是社会控制的工具，通过法律的威吓、惩治作用，控制人的"侵略本能"和"反社会行动"，以支持人的"合作本能"。为了实现上述社会控制的目的，庞德认为应采取这样的方式，即"承认某些利益；由某些司法过程（今天还要加上行政过程）按照一种权威技术所发展和适用的各种法令来确定在什么限度内承认与实现那些利益；以及努力保障在确定限度内被承认的利益"③。法律对社会整体运行的控制和调整，正像美国斯坦福大学法学家劳伦斯·M. 费德曼所说："法律是社会铸造，并使它定形，适合于社会目的的东西，是达到社会目的的手段。"

　　法律除了作为一种政治工具、社会控制工具之外，还是一种技术工具。法律的"技术性"体现在现实层面具体个案纠纷解决过程中的利益衡量，这种衡量正如我国台湾学者杨仁寿先生指出的："法官在阐释法律

---

① 　[美] 罗斯科·庞德：《通过法律的社会控制》，沈宗灵译，商务印书馆 1984 年版，第 236 页。
② 　同上书，第 131 页。
③ 　[美] 罗斯科·庞德：《法理学》（第 3 卷），廖德宇译，法律出版社 2007 年版，第 13—14 页。

时，应摆脱逻辑的机械规则之束缚，而探求立法者于制定法律衡量各种利益所为之取舍……若有许多解释可能性时，法官自须衡量现行环境及各种利益之变化，以探求立法者处于今日立法时，所可能便是之意识，而加以取舍。斯即利益衡量。换言之，利益衡量乃是发现立法者对各种问题和利害冲突，在现在法律秩序内，由法律秩序可考察而得之立法者的价值判断。"① 法律纠纷就其本质而言，是人们在彼此的社会交往过程中因资源的有限性与需求的无限性之间的矛盾和对立而形成的利益冲突，也正因如此，"利益"问题受到了诸多法学家的关注。20世纪初赫克提出了利益法学，赫克在《利益法学》的讲演中指出：法官仅仅依靠逻辑结构是不能令人满意地处理生活需要，立法者必须保护利益，他要去平衡互相竞争的生活利益。而法的每一个命令都决定着一种利益的冲突：法起源于对立利益的斗争，法的最高任务是平衡利益。同时，赫克认为，法官是"立法者的助手"，法官在具体个案中要依据立法者所设定的利益衡量标准进行判断和取舍，而在法律漏洞领域法官也充当着"立法者"的角色。无独有偶，社会法学的庞德也十分重视利益问题，他认为，法的模式是由律令、技术、理想三种要素构成，法律构成要素中的"技术成分"是指解释和适用法律的规定、概念的方法和在权威性法律资料中寻找审理特殊案件的根据的方法。法律也正是通过这一技术揭示法律背后所隐含的各种利益，分类和整理各种利益名目，以协调各种利益冲突。由此，E. 博登海默指出："法律的主要作用之一就是调整及调和上述种种相互冲突的利益，无论是个人的利益还是社会的利益。这在某种程度上必须通过颁布一些评价各种利益的重要性和提供调整这种种利益冲突标准的一般性规则方能实现。"②

作为价值工具的法律是人类出于自身的需要有意识、有目的地设计和制定的行为规范和行动准则，它本身客观地具有价值属性。也即是说，价值是法律现象和法律制度的内在构成因素，法律正是以自身所蕴含和负载的

---

① 杨仁寿：《法学方法论》，中国政法大学出版社1999年版，第175页。

② ［美］E. 博登海默：《法理学——法律哲学与法律方法》，邓正来译，中国政法大学出版社2004年版，第413页。

价值观念和价值取向来对社会主体的权利义务进行配置以调整社会关系和社会秩序，通过法律的调整实现预期的社会关系和社会秩序。将法律作为具有一定价值指向以实现某种的目的首推价值法学，价值法学将自然法所表征的正义、理性、神意等多种因素作为世俗法律存在的基础，世俗法律正是通过对自然法的依从、反思和改进来寻求自身的完善和发展，并以此对人们之间的社会行为和社会关系加以调整和规制。以美国法学家朗·富勒为例，富勒指出，"法是使人类行为服从规则治理的事业"，作为一种有目的的事业，法具有道德性，而法的道德包括"内在道德"和"外在道德"，法的内在道德即"程序自然法"，是有关法律的制定、解释和适用等程序上的原则，是使以规则治理人类行为的事业成为可能的道德，亦即是法律之能成为法所绝对必需的先决条件。而法的外在道德即"实体自然法"，是指法的实体目的或理想。两者共同服务于法的事业，如果法律违背应有的内在道德，它就不能有效地实现法律的实体目的。如果法律严重地违背内在道德，它就不配称为法。由此，富勒认为，"法律乃是为了满足或有助于满足人们的共同需求而做出的一种合作努力。每一条法律规则都有旨在实现法律秩序某种价值的目的"①。

综上所述，运用阶级分析方法这一分析工具所开展的对法的认知和把握，必须抛弃单一化、极端化的思维，法律与阶级这一主体在具体的社会场域中的现实活动和群体利益有着密切的联系，但它并不是社会的两个对立阶级之间你死我活式的斗争的产物。存在于一定时空场域中的法与社会中的各种因素之间存在着某种复杂的联系，这就决定了法的存在价值和意义是多元复杂的，它作为政治工具、社会工具、技术工具、价值工具的多重属性使得我们对法的认识和研究绝不能把一个复杂的问题简单化，否则其结果只能是犯下为人所诟病的"法学幼稚病"。相反，一种科学的法律观、法学观必须建立在对法律本身、法律与周围社会事务的综合考量和全面认识的基础上。

---

① ［美］E. 博登海默：《法理学——法律哲学与法律方法》，邓正来译，中国政法大学出版社 2004 年版，第 202 页。

三　注重阶级分析中定性与定量分析的结合

社会科学研究将以人为主体的社会活动及所形成的社会关系和社会现象作为研究对象，社会关系的错综复杂和社会现象的纵横交错使社会科学研究活动对社会的认识和理解决不能停留于社会现象的简单记载和描述上，而要努力发现其内在联系、重复性、必然性，揭示社会发展的规律性，也就必须运用思维的力量对社会现象的内在性质、空间范围等方面进行考察研究，做出定性、定量的分析和判断，因此，进行社会科学研究，就离不开定性分析和定量分析的双重配合与协调的综合使用，从而获得对社会现象的全面认知。其中，定性分析强调的是通过对个别的、具体的、特殊的社会事件和社会关系的把握，把握社会现象的内在本质、普遍性、重复性和规律性。就此而言，定性分析主要是对事物特殊属性的把握。通过定性分析，人们能够把杂乱的感性材料分门别类，区分其真假、精粗、彼此、表里，这样才能找到事物中的稳定联系，为深入理解和阐释奠定基础。而定量分析在于将一定社会现象的数量方面的特征通过一定计量手段并以一定的方式明确地标示出来，并借助于对不同社会现象之间的数量关系的比较和分析以确定事物的现状、力量对比、主次矛盾和发展趋势。由于任何社会事物都是质与量的统一体，任何社会现象都具有质的规定性和量的规定性，因此，必须将定性分析与定量分析结合起来。定性分析是全部研究的基础，它对事物特殊性质的规定使作为认识客体的对象从其本身所处的复杂背景中凸显出来，这就为定量分析规定了相对确定的对象和大致的边界。然而，事物的质又随着其数量的变化而不断变化着，因此，对事物性质的最终认定必须与对其定量分析结合起来并借助其研究成果才是可能的。定量分析是对一定性质的社会客体内部的和外部的数量特征的考察，它以定性分析的结果为前提。在社会科学研究中，定性与定量的有机结合，应当贯穿整个研究过程的始终，应当适时地实现定性分析与定量分析的相互转换。只有综合运用这些方法从各种角度系统地研究同一社会客体，才有可能对这一社会现象达到客观、真实、全面、深入的认识。

就其功能而言，阶级分析方法包括定性分析和定量分析两个方面。长久以来，阶级分析方法的定性功能被人们所强调和重视，这一取向反映在法学领域中使人们惯常于通过对纷繁复杂的法律现象的研究和把握而深刻认识和领悟法律制度和法律思想历史演变中的规律性、必然性和质的规定性。作为马克思主义法学的创始人，马克思、恩格斯运用阶级分析的方法对扑朔迷离的法的现象系统进行深入的剖析，发现了法律这一行为规范的背后所隐藏的是在社会经济关系中居于统治地位并取得了国家政权的那个阶级的意志，法律乃是这一意志的集中体现，而这一意志的形成并外化为法权乃是根源于这个阶级所处的物质生活条件。正如马克思、恩格斯在《共产党宣言》中指出的："你们的观念本身是资产阶级的生产关系和资产阶级所有制关系的产物，正像你们的法不过是奉为法律的你们阶级的意志，而这种意志的内容是由你们这个阶级的物质生活条件来决定的。"①马克思主义法学正是科学地运用阶级分析方法考察法律现象，才拨开笼罩在法律现象周围的迷雾，科学揭示了法的本质并最终建构了马克思主义法学的理论体系。此外，正因为阶级分析方法特有的定性功能能够洞悉法律背后的利益归属及其生成机制，而被认为是马克思主义法学同剥削阶级法学的根本区别。马克思主义法学同资产阶级及一切剥削阶级法学的根本区别，不在于法律和法学的专有名词、概念术语上的分歧，不在于对法的作用和功能的基本认识，更不在于对法律现象外部特征的历史描绘。而事实上两者往往在法的本体论、价值论、方法论等方面存在着诸多相同或相似的地方，但历史和现实表明，所有非马克思主义法学都拒斥阶级分析的方法并极力回避法学的核心与要害问题——法的本质、目的、发展规律等。尽管他们对法律的研究得出了"法的神义论"、抽象的"民族精神"论、"公共意志"论、"社会连带关系"需求论等，但是离开了阶级分析方法不能透过法律现象的表面特征将视线投射于现实的社会分层、利益结构之上，这种认识始终是停留于法律现象的表面而尾随或附庸于其他学术派别，失却了自身独有的理论品格。② 运用阶级分析方法来观察问题，我们

---

① 《马克思恩格斯选集》第4卷，人民出版社1995年版，第485页。

② 参见李权《阶级分析——法学研究的基本观点与方法》，《现代法学》1991年第6期。

就可以不被这些形式上的共相与差异所迷惑，从而在总体上对它们做出准确的定性分析。

　　阶级分析方法对法的本质的深刻理解以及对法学本体论的科学认识充分显示了定性分析的独特性和优越性，但阶级分析方法的另一功能——定量分析却长期被人们忽视甚至抛弃。法学研究中的本质主义倾向往往使人们十分重视定性分析对法律发展历程中普遍性、规律性和必然性的捕捉和探究，而定性分析的意义和价值往往不能引起人们的足够重视。第二次世界大战后因行为主义的移植而兴起的行为主义法学以注重行为的研究、崇尚"纯科学精神"、热衷勾画法律行为的模式、注重研究法律行为（法律运行）的变量为显著特征，该学派将定量分析引入法学研究，试图将整个法律的经验材料数量化、公式化、模式化，不仅对传统法学造成极大地冲击并形成了独特的理论观点和理论体系。其代表人物弗吉尼亚大学法学院教授布莱克就是在法学研究中使用定量分析的杰出代表，为了使法成为可以进行数学性处理的一项变量，布莱克将法定义为"法是政府对社会的控制"，而复杂的社会生活被转换为五个基本的变量，即分层、形态、文化、组织和社会控制，通过对五组变量的考察，以预测和说明法的变化，从而客观地揭示法律运行的内在机制。以组织变量为例，"组织是社会生活的组合方面，是采取集体行动的能力"，"法律的变化与组织性成正比"，"指向低组织性的法律多于指向高组织性的法律"，"指向低组织性时，法律的变化与组织性距离成正比"，"指向高组织性时，法律的变化与组织性距离成反比"。① 由此可见，布莱克试图通过定量分析的使用来研究法律现象，以提供一套用以分析、解释和预测法律变化的学术理论，并力图建立一个超越时间和空间的、"放之四海皆准"的命题体系。

　　布莱克的行为主义法学为阶级分析方法的定量分析的具体适用提供了良好的模板和范例。社会分层是布莱克考察法律运行的一个基本变量，他

---

① ［美］唐纳德·J. 布莱克：《法律的运作行为》，苏力译，中国政法大学出版社 2004 年版，第 85—110 页。

认为"分层是社会生活的纵向方面。它是物质生存条件如食物和住房以及生产资料——土地、原材料、工具、家畜和奴隶——的不平均分配。它还包括其他财产、甚至奢侈品和过剩物资——只要这些东西最终被用来交换物质生存条件——的不平均分配",而用"'阶级'的术语来客观地描述生产资料获得的分化程度"①,"阶级"就成为对社会资源不平均分配所形成的等级序列加以描述和分析的概念工具,因此,法与分层变量的关系实质上就可以化约为法与阶级之间的对比关系。通过布莱克的考察,我们发现"法律的变化与分层成正比",一个社会分层越多,阶级分化越复杂,法律规则就越多;"法律的变化与等级成正比",低等级(阶层)比上等级(阶层)有较少法律,阶级地位越高,法律越多,阶级地位越低,法律越少,富人比穷人更需要法律;"向下指向的法律多于向上指向的法律",每种法——无论是法规、控告、逮捕、公诉、诉讼、判决、赔偿,还是惩罚,都更可能是针对下级阶层的,下等阶层冒犯上等阶层的越轨行为往往被小题大做,而上等阶层侵害下等阶层的行为却往往是大事化小、小事化无;"矛头向下的法律的变化与纵向距离成正比","矛头向上的法律的变化与纵向距离成反比",较低地位的人对较高地位的人犯罪的严重性随着两者之间财富差别的增加而加重,而地位较高的人对地位较低的人犯罪的严重性随着两者之间财富差别的增加而减轻。由此可见,法律虽然在理论上和形式上作为平等的象征,但是人们生活现实中的法律在具体运作中对处于不同经济地位的阶级、阶层的社会个体的现实生活、切身利益的影响是有差异的,而阶级分析的定量分析恰恰能够对法律与阶级之间的对比关系、数量特征加以客观、真实的描述。也正因如此,对法律世界客观而真实的考察,离不开阶级分析的定量分析通过对阶级中法律和法律中阶级的对比分析所奠定的客观基础。

　　社会科学研究的事实表明,定性分析与定量分析的有机结合不仅是必

---

① ［美］唐纳德·J.布莱克:《法律的运作行为》,苏力译,中国政法大学出版社2004年版,第12、17页。

要的，而且是必需的。针对社会科学研究中对定性与定量有失偏颇的强调，我国学者指出，"如果照此办，那么不仅排斥了定量研究，就连以概念的形式去'固化'社会现象，也有损于那充溢着感受和体验的'日常生活世界'的原始的'本真'，如此看来，所谓'定性和定量相结合'也就成为不必要的了"①。使用阶级分析方法从事法学研究，也同样必须将阶级分析的定性分析和定量分析有机结合起来，一方面，运用阶级分析方法的定性功能揭示法律和法学历史发展中的规律性、必然性，科学认识法与阶级、国家、社会物质生活条件的逻辑关系，以凸显社会主义法律制度的历史优越性和马克思主义法学的理论优势。另一方面，也要运用阶级分析方法的定量功能以阶级、阶层为基本变量考量法律制度的整体运行，以客观地描述法律对社会各阶级、阶层所产生的利益冲突和现实影响与各阶级、阶层所受到的权利保障和法律救济的真实状况，从而为法律改革和法律发展积蓄充分详细的经验材料并奠定扎实可靠的实践基础。

四　注重阶级分析方法中描述方法与比较方法的结合

法律这一特殊的社会现象从其产生至今经历了漫长的历史过程，经历了时间洗礼后的法律无论是其微观层面的法律文本、组织机构、法律语言、法律符号等具体细节，还是其宏观层面的整体样式和风格都发生了巨大的变化。如何才能科学地对法律这一跨越历史、超越时间的社会现象加以认识和理解？马克思主义经典作家指出："在社会科学问题上有一种最可靠的方法，它是真正养成正确分析这个问题的本领而不致淹没在一大堆细节或大量争执意见之中所必需的，对于用科学眼光分析这个问题来说是最重要的，那就是不要忘记基本的历史联系，考察每个问题都要看某种现象在历史上怎样产生、在发展中经过了哪些主要阶段，并根据它的这种发展去考察这一事物现在是怎样的。"② 法学研究也必须重视法律的历史考

---

① 景天魁：《现代社会科学基础（定性与定量）》，中国社会科学出版社1994年版，第188页。
② 《列宁选集》第4卷，人民出版社1995年版，第26页。

察，无论是把法作为一个整体加以研究，还是研究法的一个部门或一个方面，都不能与法的历史脱节。借助于阶级分析方法这一认识工具，尤其是阶级分析中的描述方法完全可以帮助我们认识和研究法的历史并从这种历史梳理中洞悉法律发展的普遍规律和一般模式。阶级分析在法学场域的应用，为阶级的存在框定了基本的空间范围，也为法律的存在浸润了浓重的政治底色，于是"阶级中的法律"与"法律中的阶级"相互转换、彼此交融，阶级的历史变迁必然引发法律世界整体性精神和风格的更迭，而法律的时代转型也表征了阶级社会人的生存方式和存在样态的变化。

在当代中国法学研究中，我们使用阶级分析方法描绘了法律发展的历史演进并借助"法的历史类型"这一概念将不同历史时期的法律现象进行归纳和总结，从而清晰地展现了法律现象从无到有的静态过程并通过"类型化"处理使法律在不同时期的基本特征和总体样貌呈现出来。具体而言，阶级分析方法将阶级的"出生"作为逻辑起点，阶级的产生以生产力的发展为基础，私有制的出现，使社会分裂为阶级并产生不可调和的矛盾，为了使社会不至于完全毁灭，一种崭新的"社会组织"和"社会规范"（国家与法律）得以"重建"，因此，阶级分析方法对阶级"起源"的关注，揭示了法律这一社会规范产生的经济根源和阶级根源。法这一特殊的社会现象存在于阶级社会并随着自身的发展和进步构筑庞大复杂的法律世界，阶级分析将人类历史上存在过的以及现实生活中存在的法，根据其经济基础和阶级本质作出了基本的分类，即法的历史类型。分类的结果是将人类在原始社会之后所经历的历史过程根据经济基础的性质划分为奴隶社会、封建社会、资本主义社会、共产主义社会（社会主义社会乃是共产主义社会的低级阶段），不同社会对社会资源的调配和社会秩序的管理也都经由不同的主导或优势阶级借助国家这一政治工具对其他阶级、阶层实施统治或支配得以实现，于是，与所处历史阶段的经济基础相适应，并与不同社会阶级结构和社会结构相匹配，也便形成了相应的法律的规则体系和制度构造，即奴隶制法律、封建制法律、资本主义法律和社会主义法律。奴隶制法律是人类进入阶级社会以来的第一种历史类型的法，这种法体现了奴隶主阶级的意志，将奴隶视为"会说话的工具"，从而将其完全排斥于权利主体的行列之外，阶级之间的不平等地位和人们之间的等级划分被法律公开确认，奴隶主阶级利用宗教迷信和极端野蛮而随意的刑罚维护奴隶主阶级的政治统治。封建制法律较之前者虽然有某些进步，它将全体社会成员作为权利主体，但森严的等级秩序和伦理纲常却依然使法律维护了身份的等级划分和资格的不平等，可见，"古代立法者的思想并不要体现人类的不平等，而是一部分被挑选出来对其他人实行统治的人的平等，并非要体现全体人之间的博爱，而是同等人之间的博爱，也就是说等级内部的博爱"①。正是在这个意义上，封建制法律是特权的法、等级的法。资本主义法律是资产阶级革命胜利的制度产物，它宣扬自由、平等、博爱，倡导普遍的社会平等而抨击封建的等级秩序。尽管所有公民在法律上享有平等的基本权利，但法律规范中权利只是一种可能性，不同阶级对社会资源的占有状况构成了权利实现的障碍，在事实上形成了不同阶级的社会个体之间不可逾越的鸿沟。而社会主义社会从根本上消除了阶级压迫、阶级剥削的社会根源，社会主义法律实现了阶级性与人民性、国家意志与客观规律、权利确认与权利保障、强制实施与自觉遵守的统一。综上所述，阶级分析方法对法的历史描绘，将不同历史类型的法律制度所体现的不同社会统治阶级的意志和利益并具体化的各具特色的法律调控手段和法律支配方式清晰明了地表现出来，由此，变化的阶级、变迁的阶级社会、更迭的法律制度共同描绘了法律演进的历史过程并完成了法律历史发展的宏大叙事。

但是，仅仅利用阶级分析方法将不同历史类型的法律制度连接起来，从而形成有关法律历史变迁的总体性认识是不够的。法的发展与演进是有规律的，这种规律同自然界的规律一样，并不是以纯粹的形式赤裸裸地直接表现出来，它总是通过许多特殊的、不重复的、偶然的法律现象曲折地表现出来。而法律现象也不是纯粹的现象，在特殊的、不重复的、偶然的法律现象背后，总是隐藏着法律发展的普遍规律和一般模式。因此，

---

① 〔法〕皮埃尔·勒鲁：《论平等》，王允道译，商务印书馆1988年版，第103页。

我们在使用阶级分析方法对法进行描述的同时，还必须与阶级分析法中的比较方法结合起来。通过将不同历史类型的法律制度进行对比或类比，从而获得有关法律内部的特殊性认识并将各种法律属性、法律特征分解、区别开来。

阶级分析中的比较方法是双重维度的：一是纵向的比较，即历时性比较方法；二是横向的比较，即共时性比较方法。通过纵向的比较，法律发展呈现出阶段性、间断性，而法在其不同历史阶段上所具有的次级属性和特征被揭示出来，同时，在不同阶段的联系中揭示了法律发展的过程性、连续性。资本主义法律和社会主义法律制度建立于不同的经济基础之上，法律的阶级本质的差异决定了两种类型的法律制度在法律特征、法律本质、法律作用等方面迥然不同。通过联系中的对比和对比中的联系，阐明了社会主义法在本质上的优越性以及对前社会主义法、特别是资本主义法实行继承、移植的必要性、可能性和原则性，阐述法律发展的基本模式，指引当代中国社会主义法立足国情、面向世界、传承优秀法律文化，以社会主义核心价值和法治理念为基础健康发展，推动社会主义法制现代化，建设社会主义法治国家。通过横向的比较，将具有相同阶级本质的法律现象的内在特性和独特品质区别开来，以解释法的现象世界的多样性和丰富性。同是封建制法律制度，具有相同的阶级本质并体现封建主阶级的利益和意志，但是，东西方的时空场域却造就了具有不同精神气质的法律制度和法律传统。历史上的阶级现象同时存在于东西方社会，但是阶级的具体形态以及阶级构成和社会结构是迥然有别的。瞿同祖先生在《中国法律与中国社会》一书中将社会划分为贵族官吏、良民、贱民三个阶级（或阶层），不同阶级之间"士大夫（君子）与庶民（小人）的分野自周代以迄清代的三千年一直是为社会公认的，重要的，二种对立的阶级，只是这一时期的士大夫与封建时代的士大夫不同，以另一种姿态出现而已。儒家关于君子小人及贵贱上下的理论仍为社会的中心思想"①。阶级地位的差别在中国古代社会中同时兼有身份的意义，不同阶级在生活方式、婚丧

---

① 瞿同祖：《中国法律与中国社会》，中华书局 1981 年版，第 136 页。

嫁娶、服饰礼仪等社会生活方面有着鲜明的差异，在法律地位上也是截然不同的。贵族官吏拥有种种特权，法律对这一阶级的偏袒和维护所维护的是儒家的伦理秩序，因此，社会乃是身份社会，法律乃是伦理法律。美国法学家哈罗德·J. 伯尔曼的名著《法律与革命》一书为我们展现了西方社会在这一历史时期（中世纪）极为复杂的阶级构成和社会结构，不同阶级、阶层之间，尤其是贵族阶级与教士阶级之间的冲突和妥协催生了教会法与世俗法的二元体系，同时形成了追求自由与平等、限权与制衡的西方法治传统。

五　保持阶级分析方法的开放性

21 世纪的中国法学与当代中国深刻的社会转型和历史变迁相伴相随，时代律动所具有的蓬勃生命力让法学研究突破了传统法学的"保守"与"封闭"，使其从僵化的凝固的政治思维、思想话语、理论逻辑的束缚中解放出来，而以开放的学术胸怀和学术境界学习和借鉴多元化的学术观点和学术风格，加强与世界其他国家法学的学术交流与学术合作，从而在深度和广度上不断扩展自身的学术视野和学术领域，进而初步形成了中国法学"开放"的学术景象。贺卫方教授指出："开放意味着法学不能满足于自给自足。它需要从其他社会科学及人文科学的研究中汲取营养。在早期，哲学、伦理学等学科对法学研究的推进以及最近数十年间的经济学、阐释学、人类学以及文学批评对法律思考的影响都是这方面的例证。同时，法学还不能脱离我们的社会生活。我们的社会正在经历巨大的变化，市场经济的国策以及人民的民主追求日益改变着我们的社会结构和社会管理模式。法治的正当性由于社会结构的变化而愈发强化。在这种情况下，法学界能够敏锐地洞察社会中的法律问题，及时地对社会需求做出有说服力的回应，将成为一个举足轻重的大问题。开放当然也意味着法律学术与法律实物更紧密的联系。由于法律职业与法律教育的脱离，我们的法律实务难以成为专业知识得以生长的温床；书斋里坐而论道与操作中的章法混乱形成了强烈的反差。这种情况的改变离不开法律职业的认真建构，同时作为一门实践学问的法学更加贴近社会也是不可或缺的一部分。"①

　　面向"开放"的中国法学，作为法学研究一种基本的研究方法和认识工具的阶级分析方法也应当保持时代所造就的"开放"品格和气度。保持阶级分析方法的开放性，就应当注重与其他学科尤其是人文社会科学各个学科之间的交流，特别是注重从这些学科中吸取学术养分以完善自身。众所周知，阶级分析方法以马克思主义阶级理论为基础而展开了对阶级的多角度、多层面的分析，但是"阶级是什么？"马克思并未给出"阶级"的明确概念，我们的认识所依据的也仅仅是列宁在《伟大的创举》中"所谓阶级"的一段话，因此"阶级"概念的明晰成为自 20 世纪 70 年代以来西方马克思主义一直关注的问题。西方马克思主义的阶级理论围绕马克思主义阶级理论就阶级的定义、阶级划分的标准、阶级的功能、阶级的当代命运等相关问题展开了激烈的探讨，对于"阶级是什么？"的问题，西方马克思主义理论家们分别从阶级意识角度（汤普森）、结构性角度（普兰查斯）、组织性角度（赫斯特）、剥削关系角度（赖特）等认识和研究阶级。而西方马克思主义阶级理论的研究成果极大地丰富了我们对"阶级"的全面认识，从而使我们摆脱了僵化、教条的思维方法，运用阶级分析方法对社会阶级展开经济、政治、伦理、社会等多视角、多层次的全面分析；保持阶级分析方法的开放性，就不能脱离我们的现实生活和社会实践而要与之紧密联系。改革开放以来，我国经济发展和社会进步在市场化、现代化、信息化的推动下发生了深刻的变革，原有的"两阶级、一阶层"的社会结构发生着内部的分化、重组，新的社会阶层不断出现，阶级界限或阶层界限相互渗透并日益模糊，阶级阶层变动频繁与阶级阶层认同意识和身份认同逐渐模糊，中国社会开始步入一个高度异质性、高度流动性的现代社会。从传统到现代的社会转型使身处其中的每一个社会成员的生存方式和生活状况都在发生改变，这种改变不仅仅是由经济地位所导致的阶级、阶层归属的变化，更在思想意识、心理活动、伦理观念、社

---

① 转引自姚建宗《主题变奏：中国法学在路上——以法理学为视角的观察》，《法律科学》（西北政法大学学报）2007 年第 4 期。

会地位、权利诉求、政治主张等多方面发生改变，更重要的是经济改革中资源配置和利益分配的转换使不同阶级、阶层的社会个体的利益获得发生改变，对此，阶级分析方法要积极面对体制改革所带来的社会巨变，以饱满的人文关怀和现实情怀关注作为"阶级"成员的社会个体的生活现实和生存现状，深刻体会和感悟他们生活的酸甜苦辣和冷暖悲情，从而为这个"权利时代"的权利理论发展和法律制度构建奠定坚实的社会基础。

结语　法学研究中阶级分析方法的未来命运

　　现代社会的发展速度和发展规模已经远远超出了人们的想象，经济全球化、技术革新、教育发展引致社会关系和社会结构的多样化、复杂化，"阶级"作为描述和分析社会不平等关系的基本变量的重要性正随着现代化进程的推进在不断降低：阶级概念的解释力遭到质疑，"阶级是否死亡"的问题吸引了众多的社会理论家关注的目光。1996年简·帕库尔斯基和马尔科姆·沃特出版了《阶级的消亡》一书，该书认为，当今西方社会的特征是："财产的广泛性再分配，非直接的财产所有和小规模的财产所有的增多，技能的学历化，职业的专业化，市场的多元分割和全球化，以及消费发挥着制造身份和生活方式的作用。"① 在这样的社会中，阶级不再存在，西方社会已经不是阶级社会了，而"新的不平等"是由知识差异、性别分化和种族化的市场分割以及边缘群体、失业群体等构成的，而所有这些现象都与阶级无关。这表明，阶级这一概念已经对社会现实失去了解释力。接下来又会产生这样的问题——"取代阶级的是什么？"1986年乌尔里希·贝克出版了他的名著《风险社会》，书中指出：由于西方福利社会消解了传统工业社会的制度安排所依赖的集体意识，人在社会中的生存和生活方式变得越来越"个体化"，原来作为社会身份认同的阶级纽带和作为生活背景的阶级生涯已经消退，人们为了生存而不得

---

① Jan Pakulski and Malcolm Waters, *The Death of Class*. London: Sage Publications, 1996.

不将自己个人作为生活规划的核心，因此不再关注普遍的形而上的阶级利益，而转向对控制个人自己的财富、时间和生活空间的要求。也就是说，在这个社会中，个人命运不再取决于结构性因素，集体或群体的影响，而主要取决于个人选择和决定。因此，"福利国家支持的劳动市场推动力调和或消解了资本主义的内部社会阶级，我们逐渐面临没有阶级的资本主义现象"①。当"阶级"这一群体已经消失在人们的视野中，旨在对这一群体进行全面研究和阐释的阶级分析方法也自然失去了用武之地，而渐渐地被尘封于历史的仓库。

可是，事实真的是这样的吗？我们真的成为生活在"后现代""后工业主义"社会脱离"阶级组织"的单独个体吗？一种清醒的认识恐怕首先是基于我们对自身的了解和认识："人是社会动物。他的生活条件不容许他孤立的生活，而要求他联合为社会。生活意志在这时采取了同其他社会成员一起生活并为了他们而生活的意志形式。"②然而，共产主义理想愿景实现之前的社会就是由阶级型构的，这个社会中人，"这里所涉及的人，只是经济范畴的人格化，是一定的阶级关系和利益承担者"③。而"人与人之间的关系，归根到底是阶级与阶级之间的关系"④。也就是说，阶级仍然是社会历史的主体，阶级关系仍然是人与人之间一种基本的社会关系。事实是，阶级不仅存在，而且随着社会的激烈变革而发生着种种变化，这种变化体现在经济、政治、文化等多个维度，这不仅为阶级分析方法的使用提供了可行性，更为其深入使用提供了广阔的社会空间。

转型时期的当代中国发生着深刻的历史变革，在这种变革中一种新型的社会分层和社会结构正在形成，形成的过程也是社会资源、社会利益的分化重组的过程。在这一过程中，不同阶级、阶层都在默默地分享着体制改革的胜利成果，也在分担着社会转型的历史代价，利益结构的变化使不

---

① ［德］乌尔里希·贝克：《风险社会》，何博闻译，译林出版社2004年版，第107页。
② ［德］卡尔·考茨基：《取得政权的道路》，刘磊译，生活·读书·新知三联书店1961年版，第47页。
③ 《资本论》第1卷，人民出版社1975年版，第12页。
④ 《马克思恩格斯选集》第2卷，人民出版社1995年版，第44页。

同群体的生活方式和生存样态都在发生变化。运用阶级分析方法对此进行研究，利用法律机制对社会转型时期的社会分层进行引导，对由此产生的不同阶级、阶层之间的利益冲突和矛盾进行化解，共同促进社会分层的合理化，从而构建体现公平正义的现代法律秩序。一个"权利的时代"已经来临，要运用阶级分析的方法对不同阶级、阶层的利益诉求和权利主张进行综合考量，让权利保障与法律救济真切的统摄社会所有的阶级、阶层，尤其是社会的弱势群体，因此，法学阶级分析方法的未来命运与"权利时代"社会景象的历史建构是相伴相随的，科学的方法与伟大的时代将共同描绘现代化法治国家的"理想图景"……

参考文献

一　马克思主义经典著作

[1]《马克思恩格斯选集》第1卷，人民出版社1995年版。

[2]《马克思恩格斯选集》第2卷，人民出版社1995年版。

[3]《马克思恩格斯选集》第3卷，人民出版社1995年版。

[4]《马克思恩格斯选集》第4卷，人民出版社1995年版。

[5]《马克思恩格斯选集》第5卷，人民出版社1986年版。

[6]《马克思恩格斯选集》第16卷，人民出版社1986年版。

[7]《马克思恩格斯选集》第17卷，人民出版社1986年版。

[8]《马克思恩格斯选集》第19卷，人民出版社1986年版。

[9]《马克思恩格斯选集》第20卷，人民出版社1986年版。

[10]《马克思恩格斯选集》第23卷，人民出版社1986年版。

[11]《马克思恩格斯选集》第26卷，人民出版社1986年版。

[12]《马克思恩格斯选集》第28卷，人民出版社1986年版。

[13]《马克思恩格斯选集》第49卷，人民出版社1986年版。

[14]《列宁选集》第1卷，人民出版社1995年版。

[15]《列宁选集》第3卷，人民出版社1995年版。

[16]《列宁选集》第4卷，人民出版社1995年版。

[17]《列宁选集》第13卷，人民出版社1995年版。

［18］《列宁选集》第 17 卷，人民出版社 1995 年版。

［19］《毛泽东选集》第 1 卷，人民出版社 1995 年版。

［20］《毛泽东选集》第 2 卷，人民出版社 1995 年版。

［21］《毛泽东选集》第 5 卷，人民出版社 1977 年版。

二 中文原著

［1］《陈独秀文章选编》（中），生活·读书·新知三联书店 1984 年版。

［2］《董必武政治法律文集》，法律出版社 1986 年版。

［3］费孝通：《乡土中国　生育制度》，北京大学出版社 1998 年版。

［4］葛洪义：《法理学》，中国政法大学出版社 1999 年版。

［5］黄文艺：《全球结构与法律发展》，法律出版社 2006 年版。

［6］胡玉鸿：《法学方法论导论》，山东人民出版社 2002 年版。

［7］胡水君：《法律的政治分析》，北京大学出版社 2005 年版。

［8］姚建宗：《法律与发展研究导论》，吉林大学出版社 1998 年版。

［9］姚建宗：《法律学：一般法律科学》，中国政法大学出版社 2006 年版。

［10］姚建宗：《法治的生态环境》，山东人民出版社 2003 年版。

［11］俞可平：《全球化时代的马克思主义》，中央编译出版社 1998 年版。

［12］俞可平等：《阶级和革命的基本观点研究》，中央编译出版社 2008 年版。

［13］俞吾金、陈学明：《国外马克思主义哲学流派新编——西方马克思主义卷》，复旦大学出版社 2002 年版。

［14］恽代英：《恽代英文集》（上），人民出版社 1984 年版。

［15］杨仁寿：《法学方法论》，中国政法大学出版社 1999 年版。

［16］江泽民：《论"三个代表"》，中央文献出版社 2001 年版。

［17］景天魁：《现代社会科学基础：定性与定量》，中国社会科学出版社 1994 年版。

［18］蒋俊、李兴芝：《中国近代的无政府主义思潮》，山东人民出版社 1991 年版。

［19］陆学艺：《社会学》，知识出版社 1991 年版。

［20］陆学艺：《当代中国社会阶层研究报告》，社会科学文献出版社 2002 年版。

［21］陆贵山、周忠厚：《马克思主义文艺学概论》，中国人民大学出版社 2001 年版。

［22］陆德山：《认识权力》，中国经济出版社 2000 年版。

［23］李景鹏：《中国政治理论发展研究纲要》，黑龙江人民出版社 2000 年版。

［24］李春玲、吕鹏：《社会分层理论》，中国社会科学出版社 2008 年版。

［25］李步云：《法理学》，经济科学出版社 2000 年版。

［26］《李大钊文集》（下），人民出版社 1984 年版。

［27］吕世伦、文正邦：《法哲学论》，中国人民大学出版社 1999 年版。

［28］《毛泽东农村调查文集》，人民出版社 1982 年版。

［29］张文显：《二十世纪西方法哲学思潮研究》，法律出版社 1996 年版。

［30］张文显：《法哲学范畴研究》，中国政法大学出版社 2001 年版。

［31］张文显主编：《政治与法治——中国政治体制改革与法制建设的理论思考》，吉林大学出版社 1994 年版。

［32］张文显：《法理学》，高等教育出版社 2007 年版。

［33］张文显、李步云：《法理学论丛》第 1 卷，法律出版社 1990 年版。

［34］张文显、李步云：《法理学论丛》第 2 卷，法律出版社 1990 年版。

［35］张树义：《中国社会结构变迁的法学透视》，中国政法大学出版社 2002 年版。

［36］周子东、傅绍昌等编著：《马克思主义在上海的传播（1898—1949)》，上海社会科学院出版社 1994 年版。

［37］周尚文等：《社会主义 150 年》，上海人民出版社 1997 年版。

［38］朱光磊等：《当代中国各阶层分析》，天津人民出版社 2007 年版。

［39］钟家栋、王世根：《20 世纪：马克思主义在中国》，上海人民出版社 1998 年版。

［40］中央教育科学研究所：《中华人民共和国教育大事记 1949—1982》，教育科学出版社 1984 年版。

［41］中国法学会研究部：《马克思恩格斯论法》，法律出版社 2010 年版。

［42］庞正：《历史唯物主义法学形成的理论脉象》，南京师范大学出版社 2006 年版。

［43］苏力：《法治及其本土资源》，中国政法大学出版社 1996 年版。

［44］沈宗灵：《现代西方法理学》，北京大学出版社 1992 年版。

［45］许涤新：《政治经济学辞典》，人民出版社 1980 年版。

［46］王勇飞：《法律基础参考资料》（第 1 册），北京大学出版社 1982 年版。

［47］王学典、牛方玉：《唯物史观与伦理史观的冲突》，河南大学出版社 2010 年版。

［48］王长江：《现代政党执政规律研究》，上海人民出版社 2002 年版。

［49］汪民安：《文化研究关键词》，江苏人民出版社 2007 年版。

［50］吴云梁：《科学方法论基础》，中国社会科学出版社 1984 年版。

［51］齐延平：《社会弱势群体的权利保护》，山东人民出版社 2006 年版。

［52］瞿同祖：《中国法律与中国社会》，中华书局 1981 年版。

［53］马克垚：《英国封建社会研究》，北京大学出版社 1992 年版。

三　外文译著

［1］［英］安东尼·吉登斯：《第三条道路——社会民主主义的复兴》，郑戈译，北京大学出版社 2000 年版。

［2］［英］齐格蒙·鲍曼：《立法者与阐释者——论现代性、后现代性与知识分子》，洪涛译，上海人民出版社 2000 年版。

［3］［英］韦恩·莫里森：《法理学：从古希腊到后现代》，李桂林等译，武汉大学出版社 2003 年版。

［4］［英］史蒂文·卢克斯：《个人主义》，阎克文译，江苏人民出版社 2001 年版。

［5］［英］迈克尔·曼：《国际社会学百科全书》，袁亚愚译，四川人民出版社 1989 年版。

［6］［英］大卫·李嘉图：《政治经济学及赋税原理》，周洁译，商务印书馆 1976 年版。

［7］［英］安东尼·吉登斯：《资本主义与现代社会理论》，郭忠华、潘华凌译，上海译文出版社 2007 年版。

［8］［英］G. A. 柯亨：《卡尔·马克思的历史理论一个辩护》，岳长龄译，重庆出版社 1993 年版。

［9］［英］戴维·李、布赖恩·特纳：《关于阶级的冲突》，徐崇温译，重庆出版社 2005 年版。

［10］［英］邓肯·米切尔：《新社会学辞典》，蔡振扬等译，上海译文出版社 1987 年版。

［11］［英］理查德·斯凯恩：《阶级/西方社会科学基本知识读本》，周希正译，吉林人民出版社 2005 年版。

［12］［英］戴维·麦克莱伦：《马克思传》，王珍译，中国人民大学出版社 2008 年版。

［13］［美］唐纳德·J. 布莱克：《法律的运作行为》，苏力译，中国政法大学出版社 2004 年版。

［14］［美］E. 博登海默：《法理学——法律哲学与法律方法》，邓正来译，中国政法大学出版社 2004 年版。

［15］［美］凡勃伦：《有闲阶级论》，蔡受百译，商务印书馆 2005 年版。

［16］［美］乔恩·埃尔斯特：《理解马克思》，何怀宏译，中国人民大学出版社 2008 年版。

［17］［美］华勒斯坦等：《开放社会科学》，刘锋译，《政治学说史》（上），生活·读书·新知三联书店 1997 年版。

［18］［美］乔治·霍兰·萨拜因：《政治学说史》（上），刘山等译，商务印书馆 1986 年版。

［19］［美］乔治·霍兰·萨拜因：《政治学说史》（下），刘山等译，商务印书馆 1986 年版。

［20］［美］斯塔夫里阿诺斯：《全球通史——1500 年以后的世界》，吴象婴、梁赤民译，上海社会科学院出版社 1992 年版。

［21］［美］阿兰·S. 罗森鲍姆：《宪政的哲学之维》，郑戈、刘茂林译，生活·读书·新知三联书店 2001 年版。

[22]〔美〕哈罗德·伯尔曼：《法律与革命》，贺卫方等译，中国大百科全书出版社 2001 年版。

[23]〔美〕罗斯科·庞德：《通过法律的社会控制》，沈宗灵译，商务印书馆 1984 年版。

[24]〔美〕罗斯科·庞德：《法理学》（第 3 卷），廖德宇译，法律出版社 2007 年版。

[25]〔美〕斯蒂芬·M. 菲尔德曼：《从前现代主义到后现代主义的美国法律思想》，李国庆译，中国政法大学出版社 2005 年版。

[26]〔美〕卡尔霍恩：《变革时代的社会科学》，李述一等译，社会科学文献出版社 1989 年版。

[27]〔美〕威廉·肖：《马克思的历史理论》，阮仁慧译，重庆出版社 1993 年版。

[28]〔美〕戴维·格伦斯基主编：《社会分层》，华夏出版社 2005 年版。

[29]〔美〕悉尼·胡克：《对卡尔·马克思的理解》，徐崇温译，重庆出版社 1993 年版。

[30]〔美〕艾里克·奥林·赖特：《后工业社会中的阶级》，陈心想译，辽宁教育出版社 2005 年版。

[31]〔美〕艾里克·奥林·赖特：《阶级》，李崇芳译，高等教育出版社 2006 年版。

[32]〔美〕汤普森：《英国工人阶级的形成》，钱乘旦译，译林出版社 2001 年版。

[33]〔美〕R. M. 昂格尔：《现代社会中的法律》，吴玉章、周汉华译，译林出版社 2001 年版。

[34]〔美〕道格·麦克亚当等：《斗争的动力》，李义中、屈平译，译林出版社 2006 年版。

[35]〔德〕卡尔·柯尔施：《卡尔·马克思、马克思主义的理论和阶级运动》，熊子云、翁延真译，重庆出版社 1993 年版。

[36]〔德〕乌尔里希·贝克：《风险社会》，何博闻译，译林出版社 2004 年版。

[37] ［德］卡尔·科尔施：《卡尔·马克思》，熊子云译，重庆出版社 1993 年版。

[38] ［德］阿多尔诺：《否定的辩证法》，张峰译，重庆出版社 1993 年版。

[39] ［德］施密特：《历史与结构》，张伟译，重庆出版社 1993 年版。

[40] ［德］卡尔·科尔施：《马克思主义和哲学》，荣新海译，重庆出版社 1993 年版。

[41] ［德］哈贝马斯：《交往行动理论》，洪佩郁译，重庆出版社 1993 年版。

[42] ［德］维·勃兰特：《社会民主与未来》，丁冬红译，重庆出版社 1993 年版。

[43] ［德］马克思·霍克海姆：《启蒙辩证法》，洪佩郁译，重庆出版社 1993 年版。

[44] ［法］魁奈：《魁奈经济著作选集》，吴斐丹、张草纫选译，商务印书馆 1981 年版。

[45] ［法］莫里斯·迪韦尔热：《政治社会学——政治学要素》，杨祖功、王大东译，华夏出版社 1987 年版。

[46] ［法］皮埃尔·勒鲁：《论平等》，王允道译，商务印书馆 1988 年版。

[47] ［法］迭朗善：《摩奴法典》（第 10 卷），马香雪译，商务印书馆 1985 年版。

[48] ［法］雷蒙·阿隆：《阶级斗争：工业社会新讲》，周以光译，译林出版社 2003 年版。

[49] ［法］亨利·列菲弗尔：《论国家——从黑格尔到斯大林和毛泽东》，李青宜等译，重庆出版社 1993 年版。

[50] ［苏］德·沃尔科戈诺夫：《胜利与悲剧——斯大林的政治肖像》，苏群译，新华出版社 1989 年版。

[51] ［苏］托洛斯基：《文学与革命》，刘文飞等译，外国文学出版社 1992 年版。

[52] ［苏］维辛斯基：《国家和法的理论问题》，柴发邦、江伟译，法律出版社 1955 年版。

[53] ［苏］玛·巴·卡列娃等：《国家与法的理论》，李嘉恩等译，中国

人民大学出版社 1956 年版。

[54]〔苏〕罗马什金等：《国家与法的理论》，中国科学院法学所译，法律出版社 1963 年版。

[55]〔苏〕阿列克谢耶夫：《法的一般理论》（上册），黄良平、丁文琪译，法律出版社 1988 年版。

[56]〔古希腊〕亚里士多德：《政治学》，吴寿彭译，商务印书馆 1965 年版。

[57]〔希腊〕普兰查斯：《政治权力与社会阶级》，叶林等译，中国社会科学出版社 1982 年版。

[58]〔匈〕卢卡奇：《历史与阶级意识》，杜章智等译，商务印书馆 1995 年版。

[59]〔奥〕凯尔森：《共产主义的法律理论》，王名扬译，中国法制出版社 2004 年版。

四　中文期刊

[1] 陈金钊：《"思想法治"的呼唤——对中国法理学研究三十年的反思》，《东岳论丛》2008 年第 2 期。

[2] 陈金钊：《法学理论与微观法治的实现方法》，《法律方法》第 9 卷。

[3] 陈金钊：《研究对象的迷失——对我国法学理论研究的一点看法》，《法学》1999 年第 3 期。

[4] 蔡定剑：《关于前苏联法对中国法制建设的影响》，《法学》1999 年第 3 期。

[5] 程金良：《对马克思阶级分析法的两重性理解》，《探讨与争鸣》2006 年第 11 期。

[6] 仇立平：《回到马克思：对中国社会分层的反思》，《社会学研究》2006 年第 4 期。

[7] 丛淑萍：《社会转型与犯罪》，《法学杂志》2009 年第 8 期。

[8] 池元吉：《马克思恩格斯阶级和阶级斗争理论与当代现实：西方国家阶级关系的演变趋势》，《吉林大学社会科学学报》2005 年第 4 期。

[9] 杜飞进、孔晓红：《转折与追求：上——新时期法学论析》，《中国法

学》1989 年第 1 期。

[10] 丁以升：《法的阶级性的理论危机》，《法学》2005 年第 2 期。

[11] 段志超：《国家权力的社会性和阶级性对政党政治的影响》，《马克思主义与现实》2009 年第 5 期。

[12] 邓丽兰：《阶级话语的形成、论争与近代中国社会》，《历史教学》2009 年第 4 期。

[13] 冯必扬：《多维视角认识阶级分析方法》，《毛泽东邓小平理论研究》2003 年第 4 期。

[14] 顾銮斋：《阶级分析理论起源新探》，《齐鲁学刊》2003 年第 2 期。

[15] 龚廷泰：《论西方马克思主义法学的基本特征与现实价值》，《金陵法律评论》2005 年（秋）。

[16] 高嵩：《马克思阶级理论的方法论归属探析》，《经济经纬》2007 年第 1 期。

[17] 洪韵珊：《关于马克思主义阶级理论的几个问题》，《社会科学研究》1999 年第 1 期。

[18] 侯德锋：《刍议从阶级分析到阶层分析的意义》，《探讨与争鸣》2005 年第 11 期。

[19] 侯猛：《当代中国法学理论学科的知识变迁》，《法商研究》2006 年第 5 期。

[20] 贺卫方：《自治与开放之间的法学》，《陕西科技报》2004 年第 14 期。

[21] 胡建兰：《马克思恩格斯论所有制与阶级阶层的关系》，《当代经济研究》2010 年第 2 期。

[22] 姚建宗：《思考与补正——论法的调整对象》，《吉林大学社会科学学报》1994 年第 6 期。

[23] 姚建宗：《主题变奏：中国法学在路上——以法理学为视角的观察》，《法律科学》2007 年第 4 期。

[24] 姚建宗：《坚持用马克思主义法律观引领法学研究》，《法学论坛》2007 年第 2 期。

[25] 姚建宗：《法律与发展研究的理论倾向》，《南京大学法律评论》

1999 年（春）。

[26] 姚建宗：《权利思维的另一面》，《法制与社会发展》2005 年第 6 期。

[27] 姚建宗：《中国法律哲学的立场和使命》，《河北法学》2007 年第 1 期。

[28] 喻中：《阶级分析：一种法学方法的死亡与再生》，《南京社会科学》2010 年第 3 期。

[29] 杨心宇、徐怀宇：《法的本体论思考——对苏维埃法概念的再思考》，《政治与法律》2002 年第 2 期。

[30] 杨供法：《从阶级分析到阶层分析》，《学术论坛》2002 年第 6 期。

[31] 杨红良：《马克思主义与后马克思主义在阶级理论上的分歧点》，《理论观察》2009 年第 1 期。

[32] 严存生：《社会法学研究的基本问题》，《法治论丛》2006 年第 5 期。

[33] 叶传星：《法学阶级话语论析》，《法律科学》2006 年第 1 期。

[34] 阎云翔：《差序格局与中国文化的等级观》，《社会学研究》2006 年第 4 期。

[35] 袁曙宏、韩春晖：《社会转型时期的法治发展规律研究》，《法学研究》2006 年第 4 期。

[36] 季金华：《政法法学的基本范畴初探》，《政治与法律》2008 年第 10 期。

[37] 季卫东：《社会变革与法的作用》，《开放时代》2002 年第 1 期。

[38] 姜迎春：《马克思主义伦理观的理论特色与实践意义》，《学海》2005 年第 3 期。

[39] 康文龙：《马克思阶级概念的多重阐释》，《学术论坛》2006 年第 3 期。

[40] 李龙、陈佑武：《中国法理学三十年创新的回顾》，《政治与法律》2008 年第 12 期。

[41] 李权：《阶级分析——法学研究的基本观点与方法》，《现代法学》1991 年第 6 期。

[42] 李培林、李炜：《农民工在中国转型中的经济地位和社会态度》，《社会学研究》2008 年第 4 期。

[43] 李路路：《社会转型与社会分层结构变迁——理论与问题》，《江苏社会科学》2005 年第 4 期。

［44］刘钰、徐锦贤：《关于阶级分析与阶层分析的辨析》，《江海学刊》2002 年第 5 期。

［45］刘祖云：《社会转型与社会分层——20 世纪末中国社会的阶层分化》，《华中师范大学学报》（人文社会科学版）1999 年第 4 期。

［46］刘祖云：《论社会转型与二元社会结构》，《中南民族大学学报》（人文社会科学版）2005 年第 1 期。

［47］刘祖云：《社会转型与社会分层——再论当代中国社会的阶层分化》，《武汉大学学报》（社会科学版）2002 年第 3 期。

［48］刘祖云：《社会转型与社会分层——四论当代中国社会的阶层分化》，《武汉大学学报》（社会科学版）2003 年第 1 期。

［49］刘保国：《阶级观点与阶级分析方法的当代意义》，《马克思主义研究》2009 年第 8 期。

［50］刘保国：《阶级分析之当代反思》，《长沙理工大学学报》（社会科学版）2008 年第 6 期。

［51］刘欣：《阶级惯习与品位：布迪厄的阶级理论》，《社会学研究》2003 年第 6 期。

［52］刘军：《汤普森阶级理论述评》，《世界历史》1996 年第 2 期。

［53］刘俊杰：《论西方发达国家阶级结构的变化》，《中共中央党校学报》2004 年第 4 期。

［54］彭恒军：《一种将阶级分析和阶层分析结合起来的努力：赖特的阶级理论及其价值》，《学术论坛》2007 年第 2 期。

［55］彭恒军：《重返阶级："世界工厂"的必然逻辑》，《兰州学刊》2008 年第 6 期。

［56］季涛：《法学方法论的更新与中国法学的发展》，《浙江社会科学》2000 年第 5 期。

［57］潘毅、陈敬慈：《阶级话语的消逝》，《开放时代》2008 年第 5 期。

［58］张文显等：《中国法理学二十年》，《法制与社会发展》1998 年第 5 期。

［59］张文显、姚建宗：《权利时代的理论景象》，《法制与社会发展》2005 年第 5 期。

[60] 张文显、于宁:《当代中国法哲学范式的转换——从阶级斗争范式到权利本位范式》,《中国法学》2001 年第 1 期。

[61] 张秀琴:《马克思与阿尔都塞意识形态理论比较研究》,《北京师范大学学报》(社会科学版) 2006 年第 4 期。

[62] 张乃根:《法社会学分析——框架与范例》,《社会学研究》1993 年第 6 期。

[63] 张荣艳:《后马克思主义阶级理论研究综述》,《高校社科动态》2009 年第 1 期。

[64] 郑杭生:《我国社会阶层结构新变化的几个问题》,《华中师范大学学报》(人文社会科学版) 2002 年第 4 期。

[65] 郑成良:《法律的阶级性:理论的建构与词的暴政》,《天津社会科学》1995 年第 4 期。

[66] 朱国华:《社会空间与社会阶级:布迪厄阶级理论评析》,《江海学刊》2004 年第 2 期。

[67] 朱旭斌:《阶级形成的国外研究述评》,《社会科学论坛》2009 年第 8 期。

[68] 朱旭斌:《阶级形成研究的三个面向:客观存在、主体建构和话语建构》,《湖北社会科学》2010 年第 4 期。

[69] 赵宇霞、王成亮:《试析入市对中国弱势群体的影响》,《当代世界与社会主义》2002 年第 6 期。

[70] 周穗明:《后马克思主义关于当代西方阶级与社会结构变迁的理论评述》(上),《国外社会科学》2005 年第 1 期。

[71] 周穗明:《后马克思主义关于当代西方阶级与社会结构变迁的理论评述》(下),《国外社会科学》2005 年第 2 期。

[72] 周穗明:《西方新马克思主义的阶级与社会结构理论的三大形态》,《当代世界与社会主义》2005 年第 6 期。

[73] 钟君:《马克思阶级理论在西方理论界的历史境遇》,《当代世界与社会主义》2009 年第 3 期。

[74] 王冠玺:《再论中国法学发展的"十字军现象"》,《比较法研究》

2009 年第 2 期。

[75] 王立端：《阶级和阶级意识理论的重构》，《三明高等专科学校学报》2003 年第 1 期。

[76] 谢晖：《全球化、社会转型与法治模式选择》，《河南政法管理干部学院学报》2000 年第 1 期。

[77] 徐亚文：《"马克思主义法学中国化"与当代中国的社会主义法治精神》，《武汉大学学报》（人文科学版）2005 年第 4 期。

[78] 徐行、薛琳：《阶级与阶层两种分析方法的比较研究》，《甘肃理论学刊》2009 年第 3 期。

[79] 任剑涛：《从冲突理论视角看和谐社会建构》，《江苏社会科学》2006 年第 1 期。

[80] 沈原：《社会转型与工人阶级的再形成》，《社会学研究》2006 年第 2 期。

[81] 舒国滢：《面临机遇与挑战的中国法理学》，《法学》1995 年第 9 期。

[82] 孙振中：《法与社会：对新中国法理学的社会学透视》，《宁夏社会科学》2002 年第 1 期。

[83] 苏伟：《马克思主义阶级学说新论与和谐社会的阶级合作论》，《探索》2006 年第 3 期。

[84] 童之伟：《论阶级分析方法在宪法学中的合理定位》，《探讨与争鸣》1997 年第 4 期。

[85] 文正邦：《法的本源——本质和本体的法哲学论析》，《法制现代化研究》第 7 期。

[86] 吴忠民：《阶级分析再认识》，《当代世界社会主义问题研究》2002 年第 2 期。

[87] 吴忠民：《从阶级分析到当代社会分层研究》，《学术界》2004 年第 1 期。

[88] 王梅：《社会转型与政治社会化的价值取向》，《宁夏社会科学》2007 年第 2 期。

附录　认真对待阶级

——转型时期中国法学一个不可或缺的维度

中国法学发展至今经历了与民族国家共同的现代化历程，这一历程中的中华民族经受着工业主义、市场主义和理性化的规训和改造，从传统的农业社会、专制主义向以现代工业为基础的经济市场化、政治民主化、文化多元化转变。而身处其中的中国法学也自然或不自然地以权利本位、契约精神、人权意识等基本要素构造自身。更为突出的是生活于当时当下并对改革和转型感同身受的人们，他们摆脱了计划经济时代的"单位制""公社制"的身份束缚和羁绊，转而成为权利时代备受权利呵护的独立、自主、自治、自由的个体和主体。一时间，法学的关注点完全转向个人，个人自由、个人权利成为法学的重要价值和目标，因为法治原本就是西方个人主义发展的果实，因此中国法学经历的这种嬗变被视为理所当然和不证自明的，然而对于转型时期的中国法学而言，仅仅依照西方现代性的标准和模式反省和改造自身是不够的，它必须直面中国自己的现实情况，保持中国的"问题意识"，以中国元素构造和推动自身的发展和进步，这个情况即是转型时期的当代中国经历的历史的巨变——市场化改革、所有制调整、国家职能转变，这使资源配置关系发生着深刻的变革，受其影响整个利益关系和利益格局也经历着深度的分化和重组。面对经济结构的转型，当代中国法学需要立基于现代商品经济，以实现自由、平等、正义为价值目标能动地反映经济关系和经济结构的调整和转变，以期实现转型时期利益关系和利益结构的协调与和谐。这其中，具有经济属性并植根于生产、交换过程的阶级概念不能不引起法学研究者的关注和重视，换句话，以阶级的维度、视角透视和解析转型时期中国社会由于经济体制、政治体制改革和全球化浪潮所引发的资源配置关系及其结构调整、利益分配应该成为当前法学研究不可或缺的维度。由此，中国法学在继续保持对个人的关注，从而使微观层次上个人的基本人权得到维护和保障的同时，也应该以理性审慎的态度、客观中立的立场从宏观上把握转型时期的社会关系和社会结构，而这一基本社会面貌即是以阶级为基本单位所型构的，因此，以阶级分析来处理中国问题及由此得到的答案和结果对于把握和理解社会改制和社会结构调整背后所蕴含的利益关系调整和利益结构转变具有十分重要的意义和价值。

一 笼罩"阶级"的迷雾

长期以来，我国的法学研究一直处于一种无意识的依附状态，从新中国成立初期我们对苏联社会主义建设模式的顶礼膜拜乃至对其法与国家理论的照搬，到当代中国法学在借鉴、消化、吸收西方社会与法治理论过程中缺乏必要的问题意识和理论自觉，弱化了对当下中国人经历了社会转型之后具体真实生活的关注，更缺少对国家未来发展趋势和民族命运的真切的现实关怀，而教条地使用西方理论和模式对中国的社会现实进行理论阐释和解说，虽然我国少数学者对这一现象有所洞见①，但总体来说，还是缺少法治的现实情怀。造成这一局面的原因在于法学研习者对中国社会现实缺乏真实体会和具体了解的理论想象，将新中国成立初期的社会想象为纯粹的"阶级斗争"的社会，而将正处在改革和转型期的当下社会想象为"无阶级"社会，由此及彼的转变似乎是与中国市场经济的发展同时同步，但却使社会科学及法学研究中的一个重要主体和对象——阶级——时刻处于被歪曲和误解之中。

---

① 顾培东指出法学研究和法治实践的偏离体现在几个方面：法学研究主题缺少对中国现实问题的应有关注；法学研究的语境远离中国社会的实际场景；法学研究中潜含着法学人刻意疏离法治实践的姿态。参见顾培东《也论中国法学向何处去》，《中国法学》2009年第1期。

（一）"阶级斗争"社会

新中国成立伊始，社会主义事业百废待兴，经济、政治制度和意识形态高度同质的苏联为身处国际资本主义包围的新中国提供了建设和发展社会主义的范例和榜样，通过有计划的经济建设和农业、手工业和工商业的社会主义改造，为全面开展社会主义建设奠定了初步的物质和技术基础。中共"八大"对中国社会主要矛盾的准确判断以及由此确立的正确路线确立不久，我们的党却根本背离了它而片面强调阶级矛盾和阶级斗争，甚至提出"以阶级斗争为纲"和"无产阶级专政条件下继续革命"的学说。正因此，我们将这一历史时期的中国社会称为"阶级斗争"的社会，这一时期社会基本主体是阶级，这一时期社会的基本面貌和结构都是由阶级所型构的，但此时的阶级并非当代社会学者保持价值中立的实证研究所描述的在现有社会分工体系中既存在斗争与冲突，又存在合作与协调的社会群体，而是忽视了公有制的确立、教条地运用马克思主义阶级理论所描述的彼此存在激烈冲突和残酷斗争的对立阶级——资产阶级和无产阶级，因此无论国内还是国外均成为阶级斗争的场所，最终作为先进生产力代表的无产阶级会消灭腐朽没落的代表——资产阶级——以实现共产主义社会。而20世纪六七十年代的无产阶级"文化大革命"淋漓尽致地反映了"阶级斗争"社会的基本面貌，它给生活在这片土地的人们造成严重的生理重创和心理摧残，致使由政治、经济、文化、伦理多重多维型构的社会人因被贴上不同的"阶级"标签而完全退化为纯粹的"战士"或"敌人"，因此，阶级分析、阶级斗争成为一种为中国几代人耳熟能详的情境，一种具有时代色彩的情结。

在"阶级斗争"的社会中，"法律是什么？"这一本体论问题在20世纪30年代斯大林时代为适应政治斗争需要的法的定义中找到了答案，即"法是以立法形式规定的表现统治阶级意志的行为规则和为国家政权认可的风俗习惯和公共生活准则的总和，国家为保护、巩固和发展对于统治阶级有利的和惬意的社会关系和社会秩序，以强制力保证它的实施"①。以

---

① 杨新宇等：《略论苏联法学对我国法学的影响》，《复旦学报》（社会科学版）2002年第4期。

维辛斯基法的定义为基础的关于法的本质、法的作用和功能——"法是
统治阶级意志的体现""法是阶级矛盾不可调和的产物""法是阶级斗争
的工具"——贯穿法学研究和法学体系的始终,"'阶级性'成为法学的
核心范畴,几乎成为人们观察、认识、评价法律现象的唯一视角和超稳定
的思维定式。法学的立论、推论、结论,法学理论的结构、体系,对法律
资料和法学文献的收集、分析和使用,以至行文方式和语言,无不围绕着
'阶级性'这个基调展开"①。

　　张文显教授则将这种以斗争哲学为基础的法哲学范式称为"阶级斗
争范式"并对其进行了详细的阐述。② 然而也正是这种"阶级斗争范式"
对中国的法学发展造成了严重的后果,它直接表现在:"(1) 所谓'维辛
斯基法学'或'斗争法学'大行其道,一切根据阶级斗争理论解释复杂
的法律现象,法理学之光被简单的斗争理论所取代和遮蔽,僵死的教条成
为评价正确与否的唯一标准。(2) 法理学者的身份被制度区隔为'左'
'右'两个阵营:两派的学者都在新政权的正统意识形态中寻求其进击对
手的政治资源和解释资源。故此,政治领导人的政治态度左右着法学理论
争论的方向,注释政治会议、党报社论的精神及领导人的讲话成为法学理
论工作之要务。而且,法学上的'禁区'层设密布,学者们几乎没有多
少动用思想的动力和机遇。久而久之,其政治敏觉性超过了学术和思想的
敏觉性,法学的思想创造能力则陷入委顿的境地。'思想的慵懒'现象流
行于法学的各个领域。(3) 旧政权统治时代已经学有所成的法理学者被
停止专业工作,其智识的活动无人接续。当时人们对苏联、东欧的'马
克思主义国家和法的理论'还略知一二,对其他国家和地区的法理学则
几乎无人系统研究。法学理论限定在人为堆设的'孤岛'之内。所以,

① 张文显、于宁:《当代中国法哲学研究范式的转换——从阶级斗争范式到权利本位范式》,
　《中国法学》1999 年第 1 期。
② 张文显教授将法的阶级斗争范式的基本特征描述为:阶级——阶级矛盾——阶级斗争的公式
　成为法学的思维定式;国家理论主导和代替法学理论;把历史唯物主义原理简单作为研究法
　律产生和发展规律的主线,法学自己的历史被完全抹杀;泛政治化;陷入规则模式论。参见
　张文显、于宁《当代中国法哲学研究范式的转换——从阶级斗争范式到权利本位范式》,《中
　国法学》1999 年第 1 期。

当1977年我国恢复法学教育之时，我们的法学教育者、研究者和学习者其实都很清楚：我们实际上是在法学理论的不毛之地上艰难地行进，所面对的是周遭世界的‘无知之幕’。（4）法学理论研究者对法律学问应有的真诚和良知遭受挫折。‘斗争法学’强化了学者的‘斗争’意识，而使学者多少丧失了对法理学之真理的追求，失去了对学问之本真的虔诚。"①

（二）"无阶级"社会

当今的中国正在发生深刻的历史变革，以市场至上主义、政治民主主义和文化多元主义为表征的现代化事业正在推进中，正因从传统向现代、从农业社会向工业社会、从专制集权向民主法治的转型和蜕变中蕴含着现代性的普世因素，因此很多人认为"西方社会的今天就是我们的明天"，加之全球化结构下的相互影响使东西方之间出现了某些共时性问题。因此东方的因素被忽视，西方的社会图景和社会问题遮蔽了我们的视线，西方的理论和解决方法成为我们解决中国问题的灵丹妙药，从而使我们始终无法摆脱西方"现代化范式"的宰制。

而西方社会的社会景象又是如何的呢？资本主义国家的发展趋势并非像马克思所预想的那样，即尖锐对立的两极格局之下的无产阶级的普遍贫穷及政治革命推翻资本主义统治，相反资本主义的体系并未崩溃，而是通过引入组织化和弹性生产而具有活力，以中产阶级为主体的菱形社会结构和以非市场的支持系统为基础的福利国家主义预示了资本主义社会稳定持续的发展态势。因此，20世纪后期以来马克思的阶级理论广受批评和质疑，个体取代阶级、以合作为取向的博弈取代以斗争为取向的革命，西方马克思主义阵营中出现种种围绕"阶级"展开的反思和批判，如乌尔里希·贝克的"个体取代阶级"和后马克思主义②的"去阶级"的多元社会结构理论。

在马克思的阶级理论中阶级、阶级利益、阶级行动环环相扣，以阶级为线索通过阶级透视社会不平等的深层次根源——生产资料的私有制显露

---

① 舒国滢：《在历史丛林里穿行的中国法理学》，《政法论坛》2005年第1期。

② 后马克思主义主要是20世纪八九十年代一些具有后现代理论背景的新马克思主义观点。一般认为，后马克思主义思潮应当从德里达从解构主义出发，反对传统意识哲学和政治哲学的宏大叙事开始起算，代表人物英国学者拉克劳和墨菲。

无遗，因此，阶级成为马克思社会理论中的重要主体。而 1986 年乌尔里
希·贝克却在其出版的著作《风险社会》一书中宣告："福利国家支持的
劳动市场推动力调和或消解了资本主义内部的社会阶级，我们逐渐面临没
有阶级的资本主义的现象。"①　之所以如此，乃是因为福利国家的制度安
排使早期工业社会中形成的阶级利益和阶级行动被消解，取而代之的是生
活方式的"个体化"和生存样态的"多样化"，阶级作为人们的社会认同
纽带和生活方式背景已经引退。虽然社会依旧不平等，但个体化的表现方
式使其将原因直接投向职业的差别之上，而非阶级所代表的宏观、深层的
所有权关系和制度。

　　同样是马克思阶级理论的关键点——阶级主体、阶级利益，后马克思
主义的代表人物拉克劳和墨菲却表达了不同的观点，与乌尔里希·贝克不
同的是，取代阶级的不是个体而是各种新社会运动"领导权链接"组成
的多元主体，而促发阶级意识觉醒使阶级从"自发"走向"自为"的
"阶级利益"本身也是不存在的，工人阶级的利益和立场经常是由许多无
力被整合的并且往往相互矛盾的情况所左右，因此两位学者声称："现在
我们正处于后马克思主义领域，不再可能再阐释马克思主义阐述的主体性
和阶级概念，也不可能继续那种关于资本主义发展历史过程的幻想。"②

　　"阶级斗争"社会对"阶级"的过分强调，使一切社会成员按照阶级
的标准被归类、区分和阻隔，一切社会关系、社会领域均被"阶级"统
辖，这一段痛苦的经历和历史成为人们愿意永久封存的"历史记忆"。因
此，"阶级话语"在我国社会科学研究领域消逝多年，以至于以阶级为线
索的社会分层研究中也普遍以合作和冲突并存的"阶层"的功能论分析
取而代之。③　而"无阶级"社会中市场主义、民主主义和多元主义肢解了

---

① ［德］乌尔里希·贝克：《风险社会》，何博闻译，译林出版社 2004 年版，第 107 页。
② ［英］恩斯特·拉克劳、查特尔·墨菲：《领导权与社会主义的策略》，尹树广、鉴传今译，黑龙江人民出版社 2003 年版，第 4 页。
③ 西方社会分层研究中普遍使用"阶级"概念，而我国使用"阶层"一词的频率似乎高于"阶级"一词。同时指出，国内学者使用的"阶级"和"阶层"两个词的具体含义与英文中的 class 和 stratum 并不完全一致，多数情况下，学者们使用的阶层应该是 class 而不是 stratum。参见李春林、吕鹏《社会分层理论》，中国社会科学出版社 2008 年版。

以群体分类为基础利益格局和阶级结构，而使原子式的个人和个人利益得以滥觞。然而去阶级化的社会研究，尤其是法学研究看不到所有权关系、阶级利益等宏观因素对人们权利和权力的影响，更使所有权关系导致的利益的制度性剥夺被遮蔽了。从"阶级斗争"社会到"无阶级"社会的转变中，阶级的分析逐渐在社会科学研究中销声匿迹，而这主要是由于长期以来对阶级的误解造成，"什么是阶级"正是我们正确使用阶级概念和运用阶级分析首先要回答的问题。

二　阶级的两重面相

阶级是社会科学尤其是社会分层研究中最为常见的概念，但人们对其具体含义的理解却有着很大的不同。阶级一词最早在古罗马使用，当时为了实行义务兵役制，普查人员根据财产状况将社会分为不同的"阶级"；罗梭也根据财产的多寡将公民划分为不同的阶级，从而确立其权利和地位。除此之外，这个词"还与中世纪的教会组织、16 世纪的植物分类等含义有联系。17 世纪该词由拉丁文进入到英文中，才开始具有某种社会意义，逐渐与'标准的权威'、古代希腊和罗马、教育等方面发生了意义上的联系"①。就目前对"阶级"一词的使用情况来看，大致可以分为两类：一类是将阶级视为根据属性划分群体的关系学派，如马克思、韦伯；一类是将其视为根据等级划分的群体的等级学派，如彼特·布劳和奥蒂斯·达德利·邓肯。由于后者根据一元或多元的标准所做的定量指标划分意义不大，因此关系学派始终是社会分层研究的主流。正因如此，在《布莱克维尔政治学百科全书》中"阶级"词条是这样指称的："可以设想各种阶级理论是沿着一条连续线排列的，这一连线的两极完全可以视为由马克思和韦伯的经典理论分别占据的。""马克思—韦伯连续统一体仍在此一领域的争论中占据支配地位。"② 那么，如果想对阶级和阶级理论有一个清晰的了解，就必须首先回顾一下马克思和韦伯的阶级理论。

---

① 汪民安：《文化研究关键词》，江苏人民出版社 2007 年版，第 125 页。
② 《布莱克维尔政治学百科全书》（中译本），中国政法大学出版社 2002 年版，第 134 页。

　　阶级理论是马克思主义的重要组成部分，马克思还特别把《资本论》第三卷的最后一章（第 52 章）命名为"阶级"，并对阶级有专门的论述。但遗憾的是，第 52 章篇幅很短，只有两页，而且手稿中断没有写完，我们只能在马克思主义的整体理论中理解和阐释阶级理论。马克思将"阶级"看作一种客观的社会历史存在，它的存在同社会生产力和生产关系联系在一起的。马克思认为，阶级不是从来就有的，"只要社会总劳动所提供的产品除了满足社会全体成员最起码的生活需要以外只有少量剩余，就是说，只要劳动还占去社会大多数成员的全部和几乎全部时间，这个社会就必然划分为阶级"①。因此，"阶级的产生仅仅同生产发展到一定历史阶段相联系"②。而对阶级展开具体考察，马克思将目光投向生产领域、对生产过程的考察发现，人们在生产结构中处于不同的位置，在社会经济结构中的地位也不同。沿着马克思的思路，列宁在 1916 年 6 月撰写的《伟大的创举》中给阶级下了个定义："所谓阶级，就是这样一些大的集团，这些集团在历史上一定的生产关系体系中所处的地位不同，对生产资料的关系（这种关系大部分是在法律上明文规定了的）不同，在社会劳动组织中所起的作用不同，因而取得归自己支配的那部分社会财富的方式和多寡也不同。所谓阶级，就是这样一些集团，由于它们在一定社会经济结构中所处的地位不同，其中一个集团能够占有另一个集团的劳动。"③

　　而韦伯的社会理论中也同样关注阶级，但与马克思给予阶级社会历史的"基始性"地位不同，韦伯只把阶级和政党、身份群体并列作为考察社会多元分层体系的标准和维度，并且阶级这一概念在韦伯百科全书式的社会学中只位于很次要的位置。韦伯认为，"阶级应该是指处于相同阶级地位的人的任何群体"，而"阶级地位"应该是指"1. 货物供应的典型机会；2. 外在生活地位的典型机会；3. 内在生活地位的典型机会。这种典型机会是在一个既定的经济制度内部，产生于对货物或取得劳动效益的

①　《马克思恩格斯选集》第 3 卷，人民出版社 1995 年版，第 632 页。
②　《马克思恩格斯选集》第 4 卷，人民出版社 1995 年版，第 547 页。
③　《列宁选集》第 1 卷，人民出版社 1995 年版，第 11 页。

资格支配力（或者缺乏支配权力）的模式和方式，或者产生于为获取收入或收益对它们的应用的既定方式"①。而阶级地位"出现于商品或劳务市场的条件之下"，"阶级地位最终也就是市场地位"。市场为个人把财产变成资本，或发挥专长，供给劳务等，提供了和平而有效的机会，并通过特定的机制确定他们的市场地位和生活机遇。因此，阶级地位的取得和改变不是决定于社会个体在生产结构中的位置，即不取决于是否拥有生产资料，而是受它在市场交换中能力的影响。

通过上面的简单回顾，我们发现马克思和韦伯的阶级理论之间存在着很大的差别，在概念上是真实客观的历史存在，还是仅作为某种类型社会行动者个人称谓的唯名论；在考察范围上是生产领域还是消费领域；在决定因素上是生产结构还是市场地位。然而这只是两者之间的浅层次上的差别，更为根本的是马克思和韦伯在认识论、价值观等方面存在着根本差别。马克思不仅是一位社会科学家，还是一名革命者，马克思主义哲学的基本特征是实践性和革命性，"哲学家们不仅要以各种方式来解释世界，更重要的是改造世界"。马克思正是坚持这样的信条，在其政治经济学中通过对蕴含在阶级理论中的"资本""剩余价值论""劳动价值论"等问题的系统阐释，揭示了阶级、阶级利益、阶级行动之间的因果联系，从而形成了马克思对早期工业社会的解释模式和方法。由于马克思强调对立阶级之间利益关系上的根本冲突和不可调和，人们认为马克思的理论是一种冲突论的理论范式；而韦伯则远离了生产领域，在消费领域（市场）中寻求阶级划分的标准——阶级地位（市场地位），而市场地位蕴含着经济利益，它只能通过精确的货币核算，在理性的由经济规律支配的市场上同他人进行竞争和交换才能获得，因此，阶级的产生被局限于资本主义的市场体系之中，并成为现代理性的资本主义条件的产物。而市场体系完全摒弃了传统习惯、等级特权的约束和限制，完全利用形式合理的手段和方式，通过市场行为来获得利润。资本主义的市场体系及在此基础上形成的经济秩序所具有的形式理性化特征在如下两种情况的对比中生动地体现出

---

① ［德］韦伯：《经济与社会》（上），林荣远译，商务印书馆1997年版，第333页。

来，一种是在市场条件下通过市场行为，诸如投资、使用技术、装备和劳务而取得利润；一种则是通过征服、掠夺、世袭、封建特权的手段取得财富。由此使资本主义经济发展的合理性得到肯定。除此之外，由于韦伯从阶级、身份群体和政党三个维度对社会分层体系予以研究，与三个维度的经济秩序、社会秩序、政治秩序相互重叠和交叉，因此利益分化的界限也就变得模糊起来。

三　经济利益：阶级理论的共同关注

尽管马克思的阶级理论和韦伯的社会分层理论存在诸多差异和不同，但两者在阶级问题上有着共同的理论关注，即经济利益。需要特别指出的是，经济利益不同于阶级利益，马克思和韦伯在阶级的研究中对阶级利益的看法是大相径庭的。

在马克思的阶级理论中阶级利益占有十分重要的位置，由于历史唯物主义的基础作用，马克思认为，阶级利益是客观、真实存在的而并非某种心理活动，"在马克思本人的著作中……无论他在哪里严肃地使用任何阶级利益之类的词句，在自主性社会学的领域之内，马克思一直是意指一件事物，而不是意指一种心理学范畴。他一直是意指一件事物、一种情形，而不是一种精神状态、一种思想或一种对某件事物感兴趣的情形。对一个阶级有益的，只不过是这种事物、这种社会制度或情形"。阶级利益并非凭空产生，它植根于社会的经济结构或社会体系之中，"我们可以说，某个阶级的客观利益在其成员的主观精神中变得自觉起来；它促使他们具有阶级旨趣和阶级觉悟，促使他们遵之而行动"①。无产阶级只有意识到自己的阶级利益并为之奋斗，才能实现从"自在阶级"向"自为阶级"的转变，也才能采取阶级行动——维护和追求本阶级利益的集体行动，起来反抗资本主义统治，推翻资本主义社会。而韦伯视域中的阶级利益却绝非如此，韦伯认为，"任何阶级虽然都可能是某一种可能以无数形式出现的

---

① ［英］卡尔·波普尔：《开放社会及其敌人》第 2 卷，郑一明等译，中国社会科学出版社 1999 年版，第 182 页。

'阶级行为'的体现者，但是它不是必然是这样，而无论如何，它本身不是一个共同体，而倘若人们在概念上把它同共同体相提并论，就会导致失误"①。正因为韦伯没有将阶级视为共同体②，而只将其作为某种类型社会行动者个人的称谓，因此个体化的行动虽然在类型上具备相同特征而成为社会行动或群众行动（mass – action），但促发该行动的动机——利益的差异却是很大的。因此，韦伯认为，"阶级利益"概念是模糊不清的，是一个"多种含义的而且甚至在经验上都不明确的概念，只要人们对此作不同的解释"③。与此同时，韦伯还分析了在马克思理论中与阶级利益紧密相连的另一个概念——阶级行动，由于韦伯是在市场领域对阶级予以考察的，因此，他认为，阶级行动在本质上是一种旨在通过市场获取商品和劳务的经济行动，而经济行动的实施完全建立在利己主义的对手段、结果的精心策划和利弊得失的精确计算的基础上，是一种工具性合理性行动。而作为经济行动的阶级行动要获取收入、利润和利益，而且比较个体化，而每个人都有自己追求的特殊经济利益，因此，"整个经验表明，生存机会哪怕有再大的分化，本身决不会产生'阶级行为'（阶级所属成员的共同体行为）"④。

在马克思主义理论中，经济因素的解释力相较于其他因素有着重要的，乃至根本性的地位，在这样的理论背景下，对利益，尤其是对经济利益的关注和强调成为本书所强调的社会和法学问题的阶级维度和视角，即用阶级分析方法来研究社会现象和法律问题的优势所在。马克思曾明确指出"每一个既定社会的经济关系首先表现为利益"⑤。在阶级社会，社会关系的本质即是主体之间以需要和满足为指向的社会利益关系，利益的冲突和矛盾成为阶级斗争的根源和动力，而阶级斗争是，也

---

① ［德］韦伯：《经济与社会》（下），林荣远译，商务印书馆1997年版，第251页。
② 韦伯频繁地使用共同体，他说，如果"参与者主观感受到（感情的或传统的）共同属于一个整体的感觉，这时的社会关系，就应当称为'共同体'"。所以共同体是一种特定的社会关系，其成员有着互为取向的行为作为基础，而外在表现为成员的相互认同的感受。
③ ［德］韦伯：《经济与社会》（下），林荣远译，商务印书馆1997年版，第251页。
④ 李强：《社会分层十讲》，社会科学文献出版社2008年版，第36页。
⑤ 《马克思恩格斯选集》第3卷，人民出版社1995年版，第209页。

只能是人们之间的利益的斗争。诚如恩格斯所说："土地占有制和资产阶级的斗争，正如资产阶级和无产阶级的斗争一样，首先是为了经济利益进行的，政治权利只不过是用来实现经济利益的手段。"① 也正因为把握了阶级分析方法的实质和精髓，恩格斯在分析英国革命时才会如是说："这个革命在英国是不可避免的，但是正像英国发生的一切事件一样，这个革命的开始和进行将是为了利益，而不是为了原则，只有利益才能够发挥成原则。"②

而在韦伯的理论中经济因素和经济利益成为研究阶级的出发点，对经济因素的关注实现于他对资本主义市场体系中的"市场地位"的考量，而市场地位是个体通过以市场为平台，依照经济分配规律而交换商品、劳务而获得的，其结果即是经济利益的获得。韦伯曾明确指出："明确无误的是经济的而且是与'市场'的存在相结合的利益，才造就着'阶级'。"③ 这种造就不是别的，正是经济利益及其存在的场域——市场——成为引发社会行动的价值驱动和社会环境，经济利益在"占有财产和占有收入机会的利益中表现出来"，因此"有产"（正向的获利者）与"财产匮乏"（负向的利益受损者）便成为所有阶级地位的两个基本类别。进而韦伯又区分了三种相互交叉的阶级类型，即财产型阶级、获得型阶级和社会型阶级，而之所以将财产型阶级和获得型阶级区别开来，就是因为它们之间较大的利益差别，财产型阶级是根据占有财产的不同类型来区分的，而获得型阶级是根据在市场中获得服务的机会决定的。

综上所述，阶级的维度所引导和展示给我们的是对利益，尤其是经济利益的关注，马克思主义理论持久的生命力就在于其能够洞悉隐藏在纷繁复杂的社会现象背后的本质和规律。阶级理论表达的并不是要求我们时刻保持阶级斗争的警醒和激情去思考和对待我们生活其中的人类社会及社会关系，而是要以敏锐的视角去考量社会发展过程中由产权结构所导致的利益转化和结构变迁。然而当下中国社会的发展与马克思所处

---

① 《马克思恩格斯选集》第4卷，人民出版社1995年版，第250页。
② 《马克思恩格斯选集》第1卷，人民出版社1995年版，第551页。
③ ［德］韦伯：《经济与社会》（下），林荣远译，商务印书馆1997年版，第248页。

的工业化已不可同日而语，马克思的阶级理论基于资本主义工业化早期的社会描述和趋势预言已完全不适合当代中国社会的发展需求，但正如恩格斯所言"我们的理论不是教条，而是行动的指南"，只有站在时代和科学的前沿，吸收一切优秀的理论成果，与时俱进地发展马克思主义，而不是用它的个别条条和个别理论，去观察和分析当代中国，才会产生巨大的理论和现实意义。而在韦伯对阶级问题的论述中，基于市场体系的阶级和利益考察不仅消解了马克思阶级理论中弥漫的斗争氛围和紧张气氛，而且正与当代中国的市场化改革相契合。因此，阶级维度和阶级分析的运用一方面要求我们聚焦于产权结构基础上的经济利益的制度化，这是静态的阶级理论；另一方面要求我们关注市场平台上经济利益的交换和获得，这是动态的阶级理论。一静一动的结合与协调才使观察的视线将市场经济与产权和所有制结合起来，全面地考量利益（经济利益）的制度化分配。

四　阶级、社会分层与现代法律秩序

当代中国正经历着深刻的社会变革与转型，由此产生的巨大冲击力使传统的阶级结构、利益格局和社会秩序风雨飘摇。传统的阶级结构简单明朗，"两个阶级一个阶层"的阶级结构是与改革前期社会经济的发展水平相适应的，而作为国家政治基础由工人阶级和农民阶级组成的工农联盟更使社会的利益格局呈现出单一性、同质性的特点，阶级界限清晰，阶级结构僵硬，社会分层结构相对封闭，社会流动性不强，成为这一时期的基本社会特征。因此，"在改革以前，中国被看作一个依凭政治建构起来的社会，这个社会依据主要领导人对一个社会应该是什么的认知而组织起来，并且通过强有力的组织武器来实现"。"一个高度组织化的社会，与计划经济一起，使党领导下国家得以动员大量的社会团体进入政治舞台，并由此在中国社会中创造出新的权力来源，以便完成深刻的社会工程任务。"①而 20 世纪 80 年代伊始的市场导向的经济改革和开放政策最终导致中国的

---

① 郑永年：《全球化与中国国家转型》，浙江人民出版社 2009 年版，第 68 页。

双重转型，即从计划经济转向市场经济，从政治权威主义转向民主，从而使"改革开放以来，中国社会结构开始发生总体性的变动，其中利益分化和多元共生成为不可逆转的趋势"①。而利益的多元化必然伴随着利益的各种形式的紧张与冲突，这就使社会成员彼此之间由于出现较大的心理失衡而缺乏认同与理解，从而社会表现出较大的紧张和张力，使社会秩序缺乏稳定性、连续性。这对处于转型时期的中国社会危害尤大，转型使传统的社会规范和社会秩序解体，而新的社会规范和社会秩序尚未确立，而转型所产生的复杂多样的利益冲突使原有的社会规范无所适从，而新的社会规范和社会秩序又被不断冲击，社会整合无法实现，最终社会生活共同体变得分崩离析。而阶级维度的利益考量加之法学的阶级分析对转型时期中国社会经济法律秩序的建立与维护具有十分重要的意义。

阶级维度的法学研究使我们关注现代法律秩序生成背后的基本动因——经济利益以及以经济利益为核心的利益结构。改革开放前期生产资料公有制和计划经济体制使整个社会的资源分配围绕着基本的社会构成——工人阶级和农民阶级，虽然两大阶级之间福利待遇和物质水平的差别较大，但户籍制度影响下较低的社会流动使整个社会表现得极为平均。生产力发展的低水平不能满足广大社会成员的物质需要和利益诉求，加之意识形态和政治宣传的影响使人们不断增长的需求和愿望被忽略、漠视乃至压制，从而整个社会呈现出单一性、同质性的利益格局。这一时期的人们不仅缺乏对其利益诉求的法律确认和权利保障，更缺乏使其正当性需求上升为法律权利的制度渠道和程序保障。反而在革命理想主义的政治鼓动下，为了革命理想和政治计划的实现，人们被赋予各种对国家、社会和集体的义务和责任，从而使个人的生活计划和理想愿景完全与国家的政治安排相契合。然而，权利缺乏而始终在义务和责任的约束和支配下生活虽然因较少的利益纷争和权利冲突而使阶级之间和阶级内部成员之间保持了安宁有序的状态，但这一秩序的建立和维系却纯粹依赖压制性手段和国家强力，缺少对

① 林毓生：《中国传统的创造性转换》，上海三联书店 1988 年版，第 121 页。

人的关怀和尊重，使个人完全成为国家的附属品而失却了独立存在的价值和意义，从而表现为一种压制型的、消极的法律秩序。这种法律秩序的基本特征表现为：（1）法律机构容易直接受到政治力的影响；法律被认同于国家，并服从于以国家利益为名的理由；（2）权威的维护是法律官员首先关注的问题；（3）"二元法"体制通过强化社会服从模式并使它们合法正当，把阶级正义制度化；（4）刑法典反映居支配地位的道德态度，法律道德主义盛行。①

　　党的十一届三中全会的召开，使中国社会逐渐经历着深刻的历史变革，"在新的制度转型背景下，被强调的是市场体制的经济体制：市场机制的出现，意味着再分配权力的下降乃至消失，意味着再分配者的衰落和直接生产者的崛起，从而导致社会分层结构的根本性重组"②。重组的过程是原有"两阶级一阶层"的阶级结构的解体和新的阶级阶层结构的逐渐形成。市场经济体制的推行，使社会成员在市场平台上通过个人努力获得经济利益和物质财富，但最终表现为以阶级、阶层为基本单位的资源配置格局和以此为基础的社会分层。不同阶级、阶层在市场经济过程中的资源获取数量和利益分配方式由单一变为多元，多元的利益诉求也必然会导致冲突和矛盾并在一定程度上有碍社会共同体关系的维系和整合。利益分配所导致的不同阶级、阶层之间的利益冲突和矛盾对社会所造成的冲击和破坏已被历史所证实，1688 年的英国光荣革命和 1789 年的法国大革命无不印证了阶级关系的紧张和利益关系的冲突所潜在的危险。但是冲突不仅会造成社会动荡和巨大的社会损失，它也具有另外一面，即"冲突经常充当社会关系的整合器，如果没有发泄互相敌意和发表不同意见的渠道，群体成员就会感到不堪重负，通过释放被封闭的敌对情绪，冲突可以起到维护群体关系的作用。社会系统应当提供排泄敌对和进攻性情绪的制度，这些安全阀制度通过阻止其他方面可能的冲突或通过减轻其破坏性的影响而有助于维护这个系统。冲突还扮演了一个激发器的角色，它激发了新规

---

① ［美］诺内特·塞尔兹尼克：《转变中的法律与社会：迈向回应型法》，张志铭译，中国政法大学出版社 2004 年版，第 35 页。

② 李路路：《制度转型与社会分层模式变迁》，《江海学刊》2002 年第 5 期。

范、规则和制度的建立，从而充当了使敌对双方社会化的代理者"①。

因此，一种和谐的法律秩序的建构就必须珍视社会转型时期的阶级关系背后利益冲突的双重影响。如何才能对由于社会转型所造成的不同阶级、阶层之间的利益紧张和冲突因势利导、趋利避害，并最终建构和谐的现代法律秩序呢？

首先，现代法治秩序的基础是利益均衡，是不同阶级、阶层在利益分配和财富获取中保持动态的平衡。需要指出的是，平衡不等于平均，计划经济时代的资源配置和利益分配方式虽然使社会成员之间享有相同或相近的物质资源而没有明显的差异和区别，但以低生产力为基础的平均主义所建立的社会秩序只能是依赖强制性规范，法律义务和法律责任的设置为这种法律秩序奠定了规范基础，政治宣传中理想主义和国家强制下的暴力威慑成为公民守法的基本保证，因此，这种法律秩序只能因缺乏不断扩展的动力源泉而表现得僵化、停滞。而市场经济体制改革的推行使整个社会的分层结构由封闭走向开放。开放的社会结构使社会成员能够在不同阶级间流动，同时促使原有社会阶级不断阶层化，社会成员在不同阶级、阶层间的自由流动势必对法律秩序产生影响。一方面，市场机制使广大社会成员获得了平等的参与市场竞争的主体资格，他们凭借自身能力打破原有的阶级归属在整个社会分层体系中获得一定的位置。不同阶级、阶层的产生呈现出多种需求和多元利益，利益争夺的竞争性和利益关系的互动性使不同阶级、阶层之间的利益关系呈现为一幅动态而复杂的画面。另一方面，民商事法律规范为市场主体的市场行为和交易活动奠定了制度基础，主体的逐利活动被限制在既有法律规范所设置的法律边界和活动程序中，只有在法律许可下，利益获取的数量和形式才能得到认可和保护，从而达致安全性、稳定性的利益关系。这种利益关系的动静结合，就形成"一个有联系的交往形式的序列"②，这即是现代法律秩序赖以为基的利益均衡。

---

① 杨力：《社会学视野下的法律秩序》，山东人民出版社 2006 年版，第 327 页。
② 《马克思恩格斯选集》第 3 卷，人民出版社 1995 年版，第 81 页。

其次，利益均衡的核心是表达和博弈。体制改革使不同阶级、阶层的内部成员敢于撕下原有的身份标签，勇于表达其不断增长的需求和愿望。在一定程度上，这种表达权利的行使能够使社会底层成员，如农民工、城市下岗人员等社会阶层由于利益诉求得不到满足或利益受损而产生的不满情绪得以宣泄，使其获得心理上的满足和平衡，从而可以缓和、分解甚至消除矛盾与对抗，避免大规模的集体行动。对此，黑格尔深刻地指出："现代世界的基本原则要求每一个人所应承认的东西，对他显示为某种有权得到承认的东西。此外，每一个人还愿意参加讨论和评议。如果他尽了他的职责，就是说，发表了他的意见，他的主观性就得到了满足，从而他会尽量容忍。在法国，一直显得言论自由要比默不作声危险性少得多，因为后一种情形，怕的是人们会把对事物的反对意见扼在心头，至于论争则可使他们有一个出口，而得到一方面的满足，何况又可使事物更容易沿着本身的道路向前推进。"[1] 然而，表达权利的赋予势必使利益的声音嘈杂而混乱，不同阶级、阶层的利益诉求的合理性、正当性必须通过相应的制度渠道使之上升为法律权利，法律主体资格的获取致使其能够拥有平等的自由权利进入公共领域进行评价和讨论。讨论的过程不是人们以自身的主体性排斥他人并使之客体化，把他人当作实现目的的工具理性的实践过程，而是人们在互为主体的基础上进行交往、互动和沟通的过程，是彼此寻求相互承认和理解的过程，更是沟通理性彰显的过程。对此，昂格尔也曾论述过，多元利益的存在是法律秩序即法治出现的一个基本条件。欧洲历史上君主官僚政治、贵族特权、第三等级即中产阶级之间的利益冲突与妥协对西欧法治发展的重要意义即是明证[2]。利益博弈中的冲突与妥协在现代法律秩序中的扎根，使我们"可以预测，法律秩序将会具有某种自治性，它将表现为对立集团的妥协，而不是体现一个特定集团的利益和理想"[3]。在此基础上型构的现代法律秩序确立了合作的基本取向，庞德说："一种文明的理想，一种把人类力量扩展到尽可能最高程度的思想，一种

---

① ［德］黑格尔：《法哲学原理》，范扬、张启泰译，商务印书馆 2009 年版，第 335 页。
② ［美］昂格尔：《现代社会中的法律》，吴玉章、周汉华译，译林出版社 2001 年版，第 75 页。
③ 同上书，第 172 页。

为了人类的目的对外在自然界和对内在本性进行最大限度的控制的思想，必须承认两个因素来达到那种控制：一方面是自由的个人主动精神、个人的自发的自我主张；另一方面是合作的、有秩序的、组织起来的活动。"①因此，合作是人类通向有序的理想生活的必经之路，在一定程度上，它内生于现代法律秩序内部。现代法治一方面将主体的正当利益和需求转化为权利，使私人领域主体的利益诉求得到保障；另一方面，在公共领域中，正当程序的确立使主体的利益冲突进入法律预先设定的解决步骤，按次序进行商谈和沟通，最后经由重复博弈使利害关系和利益冲突得以协调。

最后，建立容纳利益表达机制的制度安排和程序保障是关键。对于不同阶级、阶层的利益诉求所产生的冲突和矛盾必须设置相应的可以容纳利益表达机制的法律程序，从而使利益关系中的冲突得以化解，以利益均衡为基础的法律秩序得以建构。我国行政听证制度的普遍实行为利益表达机制的建立建立了制度雏形和发展起点，近几年来对于火车票、自来水水价等问题的行政听证为其完善、储备了丰富的实践经验。由此所建立的容纳利益表达机制制度安排能够正视不同阶级、阶层所发出的利益主张并通过法律程序设置将其吸纳，不同的利益诉求以一定的标准经由程序引导对其正当性进行评价，不同阶级、阶层代表的磋商和商讨在法律程序的安排下自由民主地对利益冲突的形成原因和处理方式各抒己见，这其中，不同阶级、阶层的成员代表由于其客观经济条件的影响会积极主张其利益诉求和冲突解决方案，利益的动力源必然使讨论的过程激烈而紧张，但法律程序的设置使主体在讨论过程中既积极而又主动、审慎而克制，反复的磋商使主体意识到完整的某一阶级、阶层的利益的完全实现是无法达致的，制度导向和程序引导中理性思考使不同群体作出妥协。妥协结果的作出不是取决于利益冲突所涉及的各方当事人，即各个阶级、阶层所实际拥有的暴力手段和行动能量，而是整个磋商过程中不同群体基于政治、经济、道德等多方面的综合考虑在做出必要牺牲和适当妥协之后所取得的基本共识。共

---

① ［美］庞德：《通过法律的社会控制》，沈宗灵、董世忠译，商务印书馆 1984 年版，第 70 页。

识的取得是不同社会阶级、阶层认同现有利益结构和资源配置方式的最终结果，它不是基于暴力和强制，而是基于讨论和商谈，因此，现代法律秩序不因暂时性的利益不满而受到集体行动的冲击乃至瓦解，而会由于积极的权利主张和基本的利益共识而在保持稳定的基础上内部涌动着蓬勃发展的生命力。

后　记

　　论文即将付梓之际，后记自然是必不可少的，它就像一部电影的结尾曲，浓缩了所有与本书写作有关的过往，但其实更多的还是经历那段时光之后对生活和工作的感悟。博士的生活，尤其是法学理论专业的博士生活是枯燥的，它总是以思想和理论的方式去观察和参与社会生活实践，它没有柴米油盐那种生活具象所带来的片刻欢愉，但却总是以各种问题纠结困扰着直到一个暂时性答案的确定，然后再次陷入循环往复的纠结与困扰中。但正是这种思想的实践让我渐渐成熟，渐渐地懂得理解和关怀，渐渐地懂得导师的教诲"以感恩的心面对生活"的真正含义，因此用感谢造几个长句恐怕是我这篇后记应该完成的主要任务。

　　首先我要感谢我的导师姚建宗教授。这本书是在我的博士论文的基础上经过修改后形成的，本书的选题和框架都是在他悉心地指导下完成的，我虽是个无神论者，但我真的感谢上苍能够让我成为他的学生，在他指导下完成我的硕士和博士的学业。老师的教诲不敢忘怀，甚至至今看到他曾经写过的修改意见和评语，想起他的批评都如履薄冰，但每当想起老师，眼前总会浮现出他那张冷峻的脸，但是却又总能在千里之外感受到他内心的温婉。而与老师相关的吉林大学法学院和吉林大学理论法学研究中心，在这里求学的日子让我结识了一批关注中国法治发展的未来、潜心研究法学理论的人们，能够成为他们中的一员，以学术的方法表达我们这一代法律人对国家进步和社会发展的关注，我倍感荣幸。其中法理中心的张文显教授、黄文艺教授、杜宴林教授、李拥军教授的谆谆教诲，更是令我获益无穷。同时，我有幸参加黄文艺教授的国家社科重大攻关项目"马克思主义法学方法论研究"的研究工作，该课题的研究成果将本书的部分内容予以收录，更是对我莫大的鼓励。除此之外，还要感谢我的师兄宁立标教授、侯学宾副教授、郑智航副教授，他们在我学习和生活上给予许多关心和帮助，让我的博士生活充满阳光。

其次，我要感谢内蒙古大学法学院，这所位于西部边疆的法学院，十年前我曾与它擦肩而过，十年后能够再续前缘，可见缘分不浅啊。而这一切我要感谢法学院丁文英教授、刘银良教授、丁鹏副教授、段计珍老师对于我的接纳以及对于本书的大力支持。

最后，我要感谢我的父母和我的爱人，我的父母给了我生命，我已过而立之年，他们却仍倾其所有，希望我未来的生活轻松些、快乐些，却对我一无所求；对于他们，我无以回报，唯有守候在他们身旁时刻祝福他们平安健康；对于我的爱人，内心的所有感谢都融入点滴的生活中，让我们一起安然地度过以后的日子……

杜建明

2015 年 4 月 30 日